# Guía Definitiva del Trading

*¡De Principiante a Experto en semanas!*

*4 Libros en 1:*

*Swing Trading, Trading de Opciones, Day Trading e Invertir en Bolsa con las mejores técnicas y estrategias para obtener ganancias a corto plazo*

**Por**

**Flavio Bosque**

## Copyright 2020 por Flavio Bosque - Todos los derechos reservados

El contenido de este libro no puede ser reproducido, duplicado o transmitido sin el permiso directo del autor.

Bajo ninguna circunstancia se podrá exigir responsabilidad legal o culpar al editor por cualquier reparación, daño o pérdida monetaria debida a la información aquí contenida, ya sea directa o indirectamente.

Aviso legal:

Este libro está protegido por derechos de autor. Esto es sólo para uso personal. No puede enmendar, distribuir, vender, usar, citar o parafrasear ninguna parte del contenido de este libro sin el consentimiento del autor.

Aviso de exención de responsabilidad:

Por favor, tenga en cuenta que la información contenida en este documento es sólo para fines educativos y de entretenimiento. Se ha hecho todo lo posible para proporcionar información precisa, actualizada y completa, fiable. No hay garantías de ningún tipo, ni expresas ni implícitas. Los lectores reconocen que el autor no está prestando asesoramiento jurídico, financiero, médico o profesional. El contenido de este libro se ha derivado de varias fuentes. Por favor, consulte a un profesional licenciado antes de intentar cualquier técnica descrita en este libro.

Al leer este documento, el lector está de acuerdo en que bajo ninguna circunstancia el autor es responsable de las pérdidas, directas o indirectas, en que se incurra como resultado del uso de la información contenida en este documento, incluyendo, pero sin limitarse a ello, -errores, omisiones o inexactitudes.

# Tabla de contenido

**Swing Trading 2020** ................................................................5
Introducción ................................................................6
Capítulo 1: Comenzando con el swing trading ................................7
Capítulo 2 - Decidir sobre los valores a comercializar ................ 13
Capítulo 3 - Elección de los lugares de trading ........................ 17
Capítulo 4: La mentalidad correcta a tener ............................. 18
Capítulo 5: Apilando el dinero y aumentando los fondos ................24
Capítulo 6: Diferentes tipos de estrategias comerciales y la importancia del apalancamiento ........................................................ 30
Capítulo 7: Swing Trading Stocks ...................................... 40
Capítulo 8: Opciones de swing trading ..................................44
Capítulo 9: Swing Trading Crypto ...................................... 48
Capítulo 10: Análisis técnico y fundamental ............................52
Capítulo 11: Cómo seguir desarrollando sus habilidades .................54
Capítulo 12: Diferentes estilos de trading ............................ 55
Capítulo 13: Algunas notas importantes ................................ 69
Capítulo 14: Análisis gráfico ......................................... 72
Conclusión ............................................................ 89
**Trading en Opciones 2020** ........................................... 90
Introducción .......................................................... 91
Capítulo 1: Estrategias de trading de opciones ....................... 103
Capítulo 2: Estrategias de opciones más avanzadas .................... 122
Capítulo 3: Gestionar las posiciones de opción ....................... 144
Capítulo 4: Estrategias de gestión de opciones adicionales ........... 153
Capítulo 5: Consejos y sugerencias para los traders de opciones ..... 157
Conclusión ............................................................168

**Invertir en la Bolsa de Valores** .................................................. 170
Introducción ..............................................................................171
Capítulo 1: Introducción al análisis................................................ 172
Capítulo 2: Los fundamentos del análisis técnico...........................186
Capítulo 3: Indicadores técnicos esenciales.................................... 195
Capítulo 4: Herramientas avanzadas de trading............................. 202
Capítulo 5: Evaluación y gestión de riesgos ................................... 216
Capítulo 6: Estrategias y configuraciones comerciales avanzadas .. 228
Capítulo 7: Estrategias de alto riesgo y alta recompensa.................233
Conclusión ................................................................................247

**Guía Definitiva del Day Trading 2020** ................................... 248
Introducción ............................................................................. 249
Capítulo 1: Fundamentos de las estrategias intermedias ................ 250
Capítulo 2: Ratios de PE, IPOs y rendimiento de dividendos ..........255
Capítulo 3: Diversificación, estrategia Dow y análisis .................... 271
Capítulo 4: Análisis fundamental y técnico......................................281
Capítulo 5: Estrategias de creación de riqueza ............................... 302
Capítulo 6: Instrumentos financieros adicionales ...........................311
Capítulo 7: Documentos financieros y contables ........................... 317
Conclusión ................................................................................324

# Swing Trading 2020

*¡De principiante a avanzado en semanas!*

*Las mejores estrategias para obtener resultados a corto plazo en el mercado de valores, opciones, divisas y criptodivisas*

**Por**

**Flavio Bosque**

# Introducción

Felicitaciones por la compra de *Swing Trading Guia Definitiva 2020: ¡De principiante a avanzado en semanas! Las mejores estrategias para obtener resultados a corto plazo en el mercado de valores, opciones, divisas y criptodivisas* y gracias por hacerlo.

El mundo del comercio se está volviendo cada vez más caótico. La descarga de este libro es el primer paso que puedes dar para hacer algo con tu situación financiera. El primer paso no siempre será el más fácil, por lo que la información que encontrará en los siguientes capítulos es esencial, ya que no son conceptos que puedan ponerse en acción inmediatamente. Si archivas estos conceptos para cuando los necesites, cuando llegue el momento de usarlos realmente, se alegrarán de tenerlos a mano.

En los siguientes capítulos se discutirán los principales principios de preparación que deberá tener en cuenta si alguna vez espera realmente hacer dinero en el swing trading. Esto significa que usted deberá considerar la calidad de su entrada y parada de pérdida, incluyendo los problemas potenciales planteados por su proporción, cómo pueden ser mejor utilizados en una estrategia, así como varias herramientas que usted podría necesitar para mantener su mente enfocada en la tarea en cuestión.

Con esos fuera del camino, entonces aprenderás todo lo que necesitas saber sobre la administración del dinero. Completando los tres requisitos principales para el éxito del swing trading, aprenderás técnicas cruciales que te ayudarán en tu viaje.

Estoy feliz de darte la bienvenida al mundo del swing trading y ayudarte a ganar más dinero.

Si esto te describe, entonces deberías probar el swing trading a tiempo parcial. Se recomienda encarecidamente que cuando empiece, utilice sólo una pequeña parte de sus ingresos. Supongo que la lógica detrás de esto es obvia. Todavía estás probando el agua y estás obligado a cometer errores. No quieres poner en riesgo tu medio de vida. ¿Por qué no aconseja el trading de papel que puede pedir? Bueno, mientras que el trading de papel es la forma más segura de aprender a comerciar, el aspecto más importante del aprendizaje no puede ocurrir cuando se comercia con papel. Esto es aprender cómo reaccionas y dominar tus emociones.

## El intercambio de columpios sólo por diversión

Puede ser un poco raro que haya gente que se intercambie por diversión. ¿Pero quién va a juzgar lo que es raro o no? A esta gente le gusta la experiencia de comprar y vender valores. A ellos les da igual si ganan o pierden. No buscan comerciar como una fuente de ingresos o tratar de aumentar su riqueza. El intercambio de columpios para ellos es un deporte y tienen el dinero para financiar sus apetitos. Aunque juegan por diversión, como todo buen jugador, se aseguran de mejorar para avanzar a "nuevos niveles". Basta con decir que no son totalmente imprudentes. Pero la motivación para mejorar no es ganar más dinero. Más bien, es para "ganar" este "juego". Si esta es tu intención, aquí tienes mis dos centavos: no lo hagas. Prueba tu mano en los bolos o en el baloncesto. No tiene sentido arriesgar dinero real. El comercio de esta manera puede causar una adicción que puede ser difícil de detectar y controlar. Con el tiempo, puede que te conviertas en un jugador en toda regla. Pero si tienes que cambiar por diversión, intenta conseguir un amigo que te vigile. Además, restrinja su capital a una parte insignificante de su cartera. No juegues con tus fondos de jubilación o con cualquier otro dinero con consecuencias reales (hipoteca, tasas de matrícula, etc.). Trate de tener en cuenta que los comerciantes del mercado están motivados por el beneficio y no por la emoción. En cierto modo, esto es ventajoso.

## Las diferencias entre el swing trading y el trading del día

El trader del día es lo que se puede llamar lo contrario del trader de compra y venta. Los traders del día son aquellos que comercian sólo por un día. No mantienen ninguna posición más allá de un día. Hacer esto los expondrá a la apertura y cierre de brechas de los mercados. Estas lagunas podrían acabar con toda su cuenta. Por lo general, realizan operaciones que duran unas pocas horas y monitorean el mercado por minuto. Los traders del dia comercializan las volatilidades del mercado. Responden a los movimientos de los precios muy rápidamente. Esto requiere mucho tiempo para el trader del día.

El movimiento de los precios a corto plazo puede ser el resultado de un movimiento de los principales actores del mercado y no de las variables reales de la empresa. Por lo tanto, el operador diurno se preocupa por la psicología del inversor y no necesariamente por los datos fundamentales. Siguen el ruido del mercado e intentan predecir si se hará más fuerte o más silencioso. Una característica fundamental de los traders del día es el número de operaciones que hacen por día. Puede llegar a ser tanto que incurran en grandes cargos de comisión que hace más difícil vencer al mercado en general. Después de ganar 5.000 dólares de unos pocos cientos de operaciones, esta cantidad se reduciría significativamente después de deducir las comisiones y los impuestos. Esto no incluye los costos en los que el comerciante incurre para mantener sus actividades diarias. Los swing traders también pagan comisiones pero nada tan severo como el trader del día. Los inversores de compra y retención son los que se enfrentan a las comisiones menos duras debido a su relativamente bajo volumen de negocios.

Un swing trader puede beneficiarse de una sola operación más que un trader del día porque mantiene su posición por más tiempo. En el transcurso de unos días o semanas, el movimiento de los precios se verá influido por los fundamentos de la empresa, que son más predecibles que las actividades de los inversores. El movimiento diario de los precios se ve más afectado por las actividades de los inversores que determinan la oferta y la demanda que por los fundamentos.

# Capítulo 2 - Decidir sobre los valores a comercializar

Así que, están todos entusiasmados y listos para el intercambio. Está bien. La siguiente parada de este viaje es identificar qué valores planea negociar. Hay muchas opciones para elegir

- **Capital público (acciones):** Si estás en los EE.UU., esta es la categoría con la que estás más familiarizado. Las acciones comunes, los recibos de depósito americanos y los fondos negociados en bolsa entran en esta categoría. Las acciones son la opción preferida de muchos swing traders por la variedad, facilidad y abundancia de información sobre las empresas. En los Estados Unidos, se puede encontrar la mayoría de las existencias enumeradas todos los días. Sin embargo, las acciones en los mercados extranjeros se cotizan con menos frecuencia (a veces sólo una vez por semana). Si quiere evitar mucha tensión en sus entradas y salidas comerciales, asegúrese de centrarse únicamente en las existencias que tienen un nivel de volumen específico. Por ejemplo, si intentas vender 1.000 unidades de un stock que tiene un total de 5.000 unidades, será muy costoso. Una de las grandes cosas de las acciones es que ofrecen exposición a activos de otras clases. Esto los hace realmente eficientes para el comercio. Esto es lo que quiero decir. Usted puede ganar exposición al oro simplemente operando otro ETF cuyos activos subyacentes son lingotes de oro. El trading de acciones es más recomendable, en primer lugar, por la cantidad de información auténtica disponible sobre ellas y también por la exposición que prestan a otras clases de activos. Además, tienes una variedad de posiciones para elegir. Pero puede que también desee comerciar con otras clases de activos.

- **Recibos de Depósito Americanos (ADR):**

Para la gente en los EE.UU., los ADR son la forma de invertir en acciones de empresas extranjeras. Se ha convertido en algo muy importante teniendo en cuenta la globalización que caracteriza a esta época.

Las cotizaciones de los ADR están en dólares estadounidenses, así como el pago de dividendos. El uso de ADR para comerciar tiene un costo-beneficio mayor que el establecimiento de cuentas en cada país extranjero con el que se desea comerciar. Le quita el estrés de convertir sus dólares al equivalente de esas monedas extranjeras entre otros costos inherentes. Además, hay que tener en cuenta que las naciones emergentes están experimentando un crecimiento económico superior al de los países desarrollados. Por ello, las ADR pueden ofrecer oportunidades para obtener beneficios decentes. Los países emergentes como el Brasil o China a veces tienen sus ADR altamente apalancados en un producto básico específico. Esto permite aprovechar la fuerza de los precios de esos productos.

- **Fondos de comercio de intercambio (ETF):**
  Los ETF son un conglomerado de inversiones. Los más comunes de estos son los que reflejan el movimiento de un índice como el SPY que es un ETF común que monitorea el índice S&P 500. Algunos reflejan el movimiento de un subsector de un índice. Si usted está viendo una tendencia tecnológica y desea beneficiarse de un rebote previsto, sería mejor comercializar un ETF de tecnología en lugar de invertir en una empresa en particular con la esperanza de que siga la tendencia general. El ETF de tecnología le ofrecerá una cartera diversificada en el mismo sector tecnológico que reflejará tal predicción. Una sola empresa puede no reflejar la tendencia o puede llegar tarde. Los ETFs permiten obtener beneficios de los índices internacionales y de las materias primas

➤ **Fondos cerrados:** Se trata esencialmente de fondos mutuos, salvo que se negocian en una bolsa secundaria. Los fondos comunes de inversión normales son de capital variable y sus precios equivalen al valor neto de su activo (el valor obtenido de la deducción de los pasivos de los fondos de su activo). Aquí es donde difieren los fondos cerrados. Sus precios están determinados por las fuerzas de la demanda y la oferta. Por lo tanto, es posible que un fondo de cierre se negocie a un valor superior a su valor de activo neto y también significa que podría negociarse por menos en otras ocasiones. Los fondos de cierre podrían ser un canal eficaz para obtener beneficios de los mercados internacionales.

➤ **Mercados de renta fija:** En estos mercados se cotizan valores emitidos por el gobierno a nivel federal, estatal y local. También incluyen los valores emitidos por empresas. El valor de los títulos en los mercados de renta fija está determinado por varios factores, entre ellos los tipos de interés, la inflación y la solvencia del emisor. Por lo general, hay muy poca volatilidad en los mercados de renta fija en comparación con las acciones y otras clases de activos. Esta es la razón singular por la que muchos comerciantes de swing no entran en ella.

➤ **Contratos de futures:** Los futures son acuerdos (contratos) normalizados de compra o venta de un activo subyacente por un precio determinado en un día específico del futuro. Los contratos de futures se ejecutan sobre productos básicos y otros instrumentos financieros, incluidos los índices bursátiles. En el contrato de futures, no hay intercambio de dinero entre el comprador y el vendedor hasta que el contrato haya expirado. Pero el vendedor está obligado a poner un margen en el rango del 5-15% del valor del contrato. Esto implica que los traders pueden optar por utilizar un apalancamiento extremo al contabilizar sólo una pequeña cantidad del valor total del contrato. Pero no se aconseja este tipo de apalancamiento extremo debido al riesgo potencial de perder la mayor parte, si no la totalidad, del activo en caso de un movimiento improbable del mercado. Mientras que los veteranos pueden intentar apalancarse con un riesgo, recomiendo un no total para los novatos.

> **Productos básicos:** Después de las acciones, los productos básicos son la clase de activos más popular hoy en día. Muchos swing traders están entrando en el mercado de los productos básicos debido al auge de los precios de muchos de ellos, desde el petróleo crudo, el cacao, el trigo, hasta el oro. En el mercado de futuros se negocian diferentes categorías de productos básicos. Las categorías incluyen la energía, la agricultura, los minerales y las piedras preciosas. La forma de obtener un beneficio de las oscilaciones de los precios de los productos básicos es a través de las acciones o ETFs. Las acciones de StreetTRACKS Gold son un ejemplo de un ETF que sigue el movimiento del precio de los lingotes de oro. Los swing traders pueden obtener beneficios del movimiento del precio del oro operando este fondo. Las dificultades y riesgos asociados con el comercio de productos básicos son muy diferentes de los relacionados con el comercio de acciones.

> **El mercado de divisas:** Este es actualmente el mayor mercado financiero del mundo. Se denomina comúnmente mercado de divisas o, más popularmente, mercado de divisas. El Banco de Pagos Internacionales estima que el promedio de facturación diaria en los mercados de divisas es de 3,21 billones de dólares. Al igual que en el caso de los futuros, cuando se comercia en los mercados de divisas, se puede utilizar un apalancamiento extremo. Tenga en cuenta que no todos los corredores ofrecen facilidades de comercio para el mercado de divisas, así que, asegúrese de consultar con su corredor. El mercado de valores ofrece muchas opciones para elegir. Esto no es así con el mercado de divisas. Hay algunas monedas en las que se basa el comercio. Son el dólar estadounidense (también llamado USD), el euro (llamado EUR), el yen japonés (llamado JPY), el franco suizo (llamado CHF) y la libra esterlina británica (llamada GBP). Hay otras monedas como el dólar australiano, el dólar neozelandés, entre otras. Pero estas no son las principales monedas de cotización. El mercado de divisas se ve afectado por elementos fundamentales como la inflación, las políticas gubernamentales, los anuncios económicos, la estabilidad política y algunas otras cosas. Para

convertirse en un comerciante sano, se debe combinar el dominio de los efectos de los fundamentos así como el análisis técnico para este mercado.

- **Opciones:** Se trata de contratos de inversión que permiten al comprador el derecho pero no la obligación de comprar un activo subyacente a un precio determinado durante un período de tiempo hasta su vencimiento. Son tal vez los más arriesgados de comerciar y no son muy recomendables para los comerciantes de swing debido a los plazos de caducidad y la iliquidez

# Capítulo 3 - Elección de los lugares de trading

La elección de dónde comerciar depende en gran medida de lo que se comercia. Las acciones, los productos básicos, las divisas y los bonos se negocian en diferentes mercados.

Las acciones en los Estados Unidos y en el extranjero cotizan en la Bolsa de Nueva York (NYSE), la Bolsa Americana (AMEX) y el NASDAQ. Otros instrumentos de inversión, como los ETF, también figuran allí, de modo que se aprovechan las fluctuaciones de los precios de los productos básicos y las clases de activos. La única diferencia entre el NASDAQ y el NYSE y AMEX es el hecho de que el NASDAQ es completamente electrónico. Esto hace que las transacciones y el enrutamiento de las órdenes sean más eficientes.

No todas las acciones se negocian en estos mercados. En los últimos tiempos,

El cotejo de las órdenes de compra y venta se realiza en las redes de comunicación electrónica (RCE) debido a la eficiencia que proporcionan. Los ECN conectan a los principales corredores con los comerciantes individuales. Puedes conseguir mejores tratos cuando haces pedidos a los ECNs en vez de directamente a un corredor. Algunos corredores proporcionan acceso directo a las operaciones. Es la forma más fácil de acceder a los ECN. Los swing traders pueden acceder a los valores y venderlos en otros mercados. La Junta de Comercio de Chicago (CBOT) enumera muchos productos básicos, entre ellos el etanol, el trigo, la cebada, el oro, la avena, la soja, el maíz, el arroz y el etanol. La Bolsa Mercantil de Nueva York (NYMEX) enumera productos básicos similares. Los swing traders pueden consultar estos mercados cuando deseen comerciar con productos básicos. Como se dijo en el capítulo dos, hay que considerar el riesgo asociado específico con el comercio de productos básicos. Debe existir un sólido sistema de gestión de riesgos para mitigar las pérdidas. Los factores fundamentales que afectan a los precios de los productos básicos difieren de los que afectan a las existencias. El trader debe ser consciente de ellos.

# Capítulo 4: La mentalidad correcta a tener

Primero dejemos claro que el hecho de que no tengas dinero para invertir no es cierto. ¿Una afirmación audaz? Sí. No controlo sus recursos e incluso puedo apreciar que el fondo puede ser muy ajustado pero, aún así no es la razón. Hay una mentalidad que debe desarrollar primero para entender por qué haría una afirmación así. Con esta mentalidad, descubrirá que puede hacer que haya más recursos disponibles para el trading. Probablemente has leído que la mayoría de los millonarios comenzaron con nada.

Para nosotros, la mentalidad es extremadamente valiosa, y en este capítulo queremos desacreditar de una vez por todas las excusas más recurrentes que la gente utiliza para evitar o posponer sus inversiones.

*1. "No tengo tiempo para comerciar."*

Una de las excusas más comunes es creer que invertir puede quitarnos la mayor parte del precioso tiempo que tenemos disponible. La verdad es que estamos cometiendo un gran error de evaluación. El trading no requiere una cantidad específica de tiempo: puedes elegir cuánto tiempo quieres dedicarle. Obviamente, cuantos más, mejor, pero incluso puedes empezar con unos pocos minutos al día.

Gracias al advenimiento de Internet y las nuevas tecnologías, de hecho, la inversión está ahora a sólo un clic de distancia, reduciendo así no sólo los costos de la negociación sino también el tiempo necesario.

*2. "No tengo suficiente dinero para comerciar."*

Creer que invertir es un tema reservado a los que tienen grandes cantidades de dinero es uno de los peores errores que podemos cometer. Disipemos este mito de inmediato: no es cierto que para hacer dinero, necesitemos mucho dinero. Hay productos financieros asequibles que no requieren la fortuna de Scrooge McDuck para empezar a planear su futuro.

A partir de hoy, es posible empezar a comerciar e invertir desde sólo 5 euros.

Piénsalo, 5 dólares es igual a 5 cafés a la semana. Si hubiéramos ahorrado un café al día durante 5 días a la semana desde que los euros entraron en vigor, hasta finales de 2019, habríamos ahorrado una "pequeña" suma de 3865 dólares. Si estos ahorros, en lugar de ser olvidados en nuestra alcancía, se invirtieran en los mercados de valores mundiales, a finales de 2019 habríamos tenido 7.493 dólares. Por lo tanto, ningún ahorro es insignificante para ser invertido.

*3. "No tengo las habilidades para comerciar."*

Una de las razones que nos alejan de la inversión es convencernos de que no tenemos las habilidades y conocimientos adecuados. El comercio en los mercados financieros es obviamente difícil al principio, pero si te metes en él, se vuelve fácil. Hay algunos tipos de comercio que ni siquiera son difíciles a primera vista (las opciones, por ejemplo). Los fondos mutuos ofrecen la forma más fácil de inversión en los mercados financieros. Todo lo que tienes que hacer es decidir qué fondo está funcionando bien y poner tu dinero. Un equipo de expertos administrará los fondos y dará devoluciones. Otras formas de inversión que requieren que aprendas te pondrán a cargo de tu propio dinero. ¡Empieza poco a poco y crece!

*4. "Me cambiaré en unos años cuando tenga un salario más alto."*

Retrasar una inversión no es una elección acertada, especialmente si se tienen en cuenta los beneficios de la capitalización del interés compuesto. Para mostrarles, hemos comparado dos planes de acumulación de capital: el primero invierte una suma de 100 dólares al mes a partir de los 25 años, mientras que el segundo invierte 200 dólares al mes pero a partir de los 35 años.

En su opinión, ¿cuál de los dos podrá obtener un capital mayor a los 70 años?

El plan de acumulación de 100 dólares mensuales, emprendido desde hace 25 años, habrá generado a la edad de 70 años un capital de 520.000 dólares: 50.000 más que el otro.

La anticipación de la inversión no sólo requiere un menor esfuerzo económico sino que también permite obtener mayores ganancias en comparación con una mayor inversión retrasada en el tiempo.

*5. "El comercio es demasiado arriesgado."*

Ninguno de nosotros quiere perder dinero, pero no nos damos cuenta de que ya lo estamos haciendo cuando decidimos no comerciar. Si la alternativa a la inversión es, de hecho, sentirse seguro estacionando nuestros ahorros en la cuenta bancaria, la inflación podría reservarnos sorpresas desagradables reduciendo inexorablemente nuestro poder adquisitivo en el futuro.

Si se comercia utilizando la diversificación de la cartera y adoptando un horizonte temporal a largo plazo, las posibilidades de perder dinero se reducen mucho.

Cuando se trata de estrategias comerciales, la cantidad invertida no puede ser ignorada.

Este capítulo está orientado a la gestión de activos entre 10.000 y un millón de euros. Otra premisa para la lectura es tener una idea clara de lo que significa la cantidad invertible.

Dividiremos nuestro campo de acción en tres bandas. Las tres bandas asumirán que ya se ha hecho:

- comerciar la máxima parte deducible de impuestos en la pensión complementaria;

- estipulan cualquier seguro de vida; e indica que deben considerarse todos los puntos negativos descritos en el seguro de vida;

- deducir de la parte negociable las asignaciones por inversiones falsas, es decir, actividades secundarias que son verdaderos trabajos alternativos.

El último punto es particularmente importante para las inversiones en bienes raíces y tierras. Como veremos en los planes operativos, para activos de hasta 250.000 dólares un discurso sobre la propiedad y la tierra sólo puede ser marginal.

Las principales razones de la declaración anterior son:

**1. Estos intercambios a menudo tienden a no ser reales.**

En el sentido moderno, una inversión es tal si requiere una asignación mínima de recursos (por ejemplo, compro 10.000 dólares de bonos del Estado); de lo contrario, se configura como una actividad real.

Comprar una casa que luego se alquila es el ejemplo más simple.

Si interactuamos directamente con el inquilino, estamos realizando una actividad real, una alternativa a nuestro trabajo, en la que a menudo no tenemos en cuenta los costes de gestión y el tiempo que dedicamos; diferente es el caso en el que nos limitamos a comprar la casa y confiamos a una estructura externa remunerada el papel de administrador del edificio. En este segundo caso, lo que queda es la ganancia real de la renta. Lo mismo ocurre con la compra de tierras agrícolas: sólo considerándola una actividad (es decir, cultivándola y gestionándola con decisiones adecuadas) podremos sacarle el máximo provecho.

**2. Estos oficios minimizan los costos de gestión sólo para los grandes capitales.**

De hecho, las ganancias de capital realizadas son brutas de los impuestos y de todos los gastos de gestión que sirven para mantener el activo en cuestión a lo largo de los años. Para pequeñas inversiones (por ejemplo una casa que vale 300.000 dólares) la inflación, los impuestos, los gastos de mantenimiento, etc. reducen considerablemente la ganancia real.

**Instrumentos de comercio**

Como las herramientas de inversión consideran:

1. propiedades y tierras
2. instrumentos de máxima liquidez (es decir, liquidables en un plazo de hasta 3 meses)
3. bonos
4. acciones

5. monedas (Forex)

Los instrumentos individuales deben entonces ser optimizados siguiendo las instrucciones que se dan en los siguientes párrafos.

Debemos advertir que no se debe invertir en campos alternativos y típicamente especulativos (arte, joyería, etc.) sin tener una capacidad específica. Estos campos son, de hecho, similares a los trabajos alternativos: comprar un cuadro, un reloj de prestigio o un coche clásico, esperando una gran revalorización, es completamente optimista si no eres un experto en el sector. Por otro lado, si uno lo es, no tiene sentido hacerlo todo de forma ocasional, pero tendría sentido hacerlo al menos una segunda actividad.

Las gestiones propuestas son principalmente pasivas, en el sentido de que debemos seguir la tendencia de nuestros oficios no de manera continua a lo largo del tiempo, sino con comprobaciones periódicas (por ejemplo, trimestrales) para verificar si es apropiado desinvertir positivamente. Por ejemplo, si una moneda fue comprada hace un año a 95,25 y ahora vale 99, una ganancia del 4% justifica la venta. Si, por el contrario, ha caído a 94,20, pondrá el corazón en paz y se mantendrá hasta su expiración.

## De 10.000 a 50.000 euros

Sé que me decepcionan los que pensaron en diversificar, pero con una suma tan modesta, sólo se pueden utilizar dos herramientas: el forex y los bonos. Se pueden utilizar juntos o mejor utilizar los segundos, a menos que los primeros ya no sean ventajosos debido a una situación económica particular.

## De 50.000 a 250.000 euros

Aquí los cuatro instrumentos son todos utilizables, obviamente con la debida consideración.

En el caso de los edificios y terrenos, es aconsejable incluirlos en el cupo adicional. Si decides invertir 50.000 dólares en bienes raíces, en lugar de comprar un pequeño estudio, tiene más sentido comprar una casa de propiedad más grande. Los honorarios de la cuota añadida son menores que los de una segunda vivienda, y no habría todas las molestias de la gestión de un activo, que debido a su pequeño tamaño daría rendimientos modestos en cualquier caso de un cierto compromiso de gestión.

Además, en este caso, los bonos se llevan la mayor parte de la cantidad invertible (al menos el 50%) y pueden ser sustituidos por los instrumentos de máxima liquidez sólo en casos excepcionales en los que ganan más.

Las acciones merecen un discurso separado. En teoría, con un capital de 250.000 dólares, sería posible invertir en el accionista, pero en la práctica, es mejor hacerlo vinculando la cifra a la edad. Si a los 30 años, una parte invertida del 40% puede ser significativa, a la edad de 60 años, no debe exceder del 10%. Con estos datos, es automático recordar que a los 40 años se invierte un máximo de 30% y a lo sumo 20% un máximo de 20%.

Recordemos, sin embargo, que invertir en las acciones es una oportunidad, no una obligación.

**De 250.000 a un millón de euros**

Ahora estamos en cifras importantes. Antes de entrar en detalles, es necesario entender "qué viento tira". Actualmente, con una economía aún en crisis parcial, parece que la situación es ésta:

- asegurar los bonos y la liquidez: ****
- acciones: **
- oro: **
- propiedades: *

Esta imagen parecerá decepcionante para aquellos que sueñan con especular con su capital, pero es ciertamente la que más la protege. Para esas personas, el mercado de divisas podría no ser la mejor opción.

En cuanto a la propiedad y la tierra, se puede invertir hasta el 30% de los activos en ellas, tanto como una parte adicional como una inversión por derecho propio. Muchos llegarían a invertir hasta el 100%, pero es una solución demasiado simplista porque, de hecho, con ese capital, si se quiere invertir en el ladrillo, tiene más sentido emprender una verdadera segunda actividad. Además, hay que recordar que *una propiedad sólo tiene valor si se puede revender*.

Lo que en los últimos años no ha sido tan fácil y ha producido pérdidas de hasta el 50%, sólo para caer de la inversión realizada con un poco de liquidez.

En otras palabras, en lugar de invertir en un par de apartamentos de lujo en el centro de la ciudad, es más lógico invertir en unidades más pequeñas diversificando los riesgos que siempre están presentes en la inversión individual. En cualquier caso, la crisis del sector inmobiliario que comenzó en 2008 ha extinguido, de hecho, el optimismo que duró décadas, un optimismo sin una verdadera motivación racional.

Una vez determinada la porción asignada a la propiedad y a la tierra, se debe determinar la cantidad que se invertirá en las acciones. También, en este caso, el máximo está representado por la regla del 70. La parte restante está destinada a los bonos.

# Capítulo 5: Apilando el dinero y aumentando los fondos

Ganar más significa que se le pague más. Solemos pensar que los demás deberían pagarnos más si queremos ganar más dinero. Pero no siempre es así: podemos ganar más aunque nos paguemos más a nosotros mismos, y no a los demás.

Este es un principio fundamental que subyace al éxito financiero, revelado por primera vez en 1926 por George Samuel Clason a través de su libro titulado *El hombre más rico de Babilonia*, un gran clásico de la motivación.

El principio establece que parte de lo que se gana debe ser mantenido. Poniendo a un lado por lo menos el 10% de lo que ganas - y haciendo ese dinero inaccesible a los gastos ordinarios y posiblemente incluso a los gastos extraordinarios - puedes aumentar esta cantidad exponencialmente con el tiempo. Considerando cualquier inversión, gracias al poder de la inversión compuesta, la cantidad ahorrada/invertida - a lo largo de los años - puede llegar a ser importante. De hecho, muchas personas son capaces de ganar más y construir sus activos pagándose a sí mismas primero. Es un principio verdadero y efectivo hoy como lo fue en 1926.

Sin embargo, como esta fórmula del 10% es fácil, la gente no está dispuesta a escucharla y aplicarla. Esto se debe a que normalmente se buscan trucos para enriquecerse rápidamente y no se tiene una visión a medio o largo plazo. Por otro lado, tener un plan de inversión a largo plazo es una base sólida para construir la propia estabilidad económica. Y puedes empezar a ganar más pagándote a ti mismo primero a partir de hoy. Cuanto antes empieces y más rápido construirás tu éxito financiero.

**Usando el poder del interés compuesto**

Para ganar más, puedes aprovechar el interés compuesto. Así es como funciona: si inviertes 1.000 dólares con un interés del 5%, ganarás 50 dólares de interés, y al final del primer año, tendrás una inversión total de 1.050 dólares. Si deja tanto la inversión inicial como los intereses de la cuenta corriente, recibirá un 5% de interés al año siguiente sobre 1.050 dólares, o 52,50 dólares. En el tercer año, ganarás el 5% de 1.102.50, y así sucesivamente. A este ritmo, dentro de 15-30 años su dinero se convertirá en una cantidad muy superior a la suma invertida inicialmente. Pero precisamente, ¿cuánto crece el capital invertido? El matemático italiano Luca Pacioli lo explicó en el siglo XV: todo capital se duplica en un número de años igual a 72 dividido por el tipo de interés. Volviendo a nuestro ejemplo: si el interés es del 5% anual, dividimos 72 por 5; lo que hace 14,4, es decir, en 14 años y 4 meses el capital inicial se duplica. Cuanto antes empiece y más grande será el resultado, ya que tendrá más tiempo para que el interés que capitalice produzca su poderosa magia. Empieza ahora a ahorrar e invertir para tu futuro, aunque no tengas una gran suma. No necesitas tener una suma extra de dinero. Puedes empezar con cualquier cantidad y hacerla crecer con el tiempo.

**El secreto de pagarse a sí mismo primero**

Si quieres ganar más dinero pagándote a ti mismo primero, tienes que hacer de los ahorros y la inversión una parte central de tu gestión financiera, al igual que el pago de la hipoteca. Acostúmbrese a ahorrar un porcentaje fijo (por lo menos el 10%) de su ingreso mensual y a invertirlo en una cuenta de ahorros especial que decida no tocar. Lo ideal sería que este paso fuera automático, como una deducción mensual fija en tu sueldo. La automatización garantizará que no tenga que depender de su autodisciplina y que su capacidad de ahorro no se vea afectada por su estado de ánimo, ya sea por emergencias domésticas o de otro tipo. Continúe aumentando esa cuenta hasta que haya ahorrado lo suficiente para invertir la suma acumulada en bonos, en un fondo de inversión o en bienes raíces (gastar dinero en alquiler sin construir ningún activo es realmente un desperdicio). Deje que sus inversiones construyan sus activos con el tiempo, y trate de vivir con lo que queda después de que se haya pagado a sí mismo. Si quieres gastar, trata de ganar más para pagarlo. Pero nunca ponga sus manos en sus ahorros para financiar un estilo de vida más ambicioso. Lo ideal sería que sus inversiones crecieran hasta el punto de poder vivir con intereses, si fuera necesario. Sólo entonces serás financieramente autónomo y libre.

Si quieres ganar más, necesitas crear activos, no pasivos. En lugar de gastar todo el dinero que ganas, enriqueciendo a otra persona, invierte en activos que producen otros ingresos (acciones, bonos, bienes raíces, oro, etc.). Entonces cuando su dinero empiece a crecer, edúquese más sobre la mejor manera de invertir su dinero. Manténgase informado sobre las noticias acerca de las oportunidades de inversión y recuerde proteger lo que es suyo a través de una buena póliza de seguro. No confíes ciegamente en quien manejará tu dinero, pero siempre trata de mejorar tu educación financiera. Esto te convertirá en una persona preparada financieramente y lista para hacerse rica. Una vez que entiendas esto, el dinero seguirá.

¿Qué es el interés compuesto? No todo el mundo puede saber cómo responder inmediatamente a esta pregunta. De hecho, si todos saben cuál es el interés simple, es decir, el que se retira al final de la unidad de tiempo acordada, menos son los que saben cuál es el interés compuesto, cómo funciona y, lo más importante, cómo aprovecharlo.

El ejemplo de una cuenta bancaria es esclarecedor.

Si el 1 de enero tengo una tasa neta del 1% en mi cuenta, al final del año tengo 101 euros. El euro más se añade al capital y, si las condiciones no cambian, al final del segundo año no tendré 102 euros, sino 102 euros y un céntimo donde el céntimo representa el 1% del euro acumulado después del primer año.

Hasta ahora, todo está claro, pero la mayoría de nosotros no puede calcular el interés compuesto de una inversión y tiende a tratarlo como interés simple. Esto se debe a su lento comienzo, que, especialmente con poco capital, tiende a ser tratado como "irrelevante". Sin embargo, no hay nada más malo que un inversor pueda hacer.

Si, por ejemplo, después de 5 años de inversión, mi capital de 100 euros es ahora de 140, se nos hace creer que el interés era del 8% anual.

Esto es incorrecto porque, al hacerlo, no tenemos en cuenta que al final de cada período los intereses acumulados han ido a aumentar el capital. Si el interés hubiera sido realmente del 8%, componiendo los 5 años, habríamos tenido

Capital inicial: 100

- Primer año: 108
- 2º año: 116.64
- Tercer año: 125.97
- 4º año: 136.04
- 5º año: 146.93

La diferencia (6,93 euros) representa casi el 7% del total. Como se puede ver, es fácil deslumbrar (y peor aún, "sufrir", si por alguna razón se nos ofrece un interés simple por un interés compuesto).

**La matemática detrás del interés compuesto: un ejemplo fácil**

Supongamos que tenemos un capital inicial de 1.000 euros. El capital produce un interés del Y% y este interés se calcula sobre una base anual.

¿Cuál será el valor de la inversión después de X años?

La fórmula de cálculo es la siguiente:

(1) $IV = CP(1+Y)^X$

IV es el valor de la inversión después de X años, mientras que CP es el capital inicial. Y se expresa como un porcentaje, es decir, 0,04 indica un 4%. El símbolo ^ es el símbolo de la elevación al poder.

El cálculo inverso tiende a encontrar el interés Y de una inversión que ahora (neto de inflación) vale IV contra un capital CP invertido X períodos (años) atrás. La fórmula es:

(2) Y = (IV / CP) ^ (1 / X) - 1

Supongamos que, después de la inflación, 1.000 euros invertidos hace 5 años valen ahora 1.400 euros, inmediatamente se tiene que el rendimiento fue del 6,96%.

**Echemos un vistazo a otro ejemplo**

Marie acaba de tomar el salario y finalmente puede comprar el aire acondicionado que necesita. Pero su amiga Julie la llama para decirle que tiene una necesidad urgente que no puede atender inmediatamente y le pide que le preste 1.000 dólares.

Marie está indecisa porque esto significaría esperar otro mes antes de poder hacer su compra.

Para resolver el problema, las dos chicas se ponen de acuerdo sobre el préstamo siempre que Julie devuelva el dinero a Mary con un 5% de interés (los números son puramente aleatorios a efectos del ejemplo).

De esta manera, Marie tiene un mayor incentivo para tener que retrasar su compra.

Cuando Julie devuelva la suma prestada, recibirá 1.050 dólares en lugar de 1.000.

Al mes siguiente Marie puede comprar el aire acondicionado y, para celebrarlo, usar los 50 dólares de interés para salir a cenar con su novio.

En resumen, al final, este reconocimiento por el uso retrasado no fue malo!

Ahora que entendemos el concepto detrás de la tasa de interés es bueno entrar un poco más en detalle y hacer algunas distinciones.

A este respecto, podemos dividir el tipo de interés en dos grandes categorías:

1. El interés simple;
2. Los intereses compuestos.

**Interés simple**

Volvamos al ejemplo anterior.

Al final del período, Julie devuelve el dinero más los intereses a Mary. Poco después, sin embargo, la chica pide de nuevo la misma cantidad para comprar un nuevo refrigerador, ya que el viejo se rompió de repente.

Marie está de acuerdo en prestarle el dinero a su amiga.

Al mes siguiente Julie confirmó su deuda más nuevos intereses, de nuevo por un total de 1.050 dólares.

Ahora Marie está con su capital inicial, más 100 dólares de intereses, por un total de 1.100 dólares.

El interés se define como simple cuando, una vez que ha madurado en el capital subyacente, no genera más interés.

En nuestro ejemplo, observamos que los primeros 50 dólares no se añadieron al capital prestado la segunda vez.

**Interés compuesto**

Cambio de escenario.

Julie le pide a Marie que le preste 1.000 dólares con la promesa de devolverlos en dos años.

Mary está de acuerdo, siempre y cuando Julie acepte un interés compuesto en el capital prestado maduro.

En este caso, Julie no tendrá que pagar los intereses inmediatamente al final del primer año, sino que añadirá los 50 dólares de interés en el capital, que a su vez se acumularán en un 5% en el segundo año.

Al final del período acordado, Julie debe por lo tanto regresar:

- o   1.000 dólares de capital
- o   50 dólares de interés para el primer año (1.000 dólares + 5%)
- o   52,50 dólares de interés para el 2º año (1.050 dólares + 5%)

El capital total a devolver a María es, por lo tanto, de 1.102,50 dólares.

Aquí hemos materializado 2,50 dólares más que en el ejemplo anterior, debido al interés compuesto.

El interés se define como compuesto cuando, una vez madurado en el capital subyacente, se añade a éste y contribuye a generar un mayor interés en el futuro.

*¿Entiendes por qué el interés compuesto es tu nuevo mejor amigo?*

Cuando depositas tu dinero en la cuenta bancaria estás haciendo como Marie, es decir, estás "prestando" tu dinero al banco, que lo utiliza para realizar su función de crédito y prestarlo a personas y empresas.

Como recompensa por este servicio, se le da un interés por las sumas depositadas, es decir, una recompensa por el hecho de que retrasa su uso.

**Cómo aprovechar el interés compuesto**

Si no quieres que la inflación se coma una buena parte del valor real y del poder adquisitivo de tu dinero, tienes que asegurarte de que este último acumule un interés compuesto a lo largo del tiempo.

Ciertamente, una parte de la liquidez de que dispone puede depositarse en una o más cuentas de depósito, o en cuentas con operaciones limitadas, en las que sin embargo se reconocen tipos de interés más elevados.

Por ejemplo, podría depositar su fondo de emergencia.

El resto, sin embargo, debe invertir en una cartera de instrumentos financieros eficientes que protejan su capital y creen valor añadido.

Por lo tanto, el interés compuesto debe ser explotado por al menos dos razones:

1. Aumentar los ahorros mientras se espera su uso;
2. Defensa contra la inflación.

Por lo tanto, una cosa sabia es explotar el poder del interés compuesto para hacer que el valor de su dinero crezca más rápido, protegiéndolo de la pérdida de poder adquisitivo.

Intenta mantener sólo pequeñas cantidades en cuentas bancarias que te den poco o nada.

Puedes dejar la liquidez adecuada para tus gastos diarios y el fondo de emergencia.

# Capítulo 6: Diferentes tipos de estrategias comerciales y la importancia del apalancamiento

### ¿Qué es el apalancamiento?

Mediante el uso del apalancamiento financiero, una persona tiene la posibilidad de comprar o vender activos financieros por un monto superior al capital que posee y, en consecuencia, beneficiarse de un rendimiento potencial más alto que el que se deriva de una inversión directa en el subyacente y, a la inversa, exponerse al riesgo de pérdidas muy importantes.

### ¿Cómo funciona la palanca?

Veamos cómo funciona el concepto de apalancamiento a partir de un caso simple. Supongamos que tienes 100 dólares disponibles para invertir en un par de divisas. Supongamos que las expectativas de ganancia o pérdida son iguales al 30%: si las cosas van bien, tendremos 130 dólares; de lo contrario, tendremos 70 dólares. Esta es una simple especulación en la que apostamos por un evento en particular.

En caso de que decidamos arriesgar más por nuestra inversión, además de nuestros 100 dólares, también otros 900 dólares prestados, entonces la inversión tomaría una articulación diferente porque usamos un apalancamiento de 10 a 1 (invertimos 1000 dólares teniendo un capital inicial de sólo 100). Si las cosas van bien y las acciones suben un 30%, recibiremos 1300 dólares; devolvemos los 900 prestados con una ganancia de 300 dólares sobre un capital inicial de 100. Así que obtenemos un beneficio del 300% con una acción que sólo dio un 30% de rendimiento. Obviamente, sobre los 900 dólares prestados tendremos que pagar un interés, pero el principio general sigue siendo válido: el apalancamiento permite aumentar las posibles ganancias.

Considerando el caso adicional de la inversión en derivados. Supongamos que compramos un futuro que, dentro de un mes, dé derecho a comprar 100 gramos de oro a un precio fijado hoy de 5.000 dólares. Podríamos comprar físicamente el oro con un desembolso de 5.000 dólares y mantenerlo esperando que el precio suba y luego volver a venderlo. Si en cambio decidimos usar derivados, no deberíamos tener 5.000 dólares, sino sólo el capital necesario para comprar el derivado. Digamos que un banco vende por 100 $ el derivado que nos permite comprar los mismos 100 gramos de oro en un mes a 5.000 $. Si en un mes el oro vale 5.500, podemos comprarlo y venderlo inmediatamente, obteniendo una ganancia de 500 $. Con los 100 dólares del precio del derivado, obtenemos una ganancia de 400 dólares, o 400%, con 100 dólares.

Así es como funciona la palanca. ¿Consigues el asombroso poder que puede dar al inversor medio?

## ¿Cuáles son las posibilidades de su uso?

El potencial de apalancamiento es claro. Pero cuidado: el efecto multiplicador de apalancamiento, descrito con los ejemplos anteriores, funciona incluso si la inversión sale mal. Por ejemplo, si decidimos invertir 100 dólares en nuestra posesión más una suma adicional de 900 dólares prestados, si el par de divisas se depreciara en un 30%, nos quedaríamos con sólo 700 dólares en la mano; teniendo que devolver los 900 dólares prestados más los intereses y considerando los 100 dólares de nuestra inversión inicial tendríamos una pérdida de más de 300 dólares sobre un capital inicial de 100 dólares. Como porcentaje, la pérdida sería, por lo tanto, del 300% contra una reducción del valor del par del 30%.

Otro elemento a tener en cuenta es que las diferentes palancas financieras pueden combinarse: de esta manera las operaciones de especulación se realizan utilizando una "palanca cuadrada" con reflexiones claras sobre los potenciales.

## ¿Cuáles son los riesgos relacionados con el apalancamiento?

Por otra parte, lo que puede parecer un instrumento interesante con un potencial positivo para el inversor, presenta riesgos que, por lo tanto, deben tenerse debidamente en cuenta. De hecho, si el sistema financiero en su conjunto funciona con un apalancamiento muy alto y las instituciones financieras se prestan dinero entre sí para multiplicar los posibles beneficios, la pérdida de un inversor individual puede desencadenar un efecto dominó al infectar todo el mercado financiero.

Los bancos suelen ser entidades que operan con un grado de apalancamiento más o menos elevado: frente a un determinado capital neto, el total de activos en los que se invierten los recursos suele ser mucho mayor. Por ejemplo, un banco con un capital de 100 dólares y un apalancamiento de 20 gestiona activos por 2.000 dólares. Una pérdida del 1% de los activos implica la pérdida del 20% del capital social.

El desarrollo del mercado de transferencia del riesgo de crédito (de los intermediarios financieros al mercado) ha significado que el modelo bancario tradicional, denominado "originar y mantener" ("crear y mantener": el banco que concedió el préstamo permanece en el balance hasta el vencimiento), ha sido sustituido por muchos operadores del "originar para distribuir" ("crear y distribuir"): el intermediario selecciona a los deudores, pero luego transfiere el préstamo a otros, recuperando la liquidez y el capital reglamentario previamente comprometido o el riesgo de crédito puro, con beneficios sólo en los requisitos de capital), con el efecto de un nuevo aumento del apalancamiento. La difusión de este segundo modelo de banco es uno de los factores que explican la crisis desencadenada en el mercado de las hipotecas de alto riesgo.

La inflación de los precios de las propiedades ha apoyado la emisión de préstamos y el crecimiento exponencial del mercado relacionado, permitiendo a los bancos obtener enormes beneficios y, al mismo tiempo, aumentar el apalancamiento. Pero "la máquina de dinero" no podía durar mucho tiempo y, al final, muchos bancos se encontraron sin capital suficiente para absorber las pérdidas derivadas de la inversión de la tendencia del mercado inmobiliario, lo que dio lugar, de hecho, a la quiebra de empresas.

Mientras tanto, el ejemplo de los bancos se ha extendido dentro del sistema financiero, extendiéndose a todas las demás instituciones financieras: el apalancamiento ha prevalecido, especialmente en los Estados Unidos, generando un enorme volumen de inversiones de riesgo que descansan en una fracción infinitesimal de capital social. Pensamos en la cuestión de los denominados "credit default swaps" (instrumentos derivados utilizados para cubrir el riesgo de impago del deudor): algunas compañías de seguros estaban muy expuestas al mercado inmobiliario, y cuando éste se derrumbó y el valor de las hipotecas disminuyó, empezaron a perder sin tener un capital suficiente para absorber las pérdidas derivadas de la emisión de esos instrumentos.

Para no arriesgarse a fracasar y volver a niveles suficientes de capital bancario, se pueden utilizar los aumentos de capital (no es una tarea fácil en tiempos de crisis), la reducción del monto de los préstamos a las empresas (concediendo un número menor de nuevos préstamos y no renovando los ya emitidos) y la enajenación de otros activos líquidos (principalmente acciones). El resultado de todo esto, en el período de la crisis de las hipotecas de alto riesgo, fue la congelación del crédito y el colapso del mercado de valores. Estos son los principales canales a través de los cuales la crisis financiera ha golpeado la economía real. El racionamiento del crédito ha afectado a las inversiones, y la caída del mercado de valores (que se suma al descenso de los precios de la vivienda) ha reducido el valor de la riqueza de los hogares y, por tanto, el consumo.

Sabemos que un cierto nivel de apalancamiento es fisiológico para sostener el crecimiento económico, incluso si no tenemos ninguna indicación de cuál es el nivel óptimo. Pero la historia nos enseña cómo en un sistema económico-financiero cada vez más globalizado e interdependiente, el apalancamiento puede ser un desencadenante de burbujas especulativas. Y es en estos períodos que se genera la mayor desconexión entre las finanzas y la economía real. Ahora que hemos pasado por el poder del apalancamiento, es hora de echar un vistazo a lo que llamamos las 30 Reglas Secretas del comercio y cómo ver cómo se pueden aplicar a los diferentes instrumentos financieros.

1. *"Si estás indeciso, quédate quieto."* No es necesario invertir continuamente. Si no tienes ideas precisas, es mejor no hacer nada y esperar señales más claras. A menudo, el mercado está lleno de indecisión: mantener la calma y acumular dinero para el futuro.

2. *"Cortar las pérdidas y dejar que los beneficios corran"*. Esta es quizás la regla más conocida y más importante para los que invierten en el mercado de valores. Un factor indispensable para la aplicación de esta regla es la identificación, inmediatamente después de la compra, del stop loss. Esto es lo que está dispuesto a perder en esa inversión (téngase en cuenta al determinar la excursión diaria media de la acción). La aplicación fría y sistemática, aunque sea dolorosa, de la parada de pérdidas le preservará de enormes pérdidas que harían la venta cada vez más traumática, congelando el capital que podría ser invertido en otro lugar.

3. *"Aprende de tus errores"*. Los errores no siempre son negativos: si se sigue una estrategia con un método, si se aplica el stop loss, no se cometerán errores particularmente graves. Los errores son una parte integral del comercio de acciones: necesitas analizar por qué los hiciste y qué puedes aprender de ellos. De esta manera, una pequeña pérdida puede convertirse en una buena lección de inversión para el futuro.

4. *"Toma las ganancias e inviértelas de nuevo"*. Si uno de nuestros títulos está en alza, se aplicará el take profit a medida que crezcan las acciones. Una acción no puede crecer indefinidamente, cuando se invierta la tendencia, vendiendo en la cima, habremos tenido un beneficio evitando más descensos. Si entonces el título sube de nuevo, no importa; irá mejor la próxima vez. No siempre se puede vender en la cima ya que, recuerda, no puedes cronometrar el mercado.

5. *"Compra sobre el rumor y vende en las noticias"*. Cuando salgan oficialmente noticias positivas sobre cierto título, presta atención. Puede que ya sea demasiado tarde para invertir en ese título, ya que el mercado ya podría haberlo valorado.

6. *No créa en las "inversiones seguras"*. Si alguien le dice que un título alcanzará sin duda un determinado precio, o bien no entiende mucho del mercado de valores o sólo está haciendo sus propios intereses.

7. *"Nunca te apegues emocionalmente a una acción"*. Algunos inversores siempre siguen un número limitado de empresas que consideran más fiables que otras. No hay títulos mejores que otros, sino sólo situaciones favorables y situaciones desfavorables. A menudo, en lugar de admitir un error, se persevera en él con la consecuencia de estar muy desequilibrado en una acción. Esto es realmente malo, especialmente si se está comprometido en exceso con una acción en la que, en ese momento, el mercado no cree.

8. *"Mantener siempre una cierta liquidez disponible"*. Cíclicamente nos encontramos en situaciones de varios días de declive generalizado de toda la bolsa de valores y a menudo, por falta de liquidez, no podemos aprovechar las excelentes oportunidades de compra. Guarda algo de dinero para aprovechar las grandes oportunidades.

9. *"Elija la plataforma correcta"*. Una regla importante para invertir en el mercado de valores es que la plataforma marca la diferencia. Seleccionar cuidadosamente plataformas de comercio seguras, honestas y fiables es el primer paso para hacer dinero. Quienes empiezan a invertir en el mercado de valores por primera vez deben tener cuidado de elegir plataformas que sean realmente sencillas de usar, tal vez con un apoyo educativo de alta calidad. Algunas plataformas también ofrecen herramientas complementarias, como notificaciones, comercio social y herramientas de análisis gratuitas, para guiar a los comerciantes menos experimentados.

10. *"Invierte sólo en lo que entiendes"*. Como el "gurú" de las finanzas, Warren Buffett dijo, "nunca, nunca, inviertas en algo que no entiendes, y sobre todo, que no conoces". La abrumadora mayoría de los inversores pueden alcanzar sus objetivos de crecimiento de capital utilizando los instrumentos financieros más comunes, que casi siempre son sencillos de entender. Las herramientas complejas es mejor dejarlas a los grandes expertos en el campo.

11. *"Diversifique su cartera"*. Cuando se invierte, la palabra que hay que tener en cuenta es "diversificación". Nunca inviertas en un solo título, porque si eso se hunde, tu dinero llegará al mismo fin. Siempre es mejor tener inversiones diversificadas para minimizar los riesgos

específicos de una empresa, un mercado, una clase de activos o una moneda. Cuanto más se diversifica y más baja es la probabilidad de tener caídas drásticas.

12. *"Comprender y evaluar el riesgo"*. El riesgo es un componente intrínseco de toda inversión. Si no existe, no hay vuelta atrás. Ya sean bonos del Estado, acciones o fondos de inversión, todos tienen un componente de riesgo, que obviamente será mayor si se quiere esperar un mayor rendimiento. Así que si alguien te dice que hay una inversión sin riesgo, significa que es mejor obtener el consejo de otra persona.

13. *"Mira más allá de la inversión directa"*. Como alternativa a la compra directa de acciones, es posible invertir en los índices bursátiles, a través de los ETF (fondos de inversión cotizados, que reproducen el rendimiento de los índices de acciones y bonos), o en fondos de inversión, que ofrecen una gran diversificación incluso con cantidades mínimas, permiten invertir pequeñas acciones periódicas, por ejemplo, 100 euros al mes, e incluso pueden proporcionar un cupón mensual.

14. *"No sigas a las masas"*. La decisión típica de quién compra acciones invirtiendo en el mercado de valores suele estar fuertemente influenciada por los consejos de conocidos, vecinos o parientes. Así que, si todos los que están alrededor están invirtiendo en una empresa en particular, un inversor principiante tiende a hacer lo mismo. Pero esta estrategia está destinada a fracasar a largo plazo, y no es el enfoque correcto. No es necesario decir que siempre hay que evitar tener una mentalidad de rebaño si no se quiere perder el dinero ganado con esfuerzo en el mercado de valores. El mayor inversor del mundo, Warren Buffett, tiene razón cuando dice: "¡Sea temeroso cuando los demás sean codiciosos, y sea codicioso cuando los demás sean temerosos!"

15. *"No intentes cronometrar el mercado."* Una cosa que Warren Buffett no hace es tratar de cronometrar el mercado de valores, incluso si tiene una comprensión muy fuerte de los niveles de precios clave de las acciones individuales. Sin embargo, la mayoría de los inversores hacen exactamente lo contrario, lo que a menudo causa pérdidas de dinero. Por lo tanto, nunca debes tratar de darle una oportunidad al mercado. En realidad, nadie ha logrado hacerlo con éxito y de manera consistente a lo largo de múltiples ciclos de mercado.

16. *"Sé disciplinado"*. Históricamente, ha sucedido a menudo que durante los períodos de gran auge del mercado, primero causamos momentos de pánico. La volatilidad del mercado ha hecho inevitablemente que los inversores se empobrezcan, aunque el mercado se haya

movido en la dirección prevista. Por lo tanto, es prudente tener paciencia y seguir un enfoque de inversión disciplinado, así como tener presente un panorama general a largo plazo.

17. "*Sé realista y no esperes*". No hay nada malo en esperar hacer la mejor inversión, pero podrías estar en problemas si los objetivos financieros no se basan en supuestos realistas. Por ejemplo, muchas existencias han generado más del 50% de los beneficios durante la gran tendencia alcista de los últimos años. Sin embargo, esto no significa que siempre podamos esperar el mismo tipo de rendimiento de la bolsa.

18. "*Mantenga su cartera bajo control*". Vivimos en un mundo conectado. Cada evento importante que ocurre en cualquier parte del mundo también tiene un impacto en nuestro dinero. Así que tenemos que vigilar constantemente nuestra cartera y hacer ajustes.

19. "Asegúrate *de estar en el lado legal de las cosas*". Si alguien propone una inversión, debe ser verificada como un "proyecto autorizado". En nuestro país, quienes ofrecen inversiones financieras deben estar autorizados por la ley, y esto es una importante salvaguarda para los ahorradores. De hecho, la autorización se emite únicamente en presencia de los requisitos solicitados y, una vez autorizados, los intermediarios financieros están sujetos a una supervisión constante. Comprobar esto no es especialmente exigente: si tiene Internet puede incluso acceder directamente a la información en poder de las autoridades de supervisión; de lo contrario, puede ponerse en contacto con las propias autoridades utilizando los medios tradicionales.

20. "*Sé escéptico y haz tu propia investigación*". Nadie da nada por nada: desconfíe de las propuestas de inversión que aseguran un alto rendimiento. Cuando se promete un alto rendimiento, suele haber riesgos muy elevados o, en algunos casos, incluso intentos de fraude. Desconfíe de los "esquemas piramidales" que prometen beneficios vinculados a la posterior adhesión de otros sujetos, que a menudo deben ser convencidos por el propio inversor para que se adhieran. Estas "operaciones", de hecho, no pueden garantizar ningún tipo de devolución, ya que normalmente se suministran exclusivamente por la continuidad de las adhesiones. En otras palabras, cuando las nuevas firmas ya no son suficientes para pagar los "intereses" a los suscriptores anteriores, los planes están destinados a fracasar. Desconfíe de las propuestas de inversión vagas y genéricas, para las que no se explican detalladamente los métodos de utilización del dinero recaudado (qué tipo de valores se comprarán, a qué precios, en qué mercados, con qué perfiles de riesgo -tipo de interés, de

divisas o de contrapartida- y si se utilizarán instrumentos de cobertura para cubrir esos riesgos y cuáles).

21. *"Tener una mentalidad a largo plazo"*. Según Warren Buffett, las acciones, una vez compradas, no deben ser vendidas. Por lo tanto, es mejor evaluar las tendencias industriales a largo plazo y luego comprarlas, dejando de lado el entusiasmo de los pasajeros.

22. *"Cuando invierta en bienes raíces, conozca el área en la que está invirtiendo"*. Para empezar, es bueno que te centres en tu área de residencia o, si vives en una gran ciudad, incluso en tu vecindario o en uno que conozcas bien. Si se piensa en actuar en un campo de acción demasiado grande, se corre el riesgo de dispersar demasiada energía hacia algo que puede presentar soluciones totalmente diferentes. Dedíquese sólo a edificios residenciales, apartamentos o casas. Los comerciales, aunque pueden ser muy rentables, tienen otras reglas y en general mayores dificultades. Lo mismo para la tierra: puedes hacer grandes negocios, pero no es algo adecuado para los que empiezan.

23. "Elija *la palanca correcta y úsela a su favor*". Las inversiones en bienes raíces deben hacerse con apalancamiento. Si quieres hacer una inversión sólo con tu dinero, entonces la esencia de la inversión inmobiliaria no está clara para ti. De hecho, el concepto de apalancamiento financiero le permite invertir con dinero que no es suyo, pero hacer dinero directamente para usted. Aprovecha una herramienta económica que te permite llegar a donde no llegarías sólo con tu propia fuerza. Puedes pedir una hipoteca (si puedes pagarla) o contratar socios financieros. Puede parecerte extraño, pero no lo es en absoluto: incluso los más ricos necesitan socios y recuerda que una figura que te parece casi inimaginable, puede ser normal para otra persona.

24. "*Verba volant, scripta manent*" decían los latinos. Así que nunca hagas acuerdos verbales, aunque sea con un pariente o un amigo de la infancia. Consulte a un abogado para tener las plantillas de los documentos a utilizar. Como todo, al principio parecerá difícil, pero después de unas cuantas veces se convertirá en un experto en prácticas legales básicas para la venta de bienes inmuebles, y podrá crear documentos en muy poco tiempo incluso por sí mismo.

25. "Considere *posiciones más cortas*". En el universo de la renta fija, un enfoque de corta duración es potencialmente capaz de reducir la sensibilidad al aumento de los tipos de interés, al tiempo que optimiza las raciones de rendimiento/riesgo.

26. "Conoce *tu relación riesgo/recompensa*". Un mayor rendimiento puede ser tentador, pero debe asegurarse de no correr demasiados riesgos en relación con la remuneración que obtendría. En los mercados de bonos, esto significa que hay que evitar alargar la duración en un contexto de aumento de los tipos de interés. Aumentar las inversiones en activos de mayor riesgo puede parecer apropiado en el momento en que el escenario macroeconómico es bastante positivo, pero podría resultar una opción bastante arriesgada si la situación cambiara. Por ejemplo, los rendimientos que ofrece la deuda de alto rendimiento, en promedio un 3% en Europa y un 5,5% en los Estados Unidos, no serían suficientes para compensar a los inversores si las insolvencias pasaran de su nivel actual del 2% a uno más normal del 5%. Por el contrario, las áreas de mercado con un buen perfil de riesgo/rendimiento, con emisores de alta calificación que ofrecen rendimientos atractivos, incluyen la deuda de los mercados emergentes, los bonos financieros subordinados y los bonos corporativos híbridos. La búsqueda de la calidad a largo plazo permite asumir riesgos justos, ayudando a limitar el impacto de cualquier acontecimiento macroeconómico negativo.

27. *"Tengan en cuenta el emparejamiento de las monedas"*. Las inversiones mundiales se exponen a riesgos monetarios. Los bonos de alto rendimiento y los fondos de mercados emergentes, por ejemplo, suelen estar denominados en dólares de los EE.UU., pero los bonos subyacentes que poseen pueden ser emitidos en otra moneda. Los gestores de fondos pueden optar por incluir el riesgo cambiario en el riesgo general de la cartera, ya que los tipos de cambio fluctúan, o decidir contener este riesgo mediante la cobertura de divisas.

28. "Manténgase *flexible, guarde algo de dinero en efectivo.*" Es importante tener la flexibilidad de suscribir y liquidar las inversiones para aprovechar las mejores oportunidades. Sin embargo, los intercambios son costosos y pueden erosionar rápidamente las ganancias. Esto ocurre sobre todo en los mercados de bonos, dados los niveles relativamente bajos de rendimiento. El margen entre la oferta y la demanda es, en promedio, de 30 a 40% del rendimiento, por lo que un exceso de operaciones erosiona este margen y obviamente reduce el rendimiento total. Incluso mantener carteras con una duración estructuralmente corta, permitiendo que los bonos a corto plazo lleguen a su vencimiento de forma natural, puede mejorar los rendimientos porque efectivamente se pagará el diferencial entre la oferta y la demanda una vez.

29. "Construye *tu cartera con el tiempo*". Si invertir una pequeña suma como 5.000 euros, no le permitirá vivir de esos ingresos, puede ciertamente representar una oportunidad, para hacer dinero. Además, incluso si se tiene una buena disponibilidad económica, lo ideal es siempre "tomarlo con seguridad", comenzando a invertir a partir de pequeñas cifras y luego alimentar la inversión con el tiempo.

30. *"El pasado no es igual al futuro"*. La historia no es indicativa de cómo resultará una inversión en el futuro y los inversores siempre deben tratar de sopesar los posibles riesgos asociados a una inversión concreta, así como sus posibles beneficios.

Todas estas estrategias y reglas pueden aplicarse fácilmente al swing trading, que es cuando se comercia en los mercados (lo que significa que se aprovechan los movimientos largos), al tradig de opciones (lo que significa que se gana mientras el mercado se mantenga en un rango específico) y al forex, que es cuando se comercia con las diferentes divisas.

# Capítulo 7: Swing Trading Stocks

Hay muchas estrategias que se pueden emplear cuando se negocian las acciones. En la imagen de arriba, he presentado un ejemplo de un comercio de oscilación basado en las señales de la retracción de Fibonacci (esto se discute en breve). Observarán que las letras A, B, C y D representan partes importantes de la carta. Tres de ellos son los más importantes en cualquier comercio: el punto de entrada (A), el punto de salida (C) y el stop loss (C). Estos puntos deben ser incluidos en cualquier sistema de swing trading. Mientras el punto de entrada esté fijo, el punto de parada y el nivel de salida no tienen que estar fijos. Dependiendo de la estrategia comercial utilizada, pueden moverse en el tiempo con la acción del precio y luego activarse sólo cuando se produce un determinado montaje técnico. En el ejemplo anterior, el plazo estimado para el comercio es de alrededor de una semana. Esto es importante para cada negocio, para saber el tiempo típico en el que se desarrollará tu negocio. Ayuda a poder maximizar el potencial del comercio y contribuye a una vigilancia eficaz.

## Cinco estrategias de negociación de acciones

He reunido cinco estrategias del swing trading para ayudarte a detectar oportunidades y también para guiar tu comercio desde el punto de entrada hasta el punto de salida. Estúdienlos a fondo y luego aplíquense a las existencias que elijan para encontrar los puntos de entrada y salida.

1 - Retracción de Fibonacci

La pauta de retroceso de Fibonacci es un conjunto de coeficientes que se utilizan principalmente para reconocer los niveles de apoyo y resistencia en los gráficos de existencias. Se basa en la observación de que los precios de las acciones tienden a cambiar de dirección en ciertos porcentajes mientras que en una tendencia antes de continuar en la dirección de esa tendencia. Este retroceso es lo que el swing trader busca como punto de entrada. Los coeficientes de Fibonacci - 23,6%, 38,2% y 61,8% - se basan en cálculos matemáticos naturales. Trazar líneas horizontales a estos niveles puede ayudar a predecir el punto de retroceso de una tendencia.

El patrón de Fibonacci no tiene un nivel del 50% pero muchos comerciantes también utilizan este nivel porque se ha observado que los precios se invierten al haber retrocedido la mitad de la dirección de la tendencia.

Esto es lo que quieres tener en cuenta al usar el patrón de Fibonacci. Cuando una tendencia a la baja se retrae al 61,8%, quieres entrar en una posición de venta a corto plazo. Más aún, cuando este nivel sirve actualmente como punto de resistencia en esta tendencia. Su punto de salida debería estar alrededor del 23,6% del nivel de Fibonacci. Una vez más, este nivel debería servir como nivel de apoyo en esta tendencia.

2 - Los desencadenantes de apoyo y resistencia

El análisis técnico (AT) consiste principalmente en identificar los niveles de apoyo y resistencia con miras a predecir las pautas futuras. Simplemente usando el análisis técnico de acción de precios, puedes formar una estrategia ganadora.

Un nivel de soporte en términos simples es aquel nivel de precio al que llega el precio cuando está bajando que vuelve a subir. Lo que sucede es que en esta región de precios, hay una mayor presión de compra (generalmente porque la gente piensa que las acciones ya están sobrevendidas) que la presión de venta. Esto obliga a que el precio de las acciones vuelva a subir. Por lo tanto, usted está buscando colocar una orden de compra cuando el precio llegue a este nivel y poner su stop loss justo por debajo de la línea de soporte en caso de una ruptura. La salida de esta posición puede ser determinada por muchos factores. Una buena práctica es salir cerca de un nivel de resistencia reconocido.

La línea de resistencia es justo lo opuesto al soporte. Es el rango de precios en el que se detiene la subida del precio de una acción de tal manera que comienza a bajar. Una vez más, en este punto, la presión de venta ha superado la presión de compra. Por lo tanto, el swing trader busca entrar en una posición corta cuando el precio toca el nivel de resistencia y salir de esta posición cerca de un punto de apoyo reconocido. El stop loss de esta operación debe colocarse por encima del punto de resistencia para tener en cuenta un brote.

Una cosa muy importante que hay que saber sobre los niveles de apoyo y resistencia es que cuando una tendencia cambia (de una tendencia alcista a una bajista o viceversa), los niveles también cambian de papel. Es decir, el apoyo ahora forma un fuerte nivel de resistencia y los niveles de resistencia forman fuertes niveles de apoyo para la nueva tendencia.

3 - Comercio de canales

Esta estrategia funciona para las acciones que muestran tendencias muy fuertes y que también están en un canal. El movimiento de tendencia forma un canal en el que la banda superior es el precio más alto de las acciones durante el período y la banda inferior, el precio más bajo de las acciones durante este período. Los puntos de entrada para el comercio de canales son intuitivos. Quieres estar en una posición corta cuando el precio llegue a la banda superior del canal. Y quieres ponerte en una posición larga cuando golpee la banda inferior. Los puntos de salida y los niveles de parada de pérdida deben ser como los discutidos en la estrategia 2. Una cosa muy importante que hay que tener en cuenta cuando se negocia una tendencia es que se negocia con la tendencia. Dejemos esto claro. Si la tendencia es alcista, sólo se introducen posiciones largas (es decir, cuando los precios llegan a la banda inferior). Si la tendencia es a la baja, sólo busque puntos de entrada de venta. La única excepción a esto es si hay una ruptura y se puede confirmar que una inversión de la tendencia es inminente.

4 - 10 y 20 días de AME

SMA son las siglas de Simple Moving Averages (Promedios Móviles Simples). Estas son herramientas que ayudan a suavizar los datos de los precios durante un período de tiempo. Se calculan usando matemáticas simples. Se toma el promedio de los precios de un período determinado y se lo vincula con el promedio del precio del período siguiente para crear una curva suave. La suavidad de la curva depende del período de la AME. Por ejemplo, un SMA de 10 días suma los precios de cierre de los últimos diez días de una acción y los divide por 10 para obtener el promedio. Hace esto todos los días para obtener un nuevo promedio. Un promedio móvil de un período pequeño dará curvas más ásperas que uno de un período largo porque reaccionan más rápidamente a los cambios de precio. En general, los promedios móviles ayudan a eliminar el "ruido" de los precios. Se pueden utilizar en gráficos de cualquier marco de tiempo (1 minuto, 5 minutos, semanal o mensual). Los SMA son lo que se puede llamar indicadores de retardo. Esto significa que te dan datos históricos y sólo se actualizan al final del período.

Esta estrategia utiliza dos AME: el AME de 10 y 20 días. Pusiste a los dos en la tabla. Busca una cruz de uno sobre el otro. Cuando el SMA - 10 cruza por encima del SMA - 20, esto es una señal para ir largo porque sugiere que una tendencia alcista está a punto de comenzar. Cuando el SMA - 10 va por debajo del SMA - 20, se indica una señal de disparo. Se puede esperar una tendencia bajista. Para mayor claridad, se aconseja usar colores diferentes para ambas líneas. Muchos programas de gráficos proporcionan esto.

5 - Cruce de MACD

El MACD es otra herramienta muy popular entre los swing traders. Es simplemente una combinación de dos promedios móviles. Una sirve como la línea MACD mientras que la otra es la línea de señal. Las señales para la entrada se generan de manera similar a la estrategia anterior. Cuando la línea de MACD pasa por encima de la línea de señal, es indicativo de una tendencia ascendente, por lo tanto, se señala una posición larga. Se sugiere un comercio de venta cuando la línea de MACD va por debajo de la línea de señal. Esto significa que es inminente una tendencia bajista. Un swing trader de acciones, entonces busca el segundo cruce de estas líneas como señal de salida porque se sugiere una inversión de tendencia.

Hay una línea cero en el MACD. La línea de MACD oscilaba a su alrededor. Este movimiento también genera señales comerciales. Las señales de compra se generan cuando el MACD cruza por encima de la línea cero y las señales de venta si cruza por debajo de ella.

# Capítulo 8: Opciones de swing trading

Una opción es un subordinado monetario. Se trata de un contrato legítimo que da al comprador el derecho de comprar o vender una garantía en una fecha determinada (la fecha de ejercicio). El vendedor tiene además el compromiso de satisfacer la transacción, que consiste en comprar o vender, si el comprador practica la opción antes de su terminación. La compra y venta de opciones de compra de acciones está regulada por la Comisión de Valores y Bolsa de los Estados Unidos.

Los que comercian con opciones utilizan muchas estrategias. Sin embargo, todas ellas implican la compra o la venta de una o más opciones. Lo hacen en dirección o respuesta neutral a la visión del mercado sobre el activo subyacente.

Normalmente utilizan gráficos especialmente preparados, llamados "perfiles de pago o liquidación" de opciones, para obtener una visión gráfica de lo que la estrategia pagará en su fecha de vencimiento para un rango de valores de mercado subyacentes, como el que se muestra a continuación.

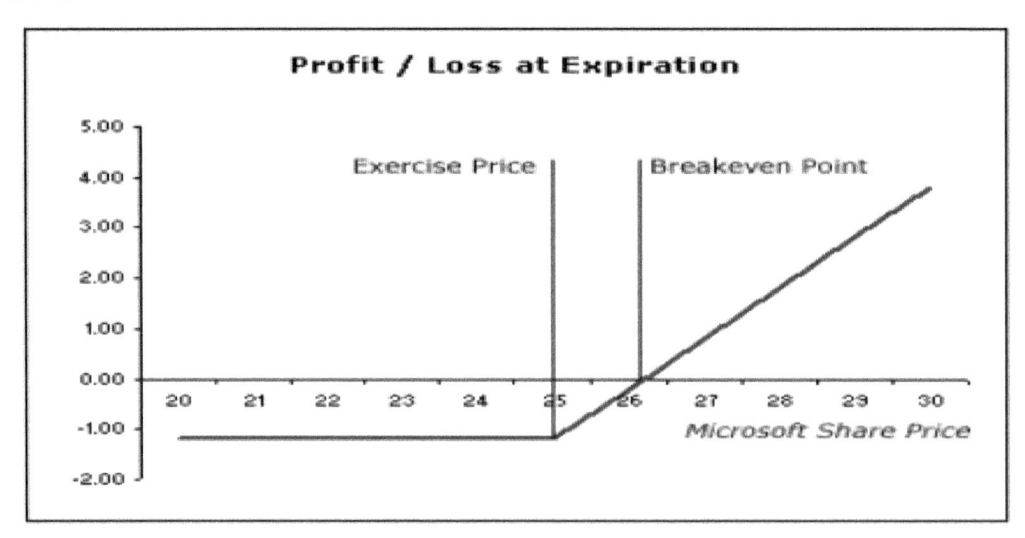

En el gráfico de arriba, la línea azul demuestra la manera en que el comercio obtendrá beneficios si el mercado va más allá del punto de equilibrio. Sin embargo, el gráfico no muestra que un trader pueda obtener beneficios cerrando la operación antes de su vencimiento. Esto es posible cuando eres capaz de vender la opción por más de lo que la compraste. Este es generalmente el objetivo cuando se intercambian opciones de negociación.

Si no está ya familiarizado con el trading de opciones, ahora sería un buen momento para investigar.

La estrategia de opciones de swing trading tiene tres beneficios principales:

- Generación de beneficios
- Exposición al riesgo limitada
- Puedes negociar acciones de alto precio con una cuenta muy pequeña.

Los procedimientos generales en el trading de opciones son las opciones de compra y venta. La opción de compra inicia una compra de acciones mientras que las opciones de venta indican un interés en vender una acción.

Es relativamente fácil aprender a cambiar las opciones comerciales, ya que es una estrategia direccional para el mercado. Los pasos a continuación le guiarán a través de una simple estrategia para las opciones de comercio de swing. Cuando aprendas esto, podrás adaptarlo a medida que avances en tus habilidades. Las opciones de swing trading no son complicadas. Ofrece una ruta para obtener ganancias más seguras que la mayoría de las estrategias.

Aquí hay seis pasos para entender el comercio de opciones en sus elementos más fundamentales

## Paso 1: Elegir las acciones correctas

No importa cuán ingénua sea tu estrategia, si estás operando con las acciones equivocadas, terminarás reventando tu cuenta. La selección de las acciones correctas puede ser desalentadora cuando no se sabe lo que se busca, ya que hay docenas de ellas en los principales mercados de intercambio. Una forma sencilla de empezar es tener una lista de vigilancia del sector que se construye con las principales acciones del mundo.

Luego miras esta lista de grandes movimientos para elegir el candidato adecuado para tu estrategia. La clave para seleccionar a los que tienen los movimientos más grandes como para aprovechar las oscilaciones de precios. Puedes ir un paso más allá para comprobar la causa de este gran movimiento porcentual en el precio. Si es causado por factores fundamentales, hace que la acción sea un mejor candidato.

## Paso 2: Evaluar el mercado

Cada mercado estará en un estado particular cuando entres. Debes asegurarte de revisar el historial y si es posible usar herramientas (como las bandas de bollinger) para evaluar el mercado y averiguar en qué estado se encuentra. El mercado puede estar en una tendencia (tendencia alcista o bajista) o no (yendo de lado). Si el mercado está en una tendencia, usted quiere determinar qué tipo de tendencia y la fuerza de la misma. También quieres saber cuánto tiempo ha durado la tendencia y posiblemente predecir cuánto tiempo seguirá durando. Para una tendencia alcista, se buscan altos y bajos más altos. Para una tendencia descendente, estás buscando bajas y altas más bajas. Debes tener en cuenta que siempre debes ir con la tendencia.

Cuando hay una tendencia alcista, elige sólo opciones de llamada. Cuando esté en una tendencia descendente, elige sólo opciones de puesta.

Una evaluación muy importante que debe hacer a continuación es la volatilidad del mercado. Lo mejor es ir a pequeños espacios de tiempo (5 min., 10 min., 1 hora) para comprobar esto. Conocer la volatilidad le ayudará a decidir sobre la expiración de su comercio.

**Paso 3: Decida su entrada**

Esta es la decisión más crucial que hay que tomar, porque unos pocos puntos podrían marcar la diferencia. Puede ser difícil decidir el precio de entrada especialmente cuando no sabes lo que estás buscando. Aquí es donde entran en juego los buenos conocimientos de análisis técnicos y fundamentales. Estos están cubiertos más adelante en este libro. Generalmente, el precio de entrada es el punto en el que se apuesta a que el precio se superará o se reducirá en el momento de la expiración.

**Paso 4: Elegir un tiempo de expiración**

El análisis técnico es la decisión singular más importante de la elección de la caducidad a elegir. La elección de la caducidad depende únicamente del plazo de tiempo en que se realizó el análisis técnico. Por lo general, al hacer el análisis técnico, los traders suelen utilizar diferentes plazos para hacerse una idea general y específica del movimiento del mercado. Sin embargo, cuando se decide sobre un comercio, existe el marco temporal base sobre el que se realiza el análisis principal. Quieres usar múltiplos de este marco de tiempo al elegir un vencimiento. Por ejemplo, si el TA se hace en un gráfico de 15 minutos, su tiempo de expiración debería ser de 15 minutos, 30 minutos, 45 minutos, 60 minutos... en ese orden. Esto hace que tus predicciones sean más fáciles.

Generalmente, muchos corredores ofrecen los mayores rendimientos en los vencimientos más cortos (30 segundos, 1 minuto). Sin embargo, estos plazos presagian los niveles de riesgo más altos. Cuanto más larga sea la epiración, menor será el riesgo y menor la recompensa. Recomiendo encarecidamente que elijas el plazo mensual, ya que esto permitirá un menor riesgo y una asistencia técnica más precisa.

**Paso 5: Administrar el comercio**

Si por casualidad entra en el mercado durante períodos de baja volatilidad, lo que debe hacer es vender su opción antes de su vencimiento. Las opciones se someten a lo que se conoce como decadencia del tiempo. Esto es simplemente la reducción del valor de una opción a medida que se acerca su vencimiento. Por ejemplo, una opción que vale 30 dólares en su compra durante 10 minutos, cuando no hay dinero, puede bajar a unos 29,50 dólares en los primeros 2 minutos y bajar hasta 2 dólares en el 8º minuto. Si está en el dinero, el porcentaje de ganancia baja también al llegar a su vencimiento si decides venderlo. Puede bajar de un 85% a un 60% inicial. Es inteligente vender rápidamente cuando se está fuera del dinero o dentro del dinero si no se confía en el futuro de las opciones.

Las opciones de swing trading pueden ser una estrategia poderosa cuando se dominan. Esto requiere mucha práctica y paciencia. Muchos traders de opciones tienden a querer hacerse ricos rápidamente. Por lo tanto, intercambian marcos de tiempo muy pequeños. Los swing traders no lo hacen.

# Capítulo 9: Swing Trading Crypto

Una de las estrategias que voy a explicarles es el comercio de cripto moneda. ¿Por qué invertimos principalmente en activos relacionados con la criptografía y la cadena de bloqueo? Porque realmente creemos que son una de las mayores revoluciones en curso en este momento y que es el momento perfecto para involucrarse antes de que el mercado explote al alza y los precios suban al nivel de las principales existencias.

Otra razón por la que me gustan las criptodivisas y su mercado es que son extremadamente volátiles y proporcionan al ciudadano medio la posibilidad de ganar mucho dinero sin invertir mucho. No es un secreto, de hecho, que cada vez que el mercado comienza a subir, la gente se precipita en la búsqueda de la "próxima gran ganancia" y la pregunta que circula es siempre la misma: "¿Cuál será la próxima cripto-moneda que irá a 'la luna'?"

El problema de las criptodivisas es que, al ser un mercado que todavía no está regulado en varios países, el riesgo de bombas y vertederos, la manipulación y el fraude está a la vuelta de la esquina. Por eso quería cubrirlos en este libro. De hecho, como proporcionan una gran oportunidad, me preocupa que mucha gente se involucre sin saber lo que está haciendo y pierda mucho dinero en el futuro. Aquí quiero mostrarles lo que hago antes de invertir en un activo en particular y cómo lo mantengo como una fuente sostenible de ingresos pasivos.

Antes de comenzar, aquí hay una lista de herramientas útiles para el análisis de las criptocurrencias:

- Coincheckup.com - uno de mis sitios favoritos, ofrece muchos más datos que otros sitios de monitoreo de criptografía;

- Coinmarketcap.com - uno de los más antiguos sitios de seguimiento de precios encriptados, mucho más popular que Coincheckup, pero ofrece menos datos;

- Blockfolio - otro popular rastreador de criptocorriente.

Ahora vayamos a lo bueno.

## Paso 1 - Comprender su perfil de riesgo

Muchas personas le aconsejarán que compre criptodólares y fichas de "baja capitalización" (es decir, entre 10 y 100 millones de dólares) porque tienen una mayor oportunidad de crecimiento en términos de porcentaje.

Aunque esta afirmación es relativamente correcta, hay que tener en cuenta que cuanto más pequeña es una moneda, más arriesgado es invertir en ella. ¿Por qué? Porque el proyecto tiene, en efecto, un riesgo mucho mayor de fracasar.

En las inversiones tradicionales, la mayoría de las personas tienen como objetivo y se alegran de obtener un rendimiento anual del 3% - 4%; pero podrían tener graves dificultades financieras si se pierde el capital invertido, por lo que la mayoría de las veces se seleccionan títulos más conocidos, más seguros y más estables.

Otras personas estarían satisfechas con un rendimiento anual del 7% al 12%. Estas personas también podrían estar dispuestas a perder toda su inversión si las cosas van mal. En su caso, apuntarían a un riesgo mayor dada la actitud económica que tienen en la base.

Estos dos grupos diferentes de personas tienen diferentes "perfiles de riesgo".

Es importante que en cualquier compra que hagas en tu vida (incluso para algo "concreto" como un coche), lo hagas con conocimiento del perfil de riesgo financiero que puedes permitirte.

Mi opinión personal es que sólo porque algo tenga mayores posibilidades de rendimiento no significa que sea la mejor opción. En particular, he invertido principalmente en las 5 monedas más importantes en términos de capitalización, porque son el lugar más seguro en este momento. Sin embargo, siempre asigno una pequeña parte de mi cartera, el 10% para ser exactos, a monedas de baja capitalización. ¿Cómo encuentro el más prometedor? Esto es lo que hago.

## Paso 2 - Identificación de nuevas monedas o fichas

Hay tres formas principales que suelo usar para encontrar las "nuevas" monedas o fichas:

- A través de los mensajes del foro de Bitcointalk.org, más precisamente en la sección "Anuncios (Altcoins)";

- En el subreddit / r / cryptocurrency;

- En las secciones "Recién añadido" de Coincheckup y "Recientemente añadido" por Coinmarketcap.

Cada una de ellas es un gran recurso para descubrir monedas interesantes con gran potencial de retorno en un período de tiempo más corto. Como ya he dicho, sólo pongo un máximo del 10% de mi capital en estos proyectos infravalorados.

Con cada inversión viene la posibilidad de ser estafado y en el mundo de la criptografía ocurre más a menudo de lo que me gustaría ver. Durante los últimos tres años de experiencia, he desarrollado una serie de principios que sigo para evitar ser estafado. Esto es lo que me hará decidirme a NO invertir en un activo.

## Paso 3 - Exclusión de monedas y fichas/estafas inútiles

Una de las primeras cosas que hago cuando miro nuevos proyectos es someterlos a criterios muy estrictos para eliminar los proyectos "pelusa" de la lista. En particular:

- No compro criptodólares de industrias y sectores que no entiendo;
- No compro criptocracias cuyos equipos estén inactivos en la comunicación de los medios sociales;
- No compro criptodivisas cuyas empresas de arranque/asociaciones/empresas estén registradas en países en los que no pueda validar una entidad corporativa sólida;
- No compro criptodivisas si no puedo encontrar a los miembros del equipo (con especial atención al fundador) en LinkedIn y validar que son perfiles reales;
- No compro criptocracias cuyos equipos adoptan estrategias de spamming y hacen campañas de marketing agresivas y no informativas en canales sociales y no sociales;
- Si un equipo está construyendo una nueva tecnología, no compro la cripto-moneda/token a menos que haya un documento técnico detallado que explique cómo funciona;
- Si una cripto moneda tiene un pre-ICO con un descuento, tiendo a no comprarla. Si lo hiciera, sería sólo en el caso de que el descuento comparado con el ICO público sea mínimo y la cantidad comprada esté "bloqueada" durante un período de tiempo significativo (para evitar vertidos masivos después del ICO público);
- No compro criptodólares si no los uso personalmente como usuario final.

Para ayudarme en el proceso, también utilizo una serie de preguntas que me permiten profundizar y comprender el verdadero valor fundamental de un bien. En particular, me gusta hacerme las siguientes preguntas:

- ¿Utilizaría esta criptocracia como usuario final?
- ¿Pagaría ese precio como usuario?
- ¿Requiere este proyecto el desarrollo de una nueva tecnología?

- ¿Cuál es la experiencia del equipo en esta determinada dirección? ¿Ya han dirigido una empresa de éxito? ¿Cuál fue el rendimiento de esta compañía?

- ¿Tiene el equipo la capacidad de desarrollar esta tecnología? ¿Se reconoce a los ingenieros y desarrolladores en este sector? ¿Tienen gerentes de producto y apoyo al cliente?

- ¿Está claro cómo el proyecto generará usuarios/clientes?

- ¿Por qué están usando la cadena de bloqueo? ¿Realmente lo necesitan o usan el término "cadena de bloques" para exagerar su proyecto? ¿Cuáles son las ventajas y desventajas de utilizar la cadena de bloqueo en este caso y por qué debería la cadena de bloqueo mejorar la alternativa actual en el mercado? (Tenga en cuenta que actualmente, en la mayoría de los casos, los sistemas basados en cadenas de bloqueo son lentos y costosos).

Preste atención a las declaraciones absolutistas. Cada proyecto tiene aspectos y consecuencias negativas; un proyecto real será realista al delinearlas, especialmente este último.

Si puedo ver que cada pregunta tiene una respuesta positiva, entonces asignaré una parte de mi cartera. Siempre invierto a largo plazo, y estoy dispuesto a permanecer en una moneda por lo menos un año. Si, por alguna razón, no me siento lo suficientemente confiado como para poner dinero en un proyecto durante al menos 52 semanas, entonces eso significa que probablemente es mejor mirar otro.

Predecir la próxima moneda que hará el boom es imposible, ahí fuera uno puede encontrarse con tantos proyectos basados en la nada que todavía capitalizan decenas de miles de millones de dólares; de la misma manera, hay docenas de proyectos serios que merecen más, pero que no destacan y no ganan visibilidad en comparación con otros. La regla de oro es la que se aplica en todos los mercados financieros: diversificar. Al diversificar entre varias monedas, se reduce el riesgo.

# Capítulo 10: Análisis técnico y fundamental

El análisis técnico es el estudio de los gráficos. Mirando los gráficos, el analista es capaz de entender si esa acción (o mercado) subirá o bajará a corto, medio y largo plazo. El Análisis Fundamental basa sus previsiones en los "factores fundamentales", como las noticias, los rumores de mercado, las adquisiciones de empresas, las crisis económicas, los acontecimientos políticos, las guerras, etc.

**Lo que es mejor**

¿Análisis técnico y análisis fundamental? ¿Quién no ha hecho nunca esta pregunta? La respuesta es simple; como siempre en las inversiones, no hay mejor opción, depende del inversor, de su forma de operar en los mercados, de su grado de riesgo, etc. En otras palabras, hay quienes están mejor con uno, y hay quienes están mejor con el otro.

Personalmente amo el Análisis Técnico mucho más por algunas razones. Permítame presentarle algunos de ellos:

- Tiempo: El análisis técnico ofrece un mejor tiempo que el análisis fundamental. El momento es "el momento adecuado para ponerse en posición", el momento ideal para entrar en el mercado. Es, en mi opinión, uno de los conceptos fundamentales para tener éxito en la bolsa de valores. Si usas el momento adecuado puedes permitirte un Stop Loss muy ajustado, así que sólo puedes perder un poco. Así que corten las pérdidas y dejen correr las ganancias, la regla de oro de la bolsa. El tiempo viene dado, obviamente, por los niveles clave que se obtienen sin problemas con el estudio de los gráficos, y luego por el Análisis Técnico.

- Flexibilidad: El Análisis Técnico es más flexible que el Análisis Fundamental, ya que nos da niveles clave (para la parada de pérdidas y objetivos) en cualquier marco temporal.

- Descuento: El Análisis Técnico descuenta el Análisis Fundamental, postulado básico del Análisis Técnico. La tabla ya incluye todos los factores, todas las noticias, todas las guerras, todas las condiciones económicas, etc. Como resultado, si el precio ha subido, los fundamentos serán alcistas. Si el precio ha bajado, los fundamentos serán bajistas. Sólo puedo ocuparme del gráfico, eliminando así muchas variables.

Además de esto, el Análisis Fundamental tiene el defecto de que ciertas noticias son difíciles de encontrar para un inversor común, y a veces cuando estas noticias llegan, ya son inútiles, porque alguien más inteligente que nosotros ya las ha usado y comprado (o vendido) antes que nosotros.

Cerramos con una especie de "leyenda metropolitana" del comercio, una creencia generalizada (pero equivocada) que muchos todavía tienen hoy en día. Muchos inversores creen que el Análisis Técnico sirve para hacer inversiones a corto plazo y que el Análisis Fundamental sirve para hacer inversiones a largo plazo. Esto no es cierto. Ambos pueden ser utilizados para operar a corto, medio y largo plazo.

Así que muchos inversores seguirán apreciando uno y muchos apreciarán el otro. Una buena idea, a veces, es utilizar ambas, combinando así las ventajas de una con las de la otra. Se ha explicado una aplicación de este concepto en relación con las monedas de refugio y las monedas de alto rendimiento en Forex.

## ¿Pueden coexistir el análisis técnico y el análisis fundamental?

Aunque el análisis técnico y el análisis fundamental se consideran polos opuestos, muchos participantes en el mercado han hecho una combinación ganadora. Por ejemplo, algunos analistas fundamentales utilizan las herramientas del análisis técnico para identificar los mejores momentos para entrar en el mercado.

No obstante, muchos analistas técnicos explotan los fundamentos económicos para apoyar las señales técnicas. Por ejemplo, si una pauta técnica en el gráfico indica la posibilidad de venta, podemos referirnos a los datos fundamentales para obtener una confirmación de esta pauta.

La mezcla de análisis técnico y fundamental no es bien recibida por los "extremistas" de ambas escuelas de pensamiento, pero es innegable el beneficio que podemos obtener al comprender plenamente la mentalidad del analista técnico y fundamental.

# Capítulo 11: Cómo seguir desarrollando sus habilidades

Una vez que se haya establecido una estrategia comercial rentable que genere un ingreso pasivo cada mes, no se puede volar a Tailandia y vivir el estilo de vida de los portátiles todavía. Como dijo el millonario Dan Lok, *sólo porque funcione, no significa que dure para siempre*. Realmente quiero que esto se asimile ya que es una de las nociones más importantes de todo el libro.

Cuando las cosas se mueven en la dirección correcta, es hora de triplicar el esfuerzo y comprometerse de verdad con la maestría. En particular, hay dos cosas que me gustaría que hicieras una vez que empiecen a llegar los primeros beneficios.

### Crear asociaciones con otros comerciantes e iniciar un negocio

Es cierto, crear amistades, alianzas y asociaciones es fundamental para la sostenibilidad. Tener gente trabajando en su propio campo de interés cerca de usted puede ser muy útil. Puedes intercambiar ideas, opiniones y consejos. Por otro lado, si alguien piensa que este tipo de alianzas se puede encontrar entre parientes y amigos, se encontrará estrellándose contra un muro. Los amigos y parientes, si no están ya en el sector, serán el mayor obstáculo. Serán los que en cada error te señalen con el dedo, no porque no te quieran, sino porque el cerebro rechaza todo lo que no entiende. Por eso siempre sugiero que trabajes en tus metas financieras por tu cuenta y que compartas lo que estás haciendo sólo después de obtener la primera señal de éxito. Recuerde que en las primeras etapas su mentalidad es muy débil y hasta la más mínima crítica puede hacerla colapsar.

### Encuentra un mentor

Una de las grandes cosas del éxito es que deja huellas: casi todo lo que te gustaría hacer para mejorar tu vida ya lo ha hecho otra persona. No importa si estás empezando un negocio, empezando tu viaje comercial, teniendo un matrimonio feliz, perdiendo peso, dejando de fumar, corriendo un maratón o simplemente organizando un almuerzo perfecto. Ciertamente hay alguien que lo hizo muy bien y ha dejado algunas pistas.

Cuando seas capaz de aprovechar estas preciosas pistas, descubrirás que la vida es como un juego en el que debes conectar los puntos, y todos los puntos ya han sido identificados y organizados por otros. Todo lo que tienes que hacer es seguir su proyecto y usar su sistema.

# Capítulo 12: Diferentes estilos de trading

Ahora que hemos pasado algún tiempo hablando sobre el comercio de divisas y cómo empezar a hacerlo y hemos hecho toda la investigación, es hora de trabajar en el tratamiento de los estilos de comercio reales. Si la moneda es buena (lo que debería poder determinar a partir de la investigación que realizó anteriormente), es hora de elegir la estrategia que va a utilizar para empezar. Ten en cuenta que si vas con una acción popular, el precio va a ser alto para empezar y puede ser difícil empezar.

Antes de que veamos algunas de las estrategias que se pueden usar con el comercio de divisas, necesitamos recordar que no es una buena idea perseguir una acción. La persecución significa que subirás el precio de compra rápidamente porque estás desesperado por conseguir las acciones en lugar de otra persona. Esto es algo realmente malo para trabajar porque tus emociones van a empezar a correr y a menudo gastarás mucho más en las acciones (y a veces será una mala acción) de lo que vale. Eventualmente, los compradores que persiguieron las acciones se darán cuenta de que el valor de las mismas bajará y el precio irá en la misma dirección, haciendo difícil su venta, incluso por una pérdida.

Una cosa que debes recordar es que es importante elegir una estrategia con la que quieras trabajar y luego seguirla. La mayoría de las estrategias que se enumeran a continuación, así como algunas de las otras que puede encontrar o de las que puede oír hablar en su trabajo, le ayudarán a obtener un buen rendimiento de la inversión si aprende a utilizarlas correctamente y no cambia de estrategia con demasiada frecuencia.

Esto es común entre los principiantes. Hacen un par de transacciones y descubren que no están ganando los millones que soñaban, entonces rápidamente adoptan otra estrategia. Aunque es muy posible que su estrategia sea defectuosa, lo que estamos tratando aquí es no dejar que tus emociones tomen la decisión por ti. Una estrategia necesita tiempo para ser probada como buena o mala. Durante ese tiempo, harás algunos negocios que serán muy malos. Tienes que entender cómo funciona la estrategia mediante pruebas. Si cambias de estrategia después de 2 o 3 malas operaciones, no aprenderás nada de ellas y eventualmente no podrás llegar a un acuerdo con nadie. Dale tiempo.

La buena noticia es que cuando se elige una estrategia para trabajar con el interior de las divisas, se pueden evitar los problemas de la persecución o algunos de los otros problemas que pueden surgir cuando se usan las divisas y se intenta hacer una compra. Hay muchas estrategias que puedes elegir para no tener que sentir que sólo vas a poder usar una y no te sientes cómodo con ella. Algunas de las estrategias comerciales que puede considerar cuando trabaje con divisas incluyen:

## Swing trading

Cuando se trata de trabajar con el swing trading, el inversor va a comprar y luego también a vender su valor en un solo día, a veces haciéndolo varias veces durante este día con al menos una de sus acciones. Las fortunas se pueden hacer con este tipo de trading, pero también se pueden perder rápidamente. Para que funcione el swing trading, es necesario tener mucha experiencia y conocimiento en el mercado, una buena estrategia y suficiente capital. No se puede entrar en ella en el último minuto, y debe ser capaz de pensar con claridad para mantener sus pérdidas bajo control.

Hay un número de beneficios que van con el swing trading incluyendo:

1. Los beneficios potenciales que puedes obtener serán enormes si consigues más de un trading que sea rentable durante el día.

2. El riesgo que conlleva el cambio de acciones o de empresa va a reducirse porque no se mantienen las acciones durante tanto tiempo. No es probable que la compañía vaya a cambiar en un día.

También hay algunos inconvenientes que vienen con la opción de swing trading, que es una de las razones por las que la gente elige ir con uno de los otros métodos de comercio. Algunos de los inconvenientes que encontrarás en el swing trading incluyen:

- Necesitas tener un saldo de cuenta bastante grande antes de poder empezar.
- Para aquellos que no están acostumbrados a trabajar en el mercado de valores y que no pueden controlar bien sus emociones pueden perder rápidamente mucho dinero.
- Dado que necesita utilizar una cuenta de margen, este tipo de comercio puede hacerle perder más dinero del que ha puesto, lo que puede ser realmente peligroso en esta opción.

## El trading del impulso

La siguiente estrategia que puede querer seguir es el comercio de momentum. Esta es una estrategia que el inversor utilizaría si las acciones se mueven rápidamente, así como en un alto volumen, yendo en una dirección. Cuando se trata de divisas, muchos de los inversores van a jugar con un impulso alcista porque éstas no suelen estar disponibles para una venta al descubierto.

Las acciones que tienen impulso, es porque hay algún zumbido en las acciones, por ejemplo a través de las noticias o por rumores. Para encontrar estas acciones, tendrás que investigar y leer a través de los foros, los tableros de mensajes y las noticias para saber qué está pasando. Debería ser posible encontrar algunas acciones que están recibiendo bastante atención a la vez, lo que significa que los comerciantes van a jugar con las acciones muy duro para conseguir que el precio vaya en una dirección, y luego tomarán su beneficio antes de que todo vuelva a bajar.

Es necesario que se investigue el uso de esta opción. Necesitas tomarte el tiempo para ver cómo está la actividad de comercio en la acción antes de hacer la compra. Las que tienen potencial para hacerse con impulso son las que tienen un volumen realmente alto y las que se mueven mucho más alto o en la dirección opuesta en comparación con el mercado. Podrás estar atento a estas señales mirando los gráficos y observando las cotizaciones del Nivel 2 y la acción de los precios. Así que después de tener una lista de las existencias que desea utilizar, es el momento de hacer la compra. Querrá comprarlo lo más rápido posible, al precio más bajo posible, antes de que el impulso empiece a bajar de nuevo. Una vez que se poseen las divisas, hay que estar listo para ir, observando los cambios en el mercado, mirando los gráficos, y viendo si hay nuevas presentaciones o noticias. Si ves que hay algo negativo en las acciones, como malas noticias, malos indicadores o una tendencia negativa, deberías tratar de hacer una venta rápida para cortar las pestañas antes de seguir adelante; esta no es una industria en la que esperas a ver si mejora.

Por otro lado, si el impulso sigue subiendo, todavía tendrás que mantener las acciones y esperar hasta que algunas de las ofertas empiecen a acumularse. Si el impulso está subiendo cuando recibes estas ofertas y son lo suficientemente altas como para que las consideres, tal vez quieras ir con una de ellas. El impulso puede dejar de subir en cualquier momento y podría empezar a bajar, así que haz una oferta con la que te sientas cómodo antes de que las mareas empiecen a subir. Puede haber una posibilidad de ganar más si los mantienes más tiempo, pero si los mantienes demasiado tiempo, vas a perderlo todo, así que es mejor sacar lo que puedas de ellos. Algunos de los beneficios que podrá ver con el comercio de momentum incluyen:

- Las divisas suelen ser las que más se mueven cuando el impulso comienza a moverse, lo que significa que se puede hacer mucho dinero en poco tiempo.
- Podrá encontrar mucha información a través de los tableros de mensajes y otros foros con el fin de elegir las acciones adecuadas para usted.

Mientras que esta es una gran manera de hacer algo de dinero en poco tiempo, también hay algunos inconvenientes que tendrás que tener en cuenta. Algunas de las desventajas de usar el trading de impulso incluyen:

- A veces las monedas van a ser volátiles, por lo que su oportunidad de vender y obtener un beneficio puede ser demasiado corta para ganar algo.
- Las empresas que tienen agendas de dilución a veces pueden retrasar una carrera de impulso.
- Algunas personas usarán esta idea para que más gente quiera sus acciones. Fingirán el zumbido y las noticias, así que debes tener cuidado al trabajar con ellos.

## El swing trading

Otra opción con la que puedes trabajar es el swing trading. Este tipo de comercio es bueno si se trabaja en una acción que tiene el potencial de moverse en un corto período de tiempo. Esto suele ser para las acciones que se moverán en el día, pero que pueden durar hasta cuatro días. Se trata de un tipo que utilizará un análisis técnico para buscar una acción que pueda tener un impulso para su precio a corto plazo. Con este, no te interesará tanto el valor de las acciones, sino más bien las tendencias y patrones de su precio.

En un mercado perfecto, las acciones van a cotizar por debajo o por encima de un valor de referencia, o de un promedio móvil. Las monedas van a usar esto como niveles de resistencia y apoyo. Cuando se experimenta con los gráficos, se puede ver un conjunto de promedios móviles que se ajustan a las acciones del precio, y esto puede ayudar con las decisiones durante el comercio. Alguien que haya estado en el mercado de valores durante algún tiempo sabrá que debe comprar cerca del fondo del promedio móvil, pero luego venderá antes de que alcance el promedio móvil objetivo.

Hay bastantes profesionales que pueden decidirse con esta opción:

- Este es un buen estilo para usar para los principiantes que tratan de entrar en el mercado y aún así obtener algunos beneficios.
- Los jonrones no se suelen hacer con el swing trading, pero si se capta el comienzo de una nueva tendencia alcista, existe la posibilidad de obtener grandes beneficios.
- Puedes usar lo básico de este tipo de comercio en cualquier mercado que quieras. Las acciones de los grandes tableros, los futuros, el XCM y el Forex también utilizan el swing trading.

Mientras que hay bastantes positivos que vienen con el uso de las monedas, también hay algunas cosas que hay que tener en cuenta. El swing trading no es una opción que a todos les guste. Algunas de las desventajas de elegir el swing trading como estrategia incluyen:

- Es difícil encontrar ese mercado perfecto donde una moneda en particular va a terminar operando entre los niveles de resistencia y soporte. Esto puede ser aún más difícil de predecir cuando hay una fuerte tendencia a la baja o una fuerte tendencia al alza que están en juego.
- las divisas pueden hacer difícil calcular el tiempo de sus compras de la manera correcta, especialmente cuando se trata de la dilución de las acciones que compró.

## Comercio técnico

El comercio técnico es una buena opción para cuando usted está mirando todos los puntos de su estrategia de comercio. Este va a utilizar un Análisis Técnico para ayudarle a encontrar las acciones correctas que le gustaría comerciar, así como ayudarle a establecer sus puntos de entrada y luego de salida para reducir las pérdidas si se produjeran. Alguien que decide hacer este tipo de comercio, va a utilizar los gráficos para examinar toda la historia de las acciones, tomarse el tiempo para observar los indicadores que están sucediendo, y luego será capaz de identificar las tendencias y patrones que están sucediendo con el precio.

Hay algunos grupos de indicadores diferentes que se pueden utilizar para trabajar con el comercio técnico. Algunos de estos incluyen:

- Indicadores de fuerza: son los indicadores que van a comparar el precio actual del activo con sus precios históricos. Esta comparación muestra la fuerza de la cepa. La mayoría de los comerciantes utilizan el Índice de Fuerza Relativa (RSI) para esta comparación. Lo encontrarías en todas las plataformas de gráficos. Muestra los niveles de sobreventa y sobrecompra de cualquier acción. Esto puede guiar a un comerciante para saber en qué tipo de comercio entrar.
- Promedios móviles: se les conoce popularmente como Mas. El promedio móvil es un indicador que se genera al promediar los niveles de precios durante tanto tiempo. Esto puede ayudar a ver con qué frecuencia los movimientos de la población están por debajo o por encima de sus promedios. Estos se conocen como cruces y a veces pueden indicar también averías y rupturas, algo que es importante para un comerciante que está tratando de elegir con qué acciones le gustaría trabajar.

- Análisis de patrones: es la evaluación de sus gráficos para identificar las formaciones de precios, como las formas, que aparecen en la historia. A veces se pueden ver cuñas, triángulos, copas, mangos y más para la acción con la que se quiere trabajar. Estas formaciones pueden utilizarse a veces para ver el futuro y determinar si va a haber algún movimiento hacia abajo o hacia arriba. Las fuerzas del mercado a menudo las provocan, pero una aparición, ya sea natural o no, afectará a la acción de esa acción.
- Análisis de rango: aquí es donde vas a usar algunas cosas diferentes juntas, como el rango de precios y los precios de cierre y apertura para averiguar dónde están tus niveles de resistencia y soporte. Esto puede ayudarte a averiguar cuál es la mejor compra, así como los puntos de venta, y puede darte otra información, como los niveles de un desglose y ruptura con las acciones.
- Análisis de lagunas: este se hará cuando puedas encontrar lagunas en los gráficos que estás mirando. Un gap va a ser un punto que está dentro del gráfico que será causado por un precio en la apertura que es más alto que lo que fue en el cierre del período de tiempo anterior. La idea aquí es que estos huecos normalmente se van a llenar, así que podrás usar esto para calcular los precios de compra ya que sabes que el precio volverá a bajar para llenar este hueco antes de que suba.

Todas estas opciones van a necesitar que usted utilice un análisis para averiguar cuándo entrar en el mercado, cuánto tiempo mantener las divisas y cuándo dejarlas ir para obtener el mayor beneficio posible, limitando al mismo tiempo sus pérdidas. Hay muchos beneficios de usar este tipo de estrategia, incluyendo:

- Mucha gente está en los foros y los tableros que te ayudarán a aprender a usar el TA y te hablarán de cómo identificar estas acciones calientes.
- Dentro de las divisas, estos movimientos técnicos pueden ser bastante fuertes. Esto es porque TA es todo lo que hay para ayudarte a juzgar una acción y la forma en que el precio se moverá.

Por supuesto, aunque muchas personas utilizarán esta opción para ayudarles a tomar decisiones con su comercio, hay algunos inconvenientes de los que tendrán que preocuparse. Algunos de estos contras incluyen:

- Los bashers y los bomberos pueden hacer que casi todos los gráficos parezcan negativos o positivos, con la esperanza de atraer a los inversores sin experiencia para que hagan la acción que quieren.
- Sin prestar atención a algunos de los fundamentos, como las noticias, una operación que se ve bien en este análisis podría cambiar rápidamente en sólo unos minutos, y usted podría perder.
- Usar un análisis técnico puede ser difícil. Es complejo y difícil para algunas personas entender cómo usar.

## Scalping

Una de las otras estrategias que se pueden utilizar cuando se trabaja con divisas se conoce como scalping. Esto es cuando el inversor va a hacer varias operaciones a lo largo del día para obtener pequeñas ganancias en una de las acciones que realmente no se mueve durante ese día. El especulador va a usar la oferta y la demanda para hacer que esto funcione. Comprarán sus acciones en el grande, o en algún lugar cercano a él; entonces podrán dar la vuelta y obtener un pequeño beneficio. Este no les hará ganar mucho dinero, pero es mejor que nada si lo planeas bien y el mercado no se mueve.

Es capaz de repetir este tipo de beneficio unas cuantas veces para aumentar sus ganancias. Mientras que puede que sólo ganes unos pocos dólares en cada transacción, cuando haces cientos de ellas, puedes ganar mucho dinero durante el día. Esto se considera a veces como swing trading, pero hay que tener en cuenta que todo swing trading no es un scalping. A veces esta estrategia funcionará bien, pero hay que tener cuidado porque la mayoría de las acciones no se mantendrán constantes y puede terminar con una que baje de valor a lo largo del día.

Hay algunos beneficios que vienen de usar el método del scalping en su estrategia comercial. Algunos de estos beneficios incluyen:

- En su mayoría, sus monedas van a tener una gran dispersión, lo que ayuda a darle un buen beneficio.
- Las monedas a veces van a operar de lado justo después de terminar con un gran movimiento o cuando están tratando de romper el nivel de resistencia.
- Cuando compras en la oferta y luego vendes inmediatamente en la demanda, todavía obtendrás el precio más bajo en tu compra, y reduce el riesgo cuando vendes lo más rápido posible antes de que las cosas puedan cambiar.

Por supuesto, hay algunos aspectos negativos que pueden surgir del uso del proceso de escalada para sus monedas. Algunas de las desventajas de seguir este método incluyen:

- las monedas pueden ser difíciles de usar debido a su volumen anémico.
- Este proceso va a hacer que trabajes en contra de tus creadores de mercado, y esto lo hace difícil.
- Como las divisas son de alto riesgo y esta opción sólo le dará una pequeña cantidad de beneficios, puede que no sea la mejor. Si quieres intentarlo, no está mal, pero algunas personas no creen que el riesgo merezca la recompensa.

Todas estas estrategias se han utilizado cuando se trata de trabajar con monedas, y es importante averiguar qué método le gustaría utilizar para sus necesidades. Puedes elegir cualquiera de ellos y ver algo de éxito, pero tienes que tener cuidado. No vas a ver los buenos resultados que quieres si te saltas todo y no te apegas a una buena estrategia. Los que tienen más éxito con las divisas, así como con algunas de las otras opciones de inversión, son los que elegirán una estrategia y la seguirán. Considere algunas de las estrategias de las que hablamos en este capítulo y elija la que mejor se adapte a sus necesidades y le ayude a obtener el mayor beneficio en las divisas.

Independientemente de la estrategia que se utilice, existen las mejores prácticas que todos los comerciantes experimentados y exitosos observan. Estas son las claves que te ayudarán a tener éxito. Estas cosas no son sólo algo que se lee porque su verdadera esencia está en el hacer, así que asegúrate de aplicarlas a cada uno de tus oficios. Aquí están las mejores prácticas comerciales que usted debe conocer:

## Haga su investigación

No te centres simplemente en las monedas que quieres comprar. Tenga presente que el rendimiento de las acciones depende en gran medida del rendimiento general de la empresa. Por lo tanto, también debe prestar atención a la empresa en sí. ¿Cómo va la empresa en el mercado? ¿Se compara bien con sus competidores? Recuerde que debe investigar las monedas que pretende comprar, así como la empresa en cuestión.

El alcance de la investigación es, por supuesto, una gran tarea. Esta es una de las partes más importantes del comercio. Además, averigüe los factores que afectan a una determinada población y compréndalos. ¿Están presentes estos factores en el momento actual? ¿Hay alguna posibilidad de que alguno de estos factores influyentes aparezca en el futuro? Si es así, ¿cuáles son las consecuencias? Cuantas más investigaciones y conocimientos tenga, mejores serán sus posibilidades de invertir en las monedas correctas.

## Sólo invierte el dinero que puedes permitirte perder

Un consejo muy común conocido por todos los jugadores es este: "Sólo juega con el dinero que puedes permitirte perder." Es un consejo común que se da a los jugadores. Aunque el comercio de divisas no se considere un juego, especialmente si no se depende de la pura suerte, sigue siendo similar a los juegos de azar en el sentido de que siempre existe la posibilidad de perder el dinero. No use el dinero que necesita para la inscripción de su hijo o para pagar las cuentas de la casa, etc. Aunque no hay garantía de que pierda su dinero, sólo debe invertir el dinero que pueda permitirse perder. El mercado de divisas es muy volátil y es difícil garantizar que se obtengan beneficios.

## Establecer un límite...

Es un consejo sensato, especialmente para los principiantes, decidir antes de hacer cualquier operación sobre un límite de tiempo en el que se seguirá manteniendo una acción perdedora, así como para una rentable. El mercado de divisas es extremadamente volátil. Aunque se puede esperar que su valor aumente y disminuya casi al azar, no siempre significa que una acción cuyo precio acaba de disminuir aumentará pronto.

Parte de la volatilidad de las divisas es que otra gran caída puede seguir a una disminución significativa de su valor. Por lo tanto, a fin de reducir sus pérdidas, es importante establecer un límite de cuánto tiempo estaría dispuesto a mantener una acción perdedora. De la misma manera, deberías saber cuánto tiempo te aferrarás a una acción ganadora. Una vez más, incluso si una acción experimenta continuamente un aumento de valor, sigue existiendo la posibilidad de que su precio baje drásticamente, casi sin previo aviso.

## Busca patrones

Se puede decir que el movimiento de los precios de las monedas es como un azar. La cosa es que el azar crea patrones. Y, si no es al azar, entonces hay más posibilidades de encontrar un patrón. Si puedes identificar estos patrones a tiempo, entonces estarás un paso adelante. Sin embargo, recuerde que los patrones son como las tendencias; y en el mundo de las monedas, no duran mucho tiempo.

## Observe las tendencias

Analizar los gráficos y tablas que muestran el rendimiento de ciertas monedas. No sólo estudie su registro actual, sino que también compruebe su rendimiento pasado. Esta es una buena manera de saber si las acciones están realmente bien o no. Además, no confíe completamente en las últimas tendencias. Aunque las últimas tendencias pueden mostrarle los desempeños más recientes de las monedas, debe tener en cuenta que las tendencias a menudo cambian. De hecho, en el mercado de divisas, apenas se verá una tendencia que dure demasiado tiempo.

## Conozca las últimas noticias

Si se toma en serio el trading de divisas, entonces debería estar al tanto de las últimas noticias. Los numerosos factores que afectan a los precios de las divisas suelen revelarse en las noticias. Aunque las noticias no lo dirán directamente, debes saber que las leyes, los negocios, la economía, el comportamiento del mercado y la inflación, entre otros, pueden afectar los precios de las monedas. Tome nota, sin embargo, de que aunque las noticias pueden darle valiosos conocimientos e información, lo que más importa son los precios reales de la divisa.

## Mantén la calma.

Los días malos suceden, y puedes encontrarte con una serie de rayas perdidas a pesar de haber hecho algunas buenas investigaciones. En ese momento, o en el momento en que experimente su primera pérdida, mantenga la calma. Repito: mantén la calma. Al mercado de divisas no le importa cómo te sientes, así que debes permanecer objetivo y enfocado. Si no puedes controlarte, simplemente apaga rápidamente el ordenador o el teléfono móvil.

## No seas codicioso

Especialmente para los principiantes, se recomienda que se limiten a obtener pequeños pero regulares beneficios. Muchos traders sin experiencia pierden su dinero no por comprar el forex equivocado, sino por mantener las acciones durante demasiado tiempo. No subestime la naturaleza altamente volátil del mercado de divisas. Aprende a vender, cobrar y disfrutar de tus ganancias.

### Mantén tu emoción bajo control

No seas un comerciante emocional. Aunque es bueno sentir pasión por el comercio de divisas, no dejes que tu pasión ciegue tu juicio. Nunca haga ningún tipo de comercio cuando esté bajo presión y trate el comercio de divisas como un negocio.

### Tome su propia decisión

Aunque es aconsejable leer las opiniones de los "expertos", es un error dejar que ellos dicten sus decisiones de inversión. Lamentablemente, muchos de estos llamados "expertos" son hackeadores y estafadores. Se promocionan como expertos aunque sus pérdidas totales superen sus beneficios. Por supuesto, todavía hay algunos verdaderos expertos ahí fuera, pero incluso los mejores comerciantes siguen cometiendo errores de vez en cuando. Después de todo, el proceso de desarrollo de su estrategia comercial es un viaje de toda la vida.

En lugar de confiar en el asesoramiento de los expertos, debe desarrollar su propia comprensión del mercado financiero en el que desea operar y luego planificar sus propias estrategias. Debería basar sus estrategias en las opiniones de los expertos existentes.

### No persigas tus pérdidas.

La diferencia entre un trader y un jugador es su disciplina frente a la pérdida. Un trader tiene una estrategia fija con la que pretende seguir. La única estrategia de un jugador es conseguir más dinero. Por lo tanto, un jugador está más agitado cuando está perdiendo dinero que un trader. Hay traders que son jugadores y esto es lo que los define como tales. Desafortunadamente, los mercados financieros no son un lugar para los jugadores, perderán todo su dinero. Perseguir su pérdida significa romper su estrategia e invertir más para recuperar rápidamente la pérdida. Puedo asegurarle que rápidamente se volará su cuenta de esta manera.

Una buena manera de evitar esto es aprendiendo a aceptar sus pérdidas. Si ciertas monedas no cumplen sus expectativas, aprenda a aceptar sus pérdidas vendiéndolas y empezando de nuevo. Cuando te dedicas seriamente a operar en el mercado de divisas, es absolutamente normal perder parte de tu dinero. Sin embargo, la idea general es mantener un ratio de ganancia que cubra estas pérdidas.

### Mantén tu estrategia

Es fácil ponerse nervioso por el miedo o la excitación y hacer algo fuera de lo que estipula tu estrategia. Haz lo mejor que puedas para no hacer esto. Hay casos en los que puedes abandonar tu estrategia, por ejemplo, cuando puedes saber con seguridad que va a fracasar. Aparte de este tipo de situaciones, mantenga su estrategia en todo momento. Te ayuda a medir su eficacia y su potencial.

## Sólo invertir en monedas que tengan un alto volumen

Según algún "experto", sólo se debe invertir en acciones que comercialicen al menos cien mil acciones por día. Esto sirve como una salvaguarda contra el riesgo de ser ilíquido.

## Bombea tus monedas

Hay una razón por la que el esquema de bombeo y vertido sigue existiendo a pesar de que muchas personas son conscientes de tal esquema: Funciona.

Así que, si no te importa ser un poco difícil, puedes comercializarte como un "experto" en el comercio de divisas. Puedes poner una página web y enviar boletines a tus lectores. Entonces puedes comprar monedas baratas, usar tus conexiones para ganar interés en las acciones, y venderlas a un precio más alto. Si eres el tipo que puede convencer a la gente de hacer lo que quieres, entonces esta puede ser una forma fácil de hacer dinero. Sin embargo, si usted es del tipo que no puede ejercer un poco de engaño (lo cual es muy bueno para usted), entonces puede simplemente aprovecharse de las personas que bombean y descargan sus existencias. ¿Cómo? Simplemente compren sus monedas, preferiblemente antes de que las bombeen o lo antes posible mientras bombean su valor. Entonces puedes esperar a que su precio aumente, vender tus monedas y obtener algunos beneficios.

## Lleva un diario

No es necesario escribir un diario, pero es muy útil. No tienes que ser un escritor profesional para escribir uno. Lo importante es que seas honesto en todo lo que escribes.

Hay muchas cosas que puedes escribir en tu diario. También es bueno escribir tus metas y razones por las que quieres comerciar en Forex. Además, escribe las lecciones y los errores que hayas aprendido. Es su diario, así que siéntase libre de escribir sobre cualquier cosa y todo acerca de su aventura comercial. Un diario le permitirá pensar fuera de la caja y ser un comerciante más inteligente.

## Tómese un descanso.

El comercio de divisas tiene un factor de juego: Puede ser adictivo. Es algo que puedes hacer durante horas sin estar cansado. Tendrías más ganas de jugar que de trabajar. Sin embargo, cuando te dedicas a la investigación, que es una obligación, es el momento en que definitivamente sentirás que el comercio de divisas implica un trabajo serio. Permítase tomar un descanso de vez en cuando. Recuerda que tendrás una mejor claridad mental si te das la oportunidad de descansar.

## Obtener las últimas actualizaciones rápidamente

Los comerciantes exitosos reciben las últimas noticias y responden rápidamente. La forma de aprovechar el impacto de las noticias en los precios de las acciones es realizar las acciones comerciales apropiadas justo antes de que otros se den cuenta. Por ejemplo, cuando vea que sus monedas pronto encontrarán una caída masiva de valor, véndalas de inmediato. Además, de ser posible, conocer las noticias antes de que se den a conocer al público para aumentar la probabilidad de que determinadas existencias aumenten de valor, las existencias también deben promoverse eficazmente. Por lo tanto, es útil si puede unirse y ser activo en grupos y foros online sobre el comercio de divisas.

## Enfoquese en los pares principales

Una de las mejores cosas del mercado de divisas es que es un lugar donde se pueden encontrar muchas empresas nuevas. Seguramente, un buen número de estas empresas lo harán bien. Desafortunadamente, algunos de ellos se desempeñarán mal e incluso irán a la bancarrota. Sin embargo, si logras obtener las acciones de las buenas empresas emergentes desde el principio, te encontrarás en una posición ganadora.

Por lo tanto, debe hacer el esfuerzo de investigar y analizar las diferentes empresas emergentes que participan en el mercado de divisas. Cuando analice una empresa en particular, mida también cómo se compara con sus competidores en el mercado.

Las empresas en crecimiento tienen mucho espacio para las mejoras; y a medida que sus beneficios aumentan y continúan expandiéndose, los precios de sus monedas también aumentan.

### Diviértete.

Es un consejo común que deberías elegir un trabajo que te guste. De la misma manera, deberías disfrutar del comercio de divisas. Si no lo disfrutas, entonces tal vez es una señal de que deberías invertir en otro lugar. Además, puedes tomar mejores decisiones cuando te diviertes.

### Elija las monedas correctas

Siempre elige las monedas correctas para invertir. ¿Cómo sabes cuáles son los correctos? Suficiente investigación. Nunca comience un comercio sin suficiente investigación. Tome nota de que un poco de investigación no es suficiente. Las investigaciones realizadas sin esfuerzos serios son tan buenas como un simple lanzamiento de una moneda. Además, las acciones más rentables y atractivas no siempre son las monedas adecuadas para invertir. Después de todo, no importa lo que digan los medios, lo que cuenta son los números del mercado de divisas.

### Tenga paciencia.

La paciencia es importante cuando se comercia con divisas. No se apresure a hacer una orden de compra simplemente porque tiene fondos en su cuenta. Además, muchas veces, para aprovechar la alta volatilidad del comercio de divisas, tendrá que esperar algún tiempo. Toma nota de que cada acción que hagas es esencial. Las acciones que compra hoy son las que pronto venderá. Tengan paciencia, esperen el momento adecuado y actúen en consecuencia.

### Utilice la alta volatilidad a su favor

Aunque mucha gente rehúye el comercio de divisas debido a su alta volatilidad, es esta naturaleza volátil de las divisas lo que las convierte en una inversión rentable. Con una alta volatilidad, dominar el famoso principio de hacer dinero es la clave para obtener beneficios: comprar cuando el precio es bajo, y vender cuando el precio es alto.

# Capítulo 13: Algunas notas importantes

Como principiante, puede que te preocupe un poco empezar a operar en el mercado de divisas. Estos van a tomar un camino diferente en comparación con el trabajo con las opciones tradicionales del mercado de valores y a veces es difícil encontrar la información que se necesita sobre la empresa antes de hacer la inversión que se desea. Dicho esto, es posible tener éxito cuando se utilizan monedas; sólo hay que tener cuidado con las decisiones que se toman en las monedas y tomarse el tiempo necesario para ver realmente los resultados. Algunos de los consejos que puedes seguir cuando empieces a usar las monedas para ayudarte a tener éxito incluyen:

## Ignora algunas de las historias de éxito

Cuando empieces a trabajar con divisas, recibirás mucha información y correos electrónicos sobre las historias de éxito de otros que han tenido éxito con las divisas. Se encuentran en los sitios de medios sociales y en los correos electrónicos, pero a menudo se trata de circunstancias inusuales, o la información es inventada.

En lugar de centrarse en esto, tienes que mirar las acciones por sí mismas y ver si van a trabajar para ti. Sólo ignora todas las historias de éxito ya que la mayoría de ellas serán para que hagas una cierta compra. Investiga y aprende sobre el mercado para determinar cuáles son los adecuados para ti.

## Lea los descargos de responsabilidad

Si recibes un boletín sobre las monedas, debes tener cuidado con los consejos que lees. No hay nada malo en elegir algunas de las acciones de estas opciones, pero debes tener en cuenta que la mayoría de ellas son consejos de venta y para dar exposición a las empresas que, en su mayoría, son realmente malas y podrían terminar haciéndote perder mucho dinero.

La mayoría de los boletines que vas a elegir cuentan la historia completa. Muchos de ellos sólo quieren agarrar y mantener su atención. En el boletín no se dan detalles importantes sobre el momento adecuado para vender. El propósito de los boletines es conseguir que compre sus acciones blandiendo figuras jugosas. Siempre compruebe si lo que está leyendo tiene una cláusula de exención de responsabilidad que indique que es una promoción para una empresa o no. Si es así, entonces estás leyendo un discurso de venta. No esperes un buen consejo de él.

## Vender rápidamente

Uno de los atractivos de los que oirás hablar con las divisas es que puedes obtener un enorme retorno de la inversión, hasta un 30 por ciento, en poco tiempo. Si desea obtener un rendimiento de las inversiones de este tipo con las divisas, tendrá que vender sus acciones rápidamente después de comprarlas. Desafortunadamente, en lugar de estar contentos con el 30 por ciento más o menos, la gente se volverá codiciosa y buscará hacer un gran retorno. Teniendo en cuenta que las monedas a veces se están bombeando, y que la industria es volátil, deberías estar contento con lo que obtienes, o puedes perder mucho dinero.

## Tengan cuidado al escuchar la gestión del fondo

Tienes que tener mucho cuidado con las personas a las que escuchas dentro del comercio de divisas, incluso cuando se trata de la gestión de fondos de las divisas con las que trabajas. Estas empresas están tratando de trabajar para que las acciones suban. Cuando las acciones suben, estas empresas pueden recaudar más dinero, y es más probable que se mantengan en el negocio. En algunos casos, puede que ni siquiera sean empresas, sino básicamente, personas con información privilegiada que están tratando de hacerse ricos.

De hecho, la mayoría de las promociones que verán provienen del mismo grupo de personas que usarán diferentes compañías y comunicados de prensa para hacer publicidad y ganar algo de dinero extra. Puede que hayan comprado las acciones a un precio más bajo y ahora quieren crear un gran revuelo para que hagas una compra mucho más alta que la que ellos pagaron.

Entre la gente que usa la bomba y el vertedero para hacer dinero y las empresas que se preocupan por hundirse y quieren que te pongas de acuerdo con ellas para salvarlas de la quiebra, es difícil saber qué divisas son seguras. Tienes que pensar independientemente de las noticias y algunas de las promociones que escuchas antes de elegir las acciones en las que quieres invertir. Con un poco de buena investigación y siendo crítico con las cosas que escuchas, es más fácil elegir las monedas que son realmente buenas y hacer el dinero que quieres.

## Enfoquese en el alto volumen

Cuando se está empezando, lo mejor es utilizar sólo acciones que tengan un mínimo de 100.000 acciones comercializadas cada día. Si te vas con una acción que es demasiado baja en volumen, a veces es demasiado difícil salir de esta edición. Además, los expertos recomiendan que se escojan las acciones que se venden a más de 50 centavos por acción. Ir con acciones de menor precio puede parecer atractivo, pero a menudo éstas no se consideran lo suficientemente líquidas como para jugar realmente con ellas. Pero si eliges acciones que están recibiendo más de 100.000 acciones por día comercializadas y que cuestan más de 50 centavos por cada acción, vas a tener más suerte consiguiendo que se vendan bien.

### Escoge las mejores acciones del grupo

Debes asegurarte de elegir una de las mejores acciones que puedas encontrar, especialmente cuando eres un principiante en esta industria. Algunos expertos aconsejan a los comerciantes que busquen acciones con buenas ganancias o aquellas que hayan superado su volumen máximo promedio de 52 semanas. Una forma muy fácil de encontrar este tipo de acciones es buscar las acciones que están experimentando altos influenciados por factores económicos del mundo real y no por noticias falsas o hipótesis creadas para inflar artificialmente sus precios.

# Capítulo 14: Análisis gráfico

Los indicadores y gráficos son uno de los componentes más importantes cuando hablamos de análisis técnico. Además de la experiencia, la frialdad y la psicología, un buen analista no puede prescindir de un conocimiento profundo de los gráficos. Estas últimas pueden representar información diferente y pueden aparecer en diferentes formas.

En el análisis gráfico, los gráficos merecen especial atención porque representan la dinámica de precios de un instrumento financiero determinado y en un período determinado.

En el análisis técnico, el tipo de gráfico más utilizado es sin duda el gráfico de velas, más conocido con el nombre de gráfico de velas japonés. Sin embargo, antes de pasar a una descripción detallada del gráfico de velas, me gustaría decir algunas palabras sobre otros dos gráficos, menos utilizados que los gráficos de velas, pero que pueden ser útiles ya que pueden ayudar a entender el gráfico de velas japonés.

El gráfico de precios se muestra en un plano cartesiano donde, en el eje de las abscisas, es decir, en el eje vertical se informa de la hora, mientras que en el eje horizontal se informa de la cotización.

Dada esta premisa, todavía podemos decir que los gráficos se refieren a diferentes períodos de tiempo, ya sean fracciones de minutos, horas y días, o incluso semanas, meses o incluso años, indicando diferentes tamaños de apertura o cierre, de máximos y mínimos.

En el eje de las abscisas, encontramos un espacio llamado histograma del volumen, que representa la cantidad de instrumentos intercambiados durante el período examinado.

En el análisis gráfico en lo específico y más generalmente en el análisis técnico, se utilizan varios tipos de gráficos.

## Características de un buen gráfico

Con lo anterior, no quiero decir que se necesite un gráfico que contenga una gran cantidad de información o información detallada en detalle, pero me gustaría hacer hincapié en que los comerciantes de mayor éxito en el mercado, utilizan muy pocos indicadores. Sí, lo has entendido bien. Sólo unos pocos indicadores. Por lo tanto, pensarán que lo que se ha descrito hasta ahora es sólo una charla, pero no es así, ya que éstas extrapolan la información más importante directamente del gráfico. Los gráficos, obviamente, sólo pueden ser proporcionados por los corredores, que en cuanto al mercado de divisas, aquí también le aconsejamos que siempre elija los mejores corredores de opciones binarias. Así que no es cierto que los gráficos sean todos iguales, será el buen corredor el que extrapole toda la información que le interese de los diversos gráficos detallados. Y desde aquí reconocemos a los mejores corredores.

La razón de esta extrapolación es muy simple: como los indicadores sólo expresan el pasado de forma gráfica, pueden proporcionar una visión muy aproximada del futuro. Demasiados indicadores en un gráfico a veces pueden crear confusión en lugar de ayuda.

Por lo tanto, consideramos muy importante tener en cuenta los siguientes puntos:

- **Buen programa gráfico.**

Con esto, de hecho, siempre se debe poder mirar lo suficientemente lejos en el pasado, para planificar el futuro e identificar las barreras pertinentes y obtener una visión general satisfactoria. En los cuadros de opciones binarias de los diferentes corredores, este plazo es demasiado estrecho para sacar conclusiones fiables.

- **Los gráficos de buena calidad siempre indican diferentes intervalos de tiempo.**

Estos van desde unos pocos minutos hasta un máximo de un mes.

- **Nunca se establece sólo un gráfico lineal común.**

Este hecho no sería muy útil para fines de análisis técnico. Por otro lado, se utilizan gráficos de velas o de rayos, que explicaremos brevemente.

## ¿Qué es el análisis gráfico?

El análisis de los gráficos es sobre todo la búsqueda de formas particulares, también llamadas estructuras gráficas, configuraciones, figuras.

Son cifras que emergen del movimiento de los precios, y que pueden señalar su tendencia futura.

Son seguidos por analistas que unen puntos en el gráfico de precios de una seguridad financiera o el rendimiento de un indicador.

Por lo tanto, el propósito del análisis gráfico será identificar las pautas de precios más típicas para fines de previsión.

Estas formaciones gráficas pueden clasificarse en diferentes categorías. Las principales categorías de clases pueden asumir características de inversión o continuación o consolidación. Las características fundamentales serán también la dinámica de los volúmenes, que explicaremos bajo cada figura.

Por eso se necesita técnica, experiencia, estrategias, si no la habilidad del analista para ver estas formas en el movimiento de un gráfico. Estos son los elementos fundamentales de este tipo de análisis. El concepto de línea de tendencia, apoyo y resistencia también forman parte de este aspecto del análisis técnico.

A continuación se enumeran los gráficos más utilizados para el análisis gráfico y se explica la operación. Antes de hacerlo, sin embargo, debemos explicar otro concepto muy importante y utilizado: la figura de la Continuación. Estos tienen características comunes en todos los gráficos, representan una pausa en la tendencia predominante en curso y son un preludio de una continuación de la tendencia en la dirección de la dirección anteriormente en curso. Por esta razón, también se conocen como cifras de consolidación.

La principal diferencia entre las cifras de continuación e inversión se refiere a la extensión.

Las cifras de continuación suelen ir acompañadas de una disminución de los volúmenes comercializados.

Una de las primeras cifras que vamos a examinar es la cuña.

## Cuña

Esta también es una figura de continuación de la explicada y es muy similar al triángulo por 2 razones:

- para el formulario;

- Por el tiempo que toma para formarse. Esto difiere del triángulo que veremos a continuación porque la forma que se forma se caracteriza por una inclinación fuertemente alcista o bajista opuesta a la de la tendencia actual.

Esto significa que:

- este gráfico consiste en dos líneas de tendencia convergentes y tarda de uno a tres meses en desarrollarse;

- en una tendencia alcista, se puede encontrar una cuña que cae o "una cuña descendente";

- mientras que en una tendencia bajista puede desarrollarse una cuña ascendente o "una cuña ascendente".

Como en el caso de las figuras del banderín y la bandera, la cuña puede encontrarse en medio de un movimiento, lo que permite calcular los objetivos mínimos.

La dinámica de los volúmenes ve una disminución en el curso de la formación del patrón y debe ir reduciéndose durante todo el período de formación de la figura. Por el contrario, aumentan significativamente cuando se rompe la línea de tendencia, que es una característica típica de la cuña.

La segunda figura que examinamos en este capítulo es el banderín.

## Banderín

Esta cifra también es bastante común en el análisis de los gráficos.

Esta figura junto con la de la bandera, que veremos inmediatamente después de que la bandera aparezca después de un movimiento casi vertical y representa una pausa en la tendencia.

Su característica es que se presenta como un triángulo simétrico que, sin embargo, tiene una extensión máxima de 3 semanas. Lo más frecuente es que, en las acciones bajistas, el tiempo de refinamiento de la figura sea aún menor y equivalga a una o dos semanas como máximo. El banderín está a medio camino del movimiento alcista o bajista, con las implicaciones obvias en el cálculo de los objetivos mínimos para la llegada del movimiento.

Por lo tanto, será evidente que el volumen disminuye durante la formación de la figura y debe ser bajo durante todo el período de formación del patrón. Por el contrario, en cambio, aumentan significativamente cuando la línea de tendencia se rompe, lo que identifica el banderín. Estos van acompañados de una tendencia similar en el rango dentro del cual se mueven los precios.

Los banderines, la mayoría de las veces coinciden con una fase de contracción, que no necesariamente tiene una inclinación opuesta con respecto a la tendencia básica.

Tanto esta figura como la siguiente se desarrollan en un período de tiempo bastante corto.

La tercera figura que examinamos como se anunció es la Bandera.

## Bandera

La formación de banderas, o bandera, es un patrón muy común de continuación en el análisis gráfico.

Esta forma tiende a aparecer cerca del agotamiento temporal de una tendencia, que representa una breve pausa en el mercado después de movimientos fuertemente acentuados, son casi verticales y se conocen como flagpole.

La bandera tiene una forma similar a un paralelepípedo, casi para representar un rectángulo, delimitado por dos líneas de tendencia paralelas pero opuestas a la tendencia predominante. En otras palabras, se puede ver como una bandera que se inclina hacia abajo en una tendencia alcista y hacia arriba en una tendencia bajista.

Su entrenamiento termina en un período medio, es decir, entre una y tres semanas. Por lo general, parece estar a medio camino de completar el movimiento.

También hay que decir que si se trata de un movimiento bajista el tiempo de perfección es menor y la figura suele completarse en una o dos semanas. Precisamente porque está en medio del movimiento alcista o bajista, la cifra es importante para identificar los objetivos de precios. A partir de aquí calcularemos el ancho del movimiento que precede a la bandera e informaremos de esta distancia después de la ruptura de la línea de tendencia que delimita la figura.

El volumen también debe disminuir durante la formación de la figura y volver a aumentar cuando se rompa la línea de tendencia.

Así que veamos cómo usar la bandera y el banderín.

Los objetivos que pueden identificarse en relación con estas cifras son dos:

- El primero se determina proyectando el ancho de la base desde el punto de ruptura; aquí este objetivo asume menos importancia si consideramos las dimensiones reducidas de la figura.

- La segunda puede obtenerse en cambio proyectando, desde el punto de ruptura, una distancia equivalente a la cubierta por el movimiento que precedió a la formación del banderín.

- Esto significa que estas cifras a menudo se materializan alrededor de la mitad del movimiento total, dando una ventaja justa a nivel operacional.

La fase temporal de debilidad de los precios puede ser explotada para entrar en el stock o incluso sólo para aumentar la posición tomada anteriormente, de nuevo utilizando un stop-loss mucho más bajo que la potencial toma de beneficios.

El rectángulo representará la cuarta figura que explicaremos.

## Rectángulo

El rectángulo es la más simple de las figuras propuestas por el análisis técnico.

Identifica una fase de congestión de precios. En Análisis Técnico, con este término, nos referimos a una formación gráfica en correspondencia con la cual los precios oscilan dentro de un estrecho rango de valores. Este proceso tiene lugar cuando el mercado se mueve de lado.

La pauta representa una zona de ruptura de la tendencia actual en la que los precios se mueven de lado. Esto también da lugar al nombre de zona de comercio o zona de congestión, cifra que representa un período de consolidación de la tendencia actual que se resuelve en la dirección de la tendencia que la precedió. Esto representa una figura fundamental, para identificar correctamente el patrón de continuación si no también la observación de los volúmenes.

Además, para esta figura alcista, los rebotes deben ir acompañados de altos volúmenes, con las correcciones caracterizadas por volúmenes decrecientes. En el caso opuesto, en cambio, en el rectángulo bajista, son las correcciones para tener volúmenes más acentuados.

Muchos inversores, aprovechan las oscilaciones, vendiendo al máximo y comprando al mínimo. Sin embargo, los que utilizan este enfoque corren el riesgo de no explotar la ruptura del patrón. La cifra en cuestión suele tardar entre uno y tres meses en mejorar, y el objetivo mínimo está representado por la traslación de la altura del rectángulo cuando el precio rompe la cifra.

Los precios se mueven dentro de una banda fija identificada por un soporte y una resistencia.

Los rectángulos también pueden ser configurados como figuras de inversión, dependiendo del contexto en el que se formen. Por lo tanto, es evidente cómo las fases de congestión identifican un momento en el que el mercado expresa una considerable incertidumbre y espera nueva información para decidir la tendencia futura. A diferencia de las fases de contracción (en las que la reducción continua de la volatilidad identifica de manera cada vez más precisa el momento en que el mercado recibirá la información que espera) una cifra de congestión como el rectángulo no permite identificar con suficiente antelación el momento en que se producirá el brote.

Los indicios operacionales que esta figura puede proporcionar son básicamente de dos tipos:

- La primera requiere esperar la salida de los precios de la zona de congestión identificada inicialmente. Esta salida debe clasificarse necesariamente como una ruptura y, por lo tanto, debe caracterizarse por un aumento de los volúmenes y la volatilidad.

- El segundo paso operativo se deriva de la posibilidad de explotar el movimiento lateral de los precios para comprar cerca del soporte identificado y vender cuando los valores estén de nuevo cerca de la parte superior de la cifra.

## Apoyo y resistencia

Permítanme explicarles brevemente qué son los apoyos y la resistencia.

El apoyo se define como el nivel de precios en el que hay, una detención de la tendencia a la baja de los precios. Una concentración excesiva de compras que se produzca en las proximidades de las mismas provocará un bloqueo de la tendencia a la baja de los precios.

Un nivel de apoyo se define como fiable cuando muestra resistencia a "ataques" repetidos sin una ruptura bajista.

La Resistencia se define en cambio como aquel nivel de precio en el que el crecimiento de la misma se detiene. En el caso de la Resistencia, la alta concentración de ventas impide que continúe el aumento.

Un nivel de resistencia, por el contrario, es más fuerte y más confiable ya que resiste repetidos "ataques" sin un fracaso ascendente.

Seguramente un mínimo o máximo histórico representa un nivel de apoyo o resistencia estratégica.

Por consiguiente, la penetración o la ruptura de los niveles de apoyo o incluso la resistencia puede ser causada por:

- cambios importantes en los valores fundamentales de una empresa (aumento de los beneficios, cambios en la dirección, etc.);

- a partir de simples pronósticos basados en las tendencias de los precios en los últimos tiempos;

- tanto los niveles de apoyo como de resistencia también pueden surgir de motivaciones exclusivamente de naturaleza emocional. Los apoyos y resistencias representan con gran sencillez el encuentro/encuentro entre la oferta y la demanda.

De lo anterior se desprende claramente que en la práctica, una ruptura, o un evento en el que el precio sale de una tendencia, rompiendo un soporte o una resistencia o un canal, por encima de un nivel de resistencia evidencia un aumento de la demanda, que surge de más compradores, que están dispuestos a comprar a precios más altos que los actuales.

En el caso contrario, en cambio, la ruptura de un soporte muestra un aumento de los vendedores, y por lo tanto de la oferta, ya que más vendedores están dispuestos a vender incluso a precios más bajos que los actuales.

Si se rompe un nivel de apoyo, se convierte automáticamente en un nivel de resistencia, al igual que si se rompe un nivel de resistencia, se convierte en un nivel de apoyo. Este proceso se conoce como "pullback", que es el momento en que un mercado de tendencias se toma un descanso.

Las líneas de soporte y resistencia pueden dibujarse horizontalmente y luego hablaremos de soporte estático, donde el soporte corresponde a un punto preciso y constante en el tiempo; tanto de forma oblicua como en este caso, hablaremos de soporte dinámico, donde se dibuja una línea de tendencia con la variación de los precios y con el paso del tiempo.

La quinta figura, objeto de estudio, se refiere al triángulo.

# Triángulo

En el análisis técnico, la del triángulo es una figura de consolidación y se utiliza para verificar la continuación de la tendencia principal. Se trata de una pauta que dura unos meses en los que se produce una pausa en la tendencia actual con precios que oscilan en una zona cada vez más estrecha.

La figura tiene las siguientes características:

El triángulo debe tener un mínimo de cuatro puntos de reacción; dos superiores y dos inferiores; los primeros necesarios para trazar la línea de tendencia superior, los segundos necesarios para trazar la línea de tendencia inferior.

El triángulo se caracteriza por un límite de tiempo para su resolución. Normalmente, los precios rompen el triángulo en un punto entre dos tercios y tres cuartos de la profundidad del triángulo. Los volúmenes en la fase de formación de las ondas triangulares, pierden fuerza y luego explotan cuando se rompe la línea de tendencia que delimita la figura.

El objetivo mínimo de las tendencias de los precios se calcula proyectando la altura máxima del triángulo.

La figura en cuestión puede presentarse según tres estructuras diferentes:

triángulo simétrico que tiene las líneas de tendencia que lo delimitan que son convergentes.

Los precios tienden a moverse en un rango que se va estrechando gradualmente con el paso de las sesiones, debido a una constante reducción de los máximos, y también debido a una constante reducción de los mínimos.

Un triángulo descendente caracterizado por una línea de demarcación plana, la inferior, y por una línea de tendencia bajista, la superior.

En esta figura, habrá una mayor convicción por parte del bajista y se encuentra a menudo durante una tendencia descendente.

La reducción del rango dentro del cual se mueven los precios, se produce sólo gracias a un aumento del mínimo, mientras que los máximos permanecen casi inalterados.

Tal comportamiento hace evidente la mayor presión de los compradores con respecto a los vendedores y atribuye a esta cifra un valor alcista.

## Triángulo descendente

La figura representa una estructura simétrica, lo que dificulta su interpretación. En el tercer caso, en cambio, hablamos de un triángulo ascendente, caracterizado por una línea superior de demarcación plana y una línea, la inferior, ascendente. Este patrón indica una mayor fuerza de la tendencia alcista y a menudo se encuentra durante una tendencia alcista

Independientemente de la configuración, ya sea simétrica, ascendente o descendente, es posible calcular el objetivo de la cifra, es decir, el nivel que deben alcanzar los precios en la fase posterior a la ruptura.

Esto se calcula proyectando, desde el punto de ruptura, la "base" del triángulo, es decir, el ancho máximo que la figura registró durante su formación.

La sexta cifra en cuestión se refiere a la formación de la ampliación.

## Ampliación

Se trata de una figura bastante rara, clasificada como una variante del triángulo pero que presenta una abertura contraria, con líneas de tendencia divergentes. Es una cifra que se produce al final de una tendencia, generalmente alcista.

La dinámica de los volúmenes es diferente a la de los triángulos, ya que el volumen se expande gradualmente junto con el aumento de la oscilación de los precios.

La séptima cifra que vamos a examinar se refiere al diamante.

## Diamante

Además, el diamante como figura de inversión es uno de los más raros y uno de los menos simples de detectar. Gráficamente el diamante está formado por una doble figura compuesta por una primera mitad que recuerda la forma de un ensanchamiento de una segunda mitad que se asemeja a un triángulo simétrico.

Un diamante puede presentarse en dos circunstancias:

- al final de una tendencia alcista;
- al final de una tendencia bajista;

En el primer caso, toma el nombre de "Diamond Top", y viceversa estaríamos frente a un "Diamond Bottom".

La figura no siempre se desarrolla simétricamente. A menudo, la segunda mitad se prolonga en el tiempo más que la primera.

Por su naturaleza, el diamante necesita fases de mercado muy dinámicas. La figura del Diamante también puede ocurrir durante simples interrupciones de la tendencia.

Por esta razón, es más fácil encontrar el diamante en el pico de una tendencia ascendente antes de una inversión bajista que al revés.

La dinámica de los volúmenes va de la mano con la de los precios. Es decir, si los volúmenes aumentan, los precios aumentan, en la segunda mitad. Sin embargo, los precios bajan y, por consiguiente, también los volúmenes.

Hay 4 elementos básicos para identificar el entrenamiento:

- una fase inicial de expansión de los precios;
- un máximo;
- un mínimo;
- una fase de contracción de los precios;

El patrón sólo se completa cuando la línea de apoyo o resistencia se rompe y no siempre se produce un retroceso a la línea de tendencia violada.

El objetivo de precio mínimo es igual a la distancia vertical máxima entre las dos partes extremas de la figura proyectadas en la parte inferior (o en la parte superior) con respecto al punto de ruptura del soporte o la resistencia.

Es posible, incluso para el diamante, calcular un precio objetivo.

Basta con proyectar la anchura máxima de la figura y proyectarla a partir del punto en que se produjo el brote.

En el caso de que se configure como figura de continuación, también es posible derivar un segundo objetivo, proyectando la anchura del movimiento que precedió al comienzo del diamante, desde el punto de la ruptura final. Puntos de ruptura de diamantes.

La octava figura que examinamos será una figura bastante difícil de examinar y representa el redondeo y la espiga.

## Spike

Esto representa una de las muchas figuras de inversiones, que se presenta como un movimiento lento y gradual en los bajos que primero tendrá un ligero descenso, luego lateral y luego muestra un movimiento creciente.

El patrón es uno de los más lentos de todos los análisis gráficos y suele ser identificable en los gráficos a largo plazo.

Es realmente difícil establecer el momento preciso en el que la cifra puede considerarse completa, si no es después de las primeras subidas sustanciales. Más difícil será identificar los objetivos ascendentes.

Spike también es muy especial. Las cifras en cuestión muestran, sin ningún período de transición, una repentina inversión de las citas. Una inversión acompañada de una explosión de volúmenes.

Debido a sus características, la figura en cuestión es difícil de identificar de antemano.

**Doble superior y doble inferior**

Además, esto cae dentro de las categorías de las figuras de inversión, que recordamos son figuras gráficas particulares que anuncian una inversión de la tendencia actual. La figura en cuestión resulta ser una figura muy común en el análisis gráfico y junto con otras figuras, las figuras de doble fondo y doble techo están entre las formaciones más comunes y reconocibles.

Explicamos brevemente en dos pasos esenciales, su funcionamiento;

1. El doble mínimo se encuentra en el punto máximo de una tendencia bajista y se configura como un mínimo, un rebote posterior y un retroceso posterior al nivel del mínimo anterior. El ascenso que sigue, si se rompe en la parte superior y con volúmenes, el máximo anterior, lleva a la finalización de la figura. El patrón, debido a su forma, también se llama formación en W. Los volúmenes crecen durante la formación del primer mínimo, bajan en el siguiente rebote, y luego vuelven a aumentar durante el movimiento ascendente que completa la figura.

Básicamente, por lo tanto, el doble mínimo se realiza, siguiendo una clara tendencia bajista, en la que los precios prueban dos veces un umbral de precios, pero sin poder superarlo. Esto determina la realización de dos mínimos ligeramente espaciados en el tiempo. Doble mínimo y doble máximo.

2. Además, las características del doble máximo son las mismas, pero el patrón tiene un desarrollo secularmente opuesto. La doble cima está a la altura de una tendencia alcista y se configura como un máximo, una caída consecuente y un rebote posterior hacia el máximo anterior.

El doble máximo se alcanza cuando, tras una fuerte tendencia alcista, los precios prueban dos veces un umbral de precios, pero sin poder superarlo, determinando la formación de dos máximos. Los volúmenes crecen en la formación del primer aumento, permaneciendo más bajos en la formación del segundo máximo y aumentando luego de manera conspicua en el momento de la perforación de la línea trazable a partir del mínimo anterior.

En ambas figuras se puede observar un retorno de los precios al nivel de finalización del patrón, en un pull back similar al de la cabeza y los hombros que veremos más adelante, antes del inicio definitivo de la nueva tendencia, alcista en el doble mínimo y bajista en el doble máximo. Pequeños volúmenes acompañan a esta retirada.

La medición del objetivo mínimo hacia arriba (o hacia abajo) se calcula calculando la distancia entre la línea que une los dos mínimos (o los dos máximos) y el primer máximo (o mínimo) relativo y proyectando este valor desde el punto de perforación hacia arriba o hacia abajo.

En esencia, el doble mínimo o el doble máximo es, sin embargo, una formación gráfica con un grado de fiabilidad inferior al de otras figuras de inversión, tanto porque no siempre es detectable con suficiente certeza, como porque a menudo se produce en condiciones de volatilidad tan altas que permiten la identificación de un brote válido.

## Triple superior y triple inferior

El triple máximo y el triple mínimo son también figuras de inversión, definidas como variantes de la cabeza y los hombros, pero a diferencia de las anteriores, los tres máximos y los tres mínimos están todos situados a la misma altura.

Los volúmenes a considerar, en el triple mínimo corresponden a cada aumento, a partir de un mínimo se acompaña de volúmenes decrecientes. El patrón se completa cuando la línea obtenida al unir el último máximo con volúmenes extremadamente altos se rompe hacia arriba. triple máximo

En el triple máximo, cualquier corrección a la baja a partir de un máximo va acompañada de volúmenes decrecientes, y en consecuencia, se puede decir que la cifra está completa cuando el nivel obtenido al unir los últimos bajos se viola a la baja con volúmenes en gran crecimiento. En el triple mínimo, sin embargo, el objetivo mínimo es común al utilizado para la cabeza y los hombros, cifra que veremos en breve si no es también igual al doble mínimo y al doble máximo, en función de la altura de la figura.

## Cabeza y hombros

Esta es también una figura de inversión y es uno de los patrones gráficos más fiables. Según algunos autores, la figura en cuestión es la más poderosa de todas las que se encuentran en un gráfico.

Se presenta el gráfico, cabeza y hombros, como se puede deducir del gráfico siguiente, que consiste en tres incrementos consecutivos, intercalados con dos inversiones bajistas. La segunda subida es generalmente más robusta que las otras y representa la cabeza, la primera y la tercera en cambio representan los hombros y son menos pronunciadas que la cabeza. La finalización de la figura se obtiene perforando la línea, uniendo los dos mínimos de reacción, llamada línea del cuello. La lógica que subyace a la formación es simple. El precio no puede confirmar su fuerza, no crea nuevos máximos, y la tendencia se deteriora. La sucesión de altibajos, una dinámica fundamental para definir una tendencia alcista, está condicionada.

Durante la primera fase se forma un máximo acompañado de volatilidad y volúmenes elevados. Sin embargo, después de un retroceso parcial los precios alcanzan un nuevo máximo, registrando una reducción de los volúmenes. Después de un nuevo retroceso, los precios hacen un nuevo máximo relativo, más bajo que el anterior y acompañado de volúmenes reducidos. Para completar la figura se requiere la ruptura del escote, que coincide con la línea recta que une los dos puntos en los que los precios se han retraído parcialmente (2 y 4). En la ruptura, la volatilidad y los volúmenes vuelven a ser altos. El momento de ruptura puede ser seguido por un retroceso, es decir, un movimiento de retorno del precio cerca del cuello (que, en esta fase, asumirá el papel de resistencia).

La línea que une la base formada por los dos mínimos de reacción es fundamental. Esta línea también se llama "escote", y su importancia se deriva del hecho de que la cifra se completa sólo cuando el precio perfora este nivel hacia abajo.

El escote suele ser horizontal o inclinado en la misma dirección que la tendencia a invertirse. En este último caso, tiene mayor valor.

Por lo general, después de que se rompe el escote, hay un movimiento de los precios volviendo hacia el propio escote, en una dinámica llamada "pullback". Si los precios no vuelven a subir por encima del escote, la confirmación de la perfección de la figura es completa.

Operacionalmente es posible cerrar las posiciones largas en la ruptura de la línea de tendencia ascendente que une los mínimos ascendentes en la parte inferior de la cabeza, pero antes de abrir las posiciones cortas se espera una ruptura brusca del escote.

La "cabeza y los hombros" puede configurarse tanto como una figura bajista como una figura alcista: en el segundo caso los tres máximos descritos anteriormente serán sustituidos por tres mínimos, pero la evolución de la figura -también desde el punto de vista de los volúmenes y la volatilidad- seguirá siendo la misma. El objetivo puede calcularse proyectando el ancho de la figura (coincidiendo con la distancia entre la "cabeza" y el escote) desde el punto de ruptura. Entre las cifras de inversión, la de "cabeza y hombros" es quizás la que -una vez completada- proporciona el mayor grado de fiabilidad, determinando el logro del objetivo en un tiempo bastante corto, generalmente menor que el de la FIG.

En el desarrollo de una cabeza y unos hombros, la dinámica de los volúmenes es un aspecto fundamental. Los tres máximos, el hombro izquierdo, la cabeza y el hombro derecho, deben tener volúmenes bajos. Para dar una confirmación más fuerte a la perfección de la figura, la ruptura del escote debe ocurrir en cambio con volúmenes en explosión, mientras que los del posible retroceso deben volver a disminuir con un aumento del subsiguiente movimiento descendente.

La reputación de la cabeza y los hombros también se debe a su capacidad para dar al analista gráfico objetivos precisos de precios, una característica que permite saber ya en el momento de la entrada en posición cuáles serán las ganancias probables de la operación pero también cuáles serán los riesgos relacionados. También se puede posicionar el stop loss necesario para defender sus inversiones.

Por lo tanto, vemos que el primer objetivo mínimo viene dado por la proyección hacia abajo de la distancia calculable entre el escote y el vértice de la cabeza mientras que el segundo objetivo se obtiene añadiendo al primer objetivo la extensión del hombro derecho.

La variante de cabeza y hombro es la cabeza de hombro invertida, una poderosa figura de inversión que se puede encontrar en los mínimos del mercado y al final de una tendencia bajista o alcista. La cifra en cuestión está formada por tres mínimos consecutivos, donde el segundo mínimo es más extenso que el primero y el tercero. Además, en este caso, la tendencia actual se deteriora entre la cabeza y el hombro derecho.

El resultado es la falta de la principal característica de una tendencia bajista, es decir, la de la alternancia entre descensos más bajos y más altos.

Los traders e inversores en el mercado de valores utilizan diferentes técnicas para elegir los valores en los que invertir. Algunos hacen un mayor uso del análisis técnico, otros del análisis fundamental.

Para elegir las acciones en las que se va a invertir, especialmente si se tiene la intención de hacerlo por un período medio-largo, es bueno utilizar ambos tipos de análisis.

El análisis fundamental permite evaluar una acción, comprendiendo así el verdadero valor subyacente de la misma. El análisis técnico, por otra parte, permite comprender cuáles son los mejores puntos de entrada y salida de una población y a menudo refleja la evaluación del análisis fundamental.

Además, al combinar los dos tipos de análisis de mercado, se puede no sólo analizar los gráficos sino también estudiar la tendencia histórica de una inversión.

De hecho, es importante conocer tanto la tendencia de los precios en el momento en que se está operando, como comprender los cambios en el pasado.

En este capítulo, ilustramos los parámetros de análisis fundamentales que deben tenerse en cuenta al elegir una acción y verá cómo el análisis técnico puede ayudarle a subir o bajar el precio de una acción.

Aquí está cómo elegir una acción para invertir.

Como se ha anticipado, es preferible, en el mercado de valores, utilizar ambos análisis, porque juntos proporcionan una imagen más clara para la elección de una acción.

A partir del análisis fundamental, los parámetros en los que basar la elección de un título son los siguientes:

- ROE y ROA (o ROI)
- la relación precio/beneficio (P / E) y el EPS (beneficio por acción)
- la relación precio/valor del libro (P / BV)
- noticias, la calidad de la gestión y la visibilidad del título.

Veamos cada uno de estos aspectos en detalle, para crear un contenido completo que pueda guiar incluso a los menos experimentados en la elección de acciones.

El operador de la bolsa que se compara con el mercado de valores para elegir una acción, inicialmente busca el ROE (Return on Equity). Este indicador financiero ofrece al comerciante la oportunidad de evaluar la tasa de rendimiento del capital social, es decir, la parte de los estados financieros que remunera a los accionistas.

Los altos niveles de ROE, tanto actuales como futuros, indican que la empresa que emite el título es capaz de garantizar un alto rendimiento para los inversores.

Sin embargo, el único uso de la ROE puede ser engañoso ya que no tiene en cuenta el nivel de endeudamiento. Por definición, el patrimonio es la diferencia entre el activo y el pasivo totales.

Si los pasivos aumentan, el denominador del ROE tenderá a disminuir, empujando el valor general hacia arriba. Los operadores suelen comparar el ROE con el ROA (Return on Assets), lo que nos indica la rentabilidad de los activos de la empresa.

Los altos valores de ROE y ROA indican que el crecimiento del ROE es veraz ya que el [ROA] tiene en cuenta los pasivos en el denominador que, a medida que el número aumenta, tenderá a aumentar, comprimiendo así el porcentaje de ROA.

El P / E y el EPS

Junto con el ROE y el ROA, también miramos el P / E y el EPS. El P / E es la relación entre el precio de las acciones y el EPS, es decir, el beneficio generado por la empresa por cada acción en circulación.

La P/E entra en la categoría de "comparables", es decir, aquellos parámetros que pueden ser comparados con los de empresas similares o del sector. Algunos operadores tienden a comparar el P/E de una empresa con el del sector, pero se equivocan.

De hecho, no podemos comparar la P/E con la media matemática simple del sector de referencia, ya que esta última incluye la P/E de las empresas que, por su estructura y rentabilidad, no son similares a la analizada.

Por lo tanto, es bueno comparar el P / E con el de empresas similares en lugar del sector medio. Así que cuando hagas tu análisis, ten cuidado de no caer en esta trampa.

El EPS en cambio es el denominador del P/E. Si el P/E cae mientras el EPS sube es la situación ideal (suponiendo que la ROE y la ROA son óptimas).

Esto se debe a que indica que el precio de las acciones no refleja el crecimiento de las ganancias, mostrando así una subestimación del mercado sobre el valor en cuestión.

El P / BV

Para dar más pruebas de la bondad del análisis, interviene el P / BV (precio/valor contable). Si la ROE crece estructuralmente bien (es decir, que no haya desviaciones causadas por el aumento de la deuda) y la P / BV es baja, hay otra sugerencia de subestimar las acciones a elegir.

Esto se debe a que el precio no está absorbiendo el crecimiento del valor contable (patrimonio) que es la parte del balance que interesa al inversor en acciones.

El esquema a elegir

Para resumir, entonces, la fórmula de análisis fundamental que permite la elección óptima de una acción es:

- Alta ROE y ROA actual y prospectiva;

- P / E relativamente bajo en comparación con los competidores y el crecimiento de EPS;

- Bajo P / BV (también comparable con los competidores del sector)

## El impacto de las noticias

Otro punto que concluye el análisis fundamental de una acción es la noticia que circula sobre la empresa emisora y el sentimiento del mercado hacia la dirección. Si elegimos invertir en una acción, es bueno echar un vistazo a las noticias recientes de la compañía.

Las noticias positivas generalmente reflejan el sentimiento del mercado en la empresa, lo que es una buena señal para futuros incrementos en la seguridad en cuestión. La evaluación de las capacidades de gestión también es una buena idea porque si el mercado percibe positivamente a los líderes de la empresa, ésta tendrá una actitud positiva hacia las elecciones de los directivos y especialmente hacia las acciones.

Por último, considere dónde están listadas las acciones. Si hablamos de empresas de pequeña capitalización, en fases del mercado que no están en riesgo, el título no puede ser más alto. Esto se debe a que las acciones que figuran en índices más pequeños gozan de menor visibilidad debido a la inclusión en índices de menor importancia.

Todo esto entonces sobre 3 meses, es porque la metodología ilustrada se aplica bien a los períodos medios pero también bastante cortos. Por último, se examina el grado de correlación del valor en cuestión con el índice de referencia, comparando la fuerza relativa de la acción que se va a elegir con la de la lista de precios.

Si la acción muestra una fuerza relativa al índice, significa que la acción que estamos eligiendo tiene una tendencia desvinculada de la del índice de referencia, lo que indica que su fuerza es segura incluso en tiempos que no son óptimos en el índice de cotización.

# Conclusión

Gracias por llegar al final de este libro. Espero que haya sido capaz de proporcionarle todas las herramientas que necesita para alcanzar sus objetivos financieros.

El siguiente paso es empezar con lo que has aprendido durante el curso de este libro. Recuerde, siempre empiece con una cuenta demo: conviértase en un trader rentable antes de poner su dinero sobre la mesa.

Espero que encuentre estas lecciones valiosas y que tenga la información que buscaba. Crear un "estilo de vida con el swing trading" que funcione para ti te dará una sensación increíble, especialmente al principio, cuando hagas las primeras ganancias. Estoy encantado de que empieces y no puedo esperar a ver tus resultados.

# Trading en Opciones 2020

*¡De principiantes a avanzados en semanas! Las mejores estrategias de trading para invertir en acciones, divisas, futures, binarios y opciones de ETF*

**Por**

**Flavio Bosque**

# Introducción

A esta altura, ya domina todos los fundamentos así como las estrategias de negociación más intermedias. Habiendo dominado las estrategias involucradas, es hora de profundizar en estrategias más avanzadas. Hay un buen número de conceptos que necesitas aprender y entender antes de que eventualmente te conviertas en un trader profesional.

Por ejemplo, es necesario comprender cuáles son los diversos modelos de fijación de precios de las opciones, por qué las opciones de compraventa de acciones actúan de la manera en que lo hacen, la volatilidad y cómo afecta a los mercados, la medición de la sensibilidad de las opciones a los movimientos de las acciones subyacentes, etc. Todos estos son temas esenciales si se quiere comerciar con éxito y obtener un ingreso pasivo decente durante muchos años.

Es crucial que no se sienta intimidado por estas estrategias avanzadas. Aunque tengan la reputación de ser complejos y complicados, debes estar dispuesto a tomarte el tiempo y aprender todo lo posible. Si te tomas tu tiempo y entiendes los conceptos que hay detrás de las diferentes estrategias y despliegues, pronto te convertirás en un profesional. Además, muchos comerciantes de opciones están de acuerdo en que estas estrategias y técnicas definitivamente no son complejas.

## Tómese el tiempo para aprender

Ya que quiere aumentar sus ingresos, es importante que dedique un tiempo y aprenda a operar con opciones avanzadas. Hay definiciones y términos, así como estrategias, herramientas, técnicas y mucho más. Sin embargo, ya que has llegado tan lejos y has aprendido tanto en estos meses y años, puedes esperar que te vaya muy bien.

Con el conocimiento que adquieras a través de este libro, te convertirás en un trader avanzado capaz de negociar todo tipo de instrumentos, incluyendo futuros, Forex, ETFs, binarios y acciones. Cuando adquieras este conocimiento, lograrás una comprensión mucho más clara de la forma en que las opciones se comportan y por qué se comportan de la manera en que lo hacen. De esta manera, podrá explorar los diferentes escenarios del mercado.

## Aprenda cómo funcionan las estrategias paso a paso

En esta etapa, debería estar familiarizado tanto con el análisis fundamental como con el análisis técnico. Algunos comerciantes eligen uno sobre el otro, mientras que otros optan por ambos. Es después de haber hecho su análisis que se llega a determinar qué estrategias aplicar en base al análisis. Las estrategias de trading de opciones avanzadas se asemejan mucho a los procesos de montaje para lograr los objetivos fijados. Necesitas aprender más sobre la eliminación de algunas estrategias basadas en los resultados de tu análisis.

## Flexibilidad

El trading avanzado tiene que ver más con la libertad y la flexibilidad a la que estás expuesto. Una vez que se entra en una posición, ya sea larga o corta, se espera que ocurra una de tres cosas. Estas tres cosas son un movimiento de precios al alza, a la baja, o un movimiento cero. El desafío aquí es que sólo un movimiento de estos tres posibles resultará en una ganancia. Afortunadamente, con las estrategias de trading avanzadas, usted es capaz de obtener beneficios independientemente de las condiciones del mercado. Básicamente, si el movimiento de los precios se mantiene dentro de un rango predeterminado, entonces se garantiza la obtención de un beneficio. Usted se beneficiará si el precio sube, se beneficiará si el precio baja, y se beneficiará si no hay ningún movimiento de precios.

## Libertad

Como hay mucha flexibilidad con las estrategias de opciones avanzadas, también vemos mucha libertad. Mucha gente se ve atrapada en cualquiera de estas dos categorías. Les encantaría trabajar duro y generar un ingreso para sus parejas y seres queridos. Lamentablemente, la mayoría de la gente tiene que trabajar, y esto hace que sea imposible para ellos comerciar de forma regular.

Además, estos individuos no desean comerciar diariamente y tienen que vigilar los mercados cada hora e incluso minuto tras minuto. Puede ser realmente tedioso. Aquí es donde el comercio de swing es útil. Puedes convertirte en un swing trader donde haces intercambios y luego seguir con tus negocios por un par de días más.

## Trading de opciones avanzado

Usted ya entiende cómo se negocian las opciones de compra y venta en los mercados y ha tenido suficiente experiencia para avanzar en su conocimiento. A estas alturas, debería estar listo para descubrir el asombroso poder de la flexibilidad y versatilidad que ofrecen estas opciones a través de diferentes estrategias avanzadas.

## Estrategias

Las estrategias de opciones pueden definirse como métodos de negociación que utilizan las opciones en diferentes combinaciones para producir posiciones de mercado que permiten a los traders beneficiarse independientemente de las condiciones del mercado. Las estrategias permiten a los traders beneficiarse y obtener beneficios independientemente de las condiciones del mercado.

Hay básicamente cuatro estrategias principales cuando se trata de opciones. Estas estrategias son estrategias bajistas, estrategias de opciones alcistas, estrategias volátiles y estrategias de opciones neutrales. Las estrategias volátiles tienden a obtener beneficios cuando el mercado se mueve bruscamente en cualquier dirección o cuando hay un aumento de la volatilidad implícita. Las estrategias neutrales dan ganancias a los traders cuando no hay movimiento del mercado. Las estrategias de opciones bajistas le benefician cuando los mercados tienden a la baja, mientras que las estrategias alcistas benefician a los operadores cuando los mercados tienden al alza o a la baja.

## Spread de las opciones

Todas las estrategias de las opciones mencionadas funcionan adecuadamente sobre la base de la difusión. Los diferenciales de las opciones pueden describirse como posiciones de opciones tomadas en el mercado. Estas posiciones incluyen las funciones de compra y venta de contratos de opciones al mismo tiempo. El objetivo de utilizar los diferenciales de opciones es crear perfiles distintos con un resultado deseable. Estos también se conocen como gráficos de riesgo.

Todas las variadas estrategias de opciones se derivan de estos perfiles de pago. La comprensión de las tiradas y su funcionamiento, incluyendo las diferentes mecánicas, facilita la comprensión de las diferentes estrategias, así como la mecánica que hay detrás de ellas.

## Terminología utilizada en el trading de opciones avanzado

A medida que continúe educándose sobre el trading de opciones avanzado, es necesario que aprenda más sobre la terminología y las definiciones pertinentes. A continuación se presentan algunos términos de uso común sobre los que deberías aprender. Estos términos le ayudarán a entender la mecánica de las opciones y cómo funcionan. Como inversor o trader, debería esforzarse por aprender más sobre estos términos y definiciones.

*Un spread:* Un spread puede definirse como una orden colocada por un trader a un corredor con instrucciones de comprar o colocar dos opciones al mismo tiempo. El corredor, a través de la plataforma que usted elija, implementará las instrucciones y podrá realizar las órdenes.

El término "spreads" también puede referirse al proceso de cobertura o a la apertura específica de una posición cubierta. Como trader, si usted es alcista en una opción, entonces comprará una opción alcista de spread de compra con la esperanza de que el precio de la opción suba para que luego la venda para obtener una ganancia.

*Cobertura:* El término "cobertura" se refiere a la compensación, total o parcial, de los riesgos que se corren cuando se invierten los fondos en opciones y, por lo tanto, se mantiene una posición. Por ejemplo, se puede comprar una opción que es una empresa arriesgada y luego vender otra opción para minimizar los riesgos, aunque esto también reduce la rentabilidad. Las posiciones cubiertas también se conocen como "spreads".

*Derivado:* El término derivado se refiere a instrumentos como las acciones cuyo precio o valor depende del precio de otro. Esto implica que el precio de la acción se deriva básicamente del precio de otra acción, o de la acción, o del Forex. Por ejemplo, las opciones son derivados porque su valor está determinado en gran medida por el valor o el precio del título subyacente.

*Liquidación en efectivo:* Cuando un comerciante ejerce una opción, no transfiere las acciones, sino que el valor de la opción se transfiere en forma de efectivo al propietario por parte del vendedor. Por lo tanto, el vendedor de la opción no transferirá acciones sino que transferirá efectivo.

*Equivalencia:* Se trata de un concepto en el comercio de opciones en el que dos posiciones variadas pueden ser diferentes debido al precio pero en realidad muy similares debido a la relación riesgo-rendimiento. Cuando la relación entre el riesgo y la recompensa es la misma, el término utilizado para significar esto es una equivalencia.

*Dentro del mercado:* Este término se refiere al valor real de la oferta y la demanda para una sola extensión u opción. Por lo general, es más estrecho en comparación con el precio publicado en el mercado. Básicamente, si quieres comerciar, no necesitas aceptar los precios ofrecidos, pero en realidad puedes hacerlo mejor.

*NBBO:* Este término se refiere a la Mejor Oferta Nacional. En realidad debería ser un término para principiantes, pero desafortunadamente, no lo es.

*Interés abierto*: El interés abierto implica simplemente el número total de diferenciales de opción que están abiertos y activos pero que aún no han expirado o están cerrados por los operadores del mercado.

*Riesgo de asentamiento:* Esto se refiere básicamente al riesgo relacionado con la gestión de una posición cuando se depende del precio de apertura determinado por los mercados. También podemos referirnos al riesgo de liquidación como el beneficio que se pierde o se gana al acordar el precio de liquidación tal y como es el tercer viernes de cada mes y no el que se determina los jueves como en las opciones de estilo europeo.

## El precio de las opciones

Es crucial que entiendas exactamente cómo se valoran las opciones. En general, el precio de las opciones constará de 2 componentes. Estos son el valor intrínseco y el valor extrínseco. Sabemos, por ejemplo, que el precio intrínseco depende generalmente del valor del precio de la carrera basado en el valor de la acción subyacente. Esto también se conoce como el dinero de las opciones.

Aunque entendemos cómo se llega al valor intrínseco, las cosas no están tan claras con el valor extrínseco. El valor extrínseco suele ser un factor de los mercados e incluye una medida del riesgo asumido por los comerciantes. Entonces, ¿cómo se determina este valor?

Hay numerosos factores que entran en juego cuando se venden opciones o se compran acciones. Estos factores juegan un papel crucial en la determinación del nivel de riesgo que está dispuesto a asumir. Incluyen la cantidad total de dinero necesaria para asegurar una posición, el movimiento esperado del precio de las acciones en un plazo determinado, y otros. Durante mucho tiempo, los expertos han tratado de encontrar una fórmula adecuada para calcular esta cantidad. Esta fórmula tiene por objeto tener en cuenta todos estos factores diferentes

Hay un par de modelos matemáticos en uso hoy en día que tienden a proporcionar cantidades de valores extrínsecos razonables. El "Black-Scholes" es el más conocido entre estos modelos. Este modelo está considerado como una de las fórmulas más fiables y entre las mejores soluciones para las opciones de precios. De hecho, ha ayudado a desarrollar algunas fórmulas más complejas que también se utilizan ampliamente.

El modelo BSM o Black-Scholes se centra en 5 factores extremadamente cruciales. Estos cinco factores están representados en la fórmula utilizando el alfabeto griego. Son gamma, que representa la tasa de cambio de sensibilidad, delta, que representa la sensibilidad a la tasa de cambio del valor del título subyacente, vega, que representa la volatilidad, theta, que representa el tiempo, y los tipos de interés, que representa rho.

Por lo tanto, utilizando el modelo Black-Scholes, los comerciantes pueden llegar al valor teórico de las opciones de compra de acciones. De esta forma, los traders podrán comparar fácilmente este valor o resultado con el valor real de las opciones tal y como se negocian en los mercados. Permite determinar si las opciones en el mercado están por debajo o por encima de su precio.

## Relación recompensa/riesgo

Como un trader de opciones serio, antes de hacer un pedido, primero debe calcular el riesgo para recompensar la ración. De esta manera, podrá determinar fácilmente si vale la pena invertir en un determinado comercio. También podrá determinar si sus objetos de inversión pueden ser satisfechos a través de las operaciones que desea realizar.

## Ciclos de expiración de las opciones

Hay determinadas acciones y valores que tienen opciones con diferentes meses de vencimiento, mientras que otras acciones y valores tienen opciones con períodos de vencimiento mayores o menores. Algunos valores tienen incluso dos conjuntos de opciones con fechas de vencimiento similares. Esto se debe básicamente a que las opciones de compra de acciones se asignan con diferentes ciclos de caducidad. Cuando se tiene una mezcla de opciones con diferentes ciclos de expiración, entonces se terminará con diferentes acciones y diferentes valores subyacentes, todos con diferentes fechas de expiración.

## Opciones Griegas

Los términos griegos se utilizan comúnmente en el trading de opciones. Por ejemplo, el modelo Black-Scholes utiliza cinco símbolos griegos diferentes. Estos símbolos son conocidos colectivamente por los comerciantes como los griegos o los griegos de las opciones. Aunque hay quienes, dentro de la comunidad del trading de opciones, cuestionan la exactitud del modelo "Black-Scholes", éste se utiliza ampliamente y se acepta en general como una herramienta para dar valor a las opciones de compraventa de acciones. Un gran número de estrategias de trading de opciones que son populares hoy en día se basan en este modelo.

## Delta Neutral Trading

Los fundamentos del trading de opciones han enseñado a los traders cómo beneficiarse de todos los tipos de condiciones del mercado, incluidas las tendencias al alza y a la baja. Esto es mediante el uso de diferentes estrategias de opciones con fines comerciales. Sin embargo, también es posible llegar a posiciones en el mercado de valores que son independientes del movimiento de precios de las acciones subyacentes.

Estas son generalmente conocidas como posiciones neutrales delta. A los traders les encantan las posiciones neutrales delta en el mercado porque son capaces de determinar de forma adecuada y precisa las posiciones que compensarán cualquier movimiento de precios del valor subyacente. Esas posiciones permiten a los traders beneficiarse del aumento de la volatilidad implícita de la seguridad subyacente. Los operadores también se benefician del declive temporal general de las posiciones que mantienen. Básicamente, significa que puedes tener una posición 100% ganadora, que es lo que a todo comerciante le encantaría.

## Volatilidad implícita

Hay dos factores que afectan al precio de las opciones más que todos los demás. Se trata de la volatilidad implícita y el valor de las acciones subyacentes. Lo que afecta en gran medida al valor extrínseco de una opción es la volatilidad implícita de un título, mientras que el precio del título subyacente afecta a su valor intrínseco. De ello se desprende que, a medida que aumenta el valor de la volatilidad implícita, aumenta también el precio de la opción, principalmente debido a un aumento del valor extrínseco.

La demanda también afecta en gran medida a la volatilidad implícita. Básicamente, cuando hay una gran demanda de una acción o de sus opciones afiliadas, siempre hay un aumento de la volatilidad implícita. La volatilidad IV o implícita abre las puertas a otras empresas rentables también. Una de ellas es la especulación, especialmente sobre la volatilidad futura. Básicamente, cuando se compran opciones sobre acciones y la volatilidad implícita es baja, entonces es muy probable que se obtenga un beneficio decente con un rápido aumento de la volatilidad implícita. Esto es cierto incluso cuando el precio del valor subyacente no se mueve.

Otro método popular para beneficiarse de la volatilidad implícita es emitir opciones de acciones a niveles elevados de volatilidad implícita y luego cerrar estas posiciones cuando haya una reducción de la volatilidad implícita. Esto sólo muestra lo crucial que es la volatilidad implícita cuando se trata del trading de opciones, y entender el concepto es absolutamente necesario.

## Comprensión del apalancamiento de opciones

A veces los traders utilizan las opciones con fines de apalancamiento. En tales casos, es aconsejable poder calcular la palanca que se utiliza. Es importante porque los traders a veces se apalancan demasiado y esto perjudica sus operaciones. Por lo tanto, aprender sobre el apalancamiento de opciones y aplicar este conocimiento a las operaciones ayudará a evitar pérdidas significativas que de otra manera se producirían. También ayuda a evitar otras sorpresas indeseables y proporciona a los comerciantes un control suficiente, especialmente en lo que se refiere a la volatilidad de su cartera.

## Los creadores de mercado

A veces, los traders de opciones nunca se paran a pensar quién está vendiendo las diferentes opciones que compran. Sin embargo, algunos se paran y se preguntan quién podría estar perdiendo todo el dinero que siguen ganando. La mayoría de los traders están básicamente contentos de ganar dinero y no perderlo en los mercados.

Hay un grupo de especialistas en finanzas e inversiones que provienen de algunas de las grandes instituciones financieras. Estos inversores son conocidos como creadores de mercado porque son los que vienen al mercado con los fondos. Son con los que tratas y los profesionales de las finanzas que mantienen líquidos los mercados de opciones. Su presencia en los mercados asegura que siempre tendrás liquidez y podrás comprar y vender opciones cuando quieras.

Cuando los creadores del mercado entran en el mercado, hacen sus ofertas y luego compran todos los contratos disponibles en el mercado durante el día de negociación. Esto significa básicamente que nunca habrá un momento en el que no puedas comprar o vender opciones.

## Citas de nivel II

A estas alturas, sabes que como trader, tratas directamente con los creadores de mercado. Estos expertos en finanzas infunden el mercado con fondos y lo hacen líquido. En muchos casos, a los comerciantes de opciones les encantaría tener información sobre con qué traders específicos tratar, incluso directamente. Esto es incluso en casos en los que pueden ganar sólo $0.10. Esto puede parecer una cantidad diminuta, pero se suma, y la cifra final puede ser bastante impresionante.

Las cotizaciones del nivel 2 son las que los traders reciben directamente de los creadores de mercado. En el nivel 2, recibirá o verá todas las diferentes cotizaciones de la lista proporcionadas por los creadores de mercado individuales. Si usted es un trader de opciones y es un trader intradiario más que cualquier otra cosa, entonces es probable que tenga éxito operando en el nivel II. Estos son ideales para los traders de opciones que buscan hacer pequeñas pero significativas cantidades de comercio rápidamente durante el día.

## Opciones sintéticas con el trading de opciones

Una de las razones por las que los traders e inversores prefieren el trading de opciones a otras formas de comercio es la flexibilidad que ofrecen. Por ejemplo, puedes convertir tus opciones de compra en opciones de venta sin tener que cerrar las posiciones que mantienes. La capacidad de alterar o transformar una posición corta en una posición larga y viceversa ofrece a los comerciantes la posibilidad de beneficiarse de las diferentes condiciones del mercado y de los entornos de mercado volátiles y rápidamente cambiantes. Esto también ayuda a reducir las comisiones que de otra manera tendrías que pagar.

El término posicionamiento sintético se refiere al proceso en el que un trader combina una posición de opción con otra o con algunas acciones para obtener un tipo diferente de diferencial de opción.

## Arbitraje de opciones

Al comerciar con opciones, también se pueden generar beneficios de forma libre de riesgos mediante el arbitraje de opciones. El término arbitraje de opciones se refiere a la situación en que un trader utiliza estrategias de opciones especiales para beneficiarse de las discrepancias en los precios de las opciones.

Las discrepancias de precios ocurren, pero son muy raras y sólo ocurren ocasionalmente. Cuando se producen, muchos comerciantes se apresuran a beneficiarse rápidamente. El arbitraje de opciones proporciona básicamente una fuente fiable de beneficios sin riesgo cuando se comercia con opciones.

## Estilos de trading de opciones

El trading de opciones en los mercados son un método versátil que permite a los traders comerciar en una variedad de estilos y metodologías. Para ser un exitoso trader de opciones, usted necesita identificar y seleccionar un estilo de comercio que se ajuste a su estilo de vida así como a su personalidad. Esto es crítico si quieres tener éxito como trader. Si cometes errores y seleccionas el estilo equivocado, entonces tus hazañas comerciales sufrirán mucho, y no tendrás un rendimiento tan bueno como el que tendrías si hubieras seleccionado el estilo correcto.

De hecho, una de las principales razones por las que la mayoría de los principiantes fracasan es porque a menudo seleccionan los estilos de comercio equivocados. Cuando entiendes los diferentes estilos de trading y luego eliges el correcto para ti es absolutamente crucial para el éxito del comercio. Con el estilo de trading correcto y la educación de inversión adecuada, usted debe esperar a justar bien y ser un comerciante de éxito en los próximos años.

## Legado de opciones

Como un trader avanzado que trata con estrategias complejas, tendrás que aprender sobre el legado. Básicamente, deberías aprender a poner las piernas en una posición. El legado es una habilidad comercial crucial que debes dominar. Como trader que opera con estrategias complejas con múltiples patas, a veces necesitará aplicar técnicas de patas para obtener mejores resultados.

Cuando usted se coloca en una posición, permite que cada aspecto de su estrategia comercial reciba un precio atractivo que definitivamente aumentará sus beneficios. En algunos casos, durante el trading de opciones, los márgenes de beneficio pueden ser tan diminutos que el "legado" puede ser el catalizador para elevar la rentabilidad a niveles significativos.

## Asignación de opciones

Como trader de opciones, es importante que comprenda el hecho de que las posiciones que tiene en el mercado con respecto a sus opciones podrían asignarse fácilmente antes de su vencimiento a otros. Esto es cierto especialmente si se están colocando spreads de crédito o estrategias de opciones de escritura. La asignación de opciones se realiza automáticamente en cualquier momento siempre que las opciones no hayan expirado.

## Estrategias avanzadas de trading de opciones

Hay muchas estrategias de trading de opciones. Estas van desde las estrategias de nivel más básico a las de nivel más avanzado. Las estrategias simples de una sola pierna son operadas principalmente por principiantes y traders novatos, mientras que las estrategias complejas de múltiples piernas son el foco de atención de los traders experimentados.

Todas las opciones se basan en los dos tipos más básicos. Estas son la opción de compra y la opción de venta. Cada uno tiene sus propios méritos y deméritos en lo que respecta al comercio.

Sin embargo, a estas alturas ya eres profesional y ya tienes experiencia en las opciones de compra y venta.

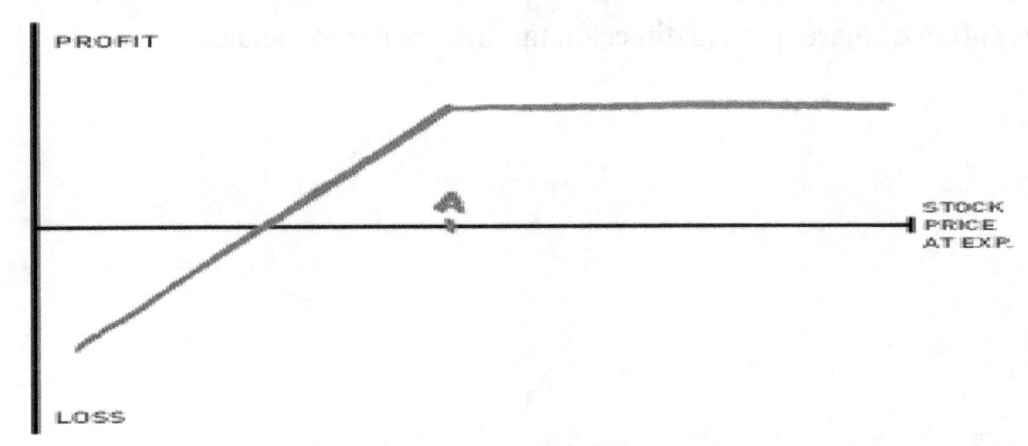

*1. Bull call spread:* Esta es una opción que empareja las opciones de llamada de corto de alto strike y las de bajo strike. Ambos tienen las mismas acciones subyacentes así como la misma fecha de vencimiento compartida. Esta estrategia de difusión de opciones apuesta por la esperanza de que el valor del título subyacente suba. Sin embargo, no necesariamente se elevará a niveles que estén muy por encima del precio de la huelga de llamadas cortas.

Para obtener mayores ganancias porcentuales, esta estrategia de trading de opciones pondrá un tope al potencial alcista a través de la compra de una opción de compra. La cartera está protegida por la llamada larga de todo tipo de problemas que pueden resultar de la llamada corta.

*2. Bear put spread:* Aunque esta estrategia es muy parecida a la del diferencial de la llamada "bull call", es diferente de alguna manera porque cuenta con una caída mínima del precio de la acción subyacente pero no con un aumento de precio. Este es un put spread que combina un put corto inferior con un put largo superior.

La perspectiva con esta estrategia es que el precio caerá y no subirá aunque el precio no caiga muy lejos del precio de ejercicio más bajo. El potencial alcista del comercio se limita a cambio de un mejor porcentaje de los beneficios que el de la compra de la opción de venta.

*3. The long straddle:* Esta es una opción que combina una larga llamada que está en el dinero con una larga puesta que también está en el dinero. Estas dos opciones tienen el mismo valor subyacente, así como las mismas fechas de vencimiento. La larga distancia cuenta con que el precio de las acciones se mueva significativamente en cualquier dirección. Sin embargo, el comerciante no está muy seguro de cuál será el movimiento.

*4. The long strangle:* El estrangulamiento largo es muy similar al "long straddle" porque empareja una opción de compra larga con una opción de compra larga y ambas comparten las mismas fechas de vencimiento. La diferencia aquí es que las opciones no están en el dinero sino fuera del dinero. Este comercio específico cuenta con el hecho de que el valor de las acciones subyacentes subirá o bajará, pero la dirección también es desconocida.

# Capítulo 1: Estrategias de trading de opciones

Si quiere ser una opción rentable de trading, tendrá que utilizar estrategias más avanzadas. Estas estrategias son aconsejables debido a una serie de factores. Además de mayores beneficios, también ayudan a contener las pérdidas y a hacer ajustes si es necesario. Aprender estas estrategias definitivamente te llevará adelante del resto y te mantendrá ahí.

## Skip Strike Butterfly Spread with Calls

Podemos describirla como una estrategia que consiste en cuatro opciones de llamadas diferentes pero con tres partes distintas. Cuando se trata de opciones de llamadas avanzadas, nos gusta considerar cuatro precios de ejercicio distintos. Estos precios son A, B, C y D, donde D es el precio más alto, pero A es el más bajo.

Un trading crea una mariposa de salto largo con la estrategia de opciones de compra comprando al precio de ejecución A "una opción de compra", evitando el precio de ejecución C pero vendiendo dos opciones de compra al precio de ejecución B y comprando al precio de ejecución D una opción de compra adicional. Todos los diferentes precios de ejercicio son equidistantes entre sí, y las opciones de compra tienen fechas de vencimiento similares.

| Example of long skip-strike butterfly spread with calls | |
|---|---:|
| Buy 1 XYZ 95 call at 8.40 | (8.40) |
| Sell 2 XYZ 100 calls at 4.80 | 9.60 |
| Buy 1 XYZ 110 call at 0.95 | (0.95) |
| Net credit = | 0.25 |

## Ejemplo

Observamos en el ejemplo que primero el comerciante compra una opción de 95 llamadas y luego vende dos llamadas a 100 antes de comprar eventualmente otra opción de compra a 110.

El ejemplo anterior indica claramente que se trata de una estrategia avanzada, básicamente porque los costos en que se incurre son bastante elevados y el máximo riesgo posible es relativamente alto en términos de porcentaje. Los costos incurridos incluyen numerosas comisiones que deben ser pagadas en base a los tres precios de huelga distintos. Además, parte de los costos son los tres márgenes de oferta y demanda en los que se incurre al abrir y cerrar posiciones. Por eso es esencial que los traders se aseguren de que todas las posiciones abiertas o cerradas estén a lo que se considera un buen precio. Las comisiones también deben considerarse cuidadosamente porque es probable que tengan un impacto en los beneficios.

## Máximo beneficio

Experimentarás un beneficio máximo con esta estrategia cuando el beneficio sea igual a la diferencia de precio entre los créditos netos iniciales más el precio de ejercicio asociado a las dos llamadas cortas y luego restado del precio de ejercicio más bajo o de la opción de compra larga. También puede ser equivalente al precio de ejercicio más bajo de la estrategia menos el precio de ejercicio asociado a dos llamadas cortas menos las comisiones y la deuda neta inicial.

Recibirá el máximo beneficio cuando el precio del título subyacente al vencimiento sea equivalente a un precio de ejercicio asociado a las llamadas en corto. Por ejemplo, en nuestro ejemplo anterior, la diferencia entre el precio de ejercicio de las llamadas cortas y el precio de ejercicio más bajo es de 5 dólares, mientras que el crédito neto al inicio es de 0,25 dólares, pero sin ninguna comisión. En nuestro caso, por lo tanto, la cantidad es de 5,25 dólares, incluidas las comisiones.

## Máximo riesgo con esta estrategia

Cuando se negocian opciones usando esta estrategia, se puede esperar el máximo riesgo que puede ser posiblemente equivalente a la diferencia de precio entre la llamada larga o el precio de ejercicio más alto y el precio de ejercicio asociado a dos llamadas cortas menos el mayor beneficio posible.

A veces, las posiciones se mantienen para el débito neto/crédito neto. En el ejemplo anterior, la situación es un crédito neto. Por consiguiente, podemos esperar que se produzca la máxima pérdida posible cuando el valor de las acciones subyacentes, al vencimiento, sea equivalente o superior al mayor precio de ejercicio.

En la situación anterior, observamos que la diferencia entre el mayor precio de ejecución y las llamadas cortas es de 10 dólares, mientras que el máximo beneficio como se ha señalado anteriormente es de 5,25 dólares sin comisiones. Por lo tanto, la máxima pérdida posible en nuestra situación es de 10 dólares - 5,25 dólares = 4,75 dólares.

## Skip Strike Butterfly Spread with Puts Strategy

Esta es una estrategia de trading de opciones avanzado que tiene cuatro opciones de put distintas y es en realidad una estrategia de tres partes. Esta mariposa saltarina específica untada con opción de venta se crea a través de la compra de una opción de venta al precio de ejecución A, dejando fuera el precio de ejecución B, la disposición de dos opciones de venta al precio de ejecución C, y finalmente la compra de otra opción de venta al precio de ejecución D. En este caso, los precios de ejercicio están igualmente espaciados entre sí, mientras que todas las opciones de venta tienen fechas de vencimiento similares.

| Example of long skip-strike butterfly spread with puts | |
|---|---:|
| Buy 1 XYZ 110 put at 8.25 | (8.25) |
| Sell 2 XYZ 105 puts at 4.65 | 9.30 |
| Buy 1 XYZ 95 put at 0.70 | (0.70) |
| Net credit = | 0.35 |

En el ejemplo anterior, observamos que se compra una sola opción de venta al precio de ejecución de 95 dólares, dos opciones de venta al precio de ejecución de 105 dólares y una opción de venta al precio de ejecución de 110 dólares. Los 100 dólares de precio de huelga no ven ninguna actividad y se saltan. La disposición en la posición anterior se establece para un crédito neto, lo que significa que se limita tanto el riesgo máximo como los beneficios máximos posibles. Consideramos que esta estrategia es avanzada, ya que el riesgo más alto posible es un gran porcentaje, y los gastos de establecimiento del diferencial también son altos. La estrategia tiene numerosas comisiones que deben ser pagadas, tres precios de ejercicio y tres márgenes de oferta y demanda. Por ello, es crucial asegurarse de que se abran posiciones a lo que se considera buenos precios y asegurar el costo de las comisiones, ya que éstas pueden ser bastante costosas.

## Máximas ganancias y pérdidas

Cuando se aplica esta estrategia, el máximo beneficio que se puede obtener es equivalente a la diferencia de precio entre el crédito neto inicial añadido a las dos opciones de venta cortas y el precio de ejercicio más alto o menos que la deuda neta inicial, así como todas las comisiones adeudadas. Cuando el precio de las acciones sea equivalente al precio de ejercicio de las opciones de venta al vencimiento, obtendrás este beneficio.

La mayor pérdida en la que se puede incurrir es básicamente equivalente a la diferencia de precio entre el precio de ejercicio más bajo y el de los dos "short puts" menos el beneficio total posible.

## Inverse Skip Strike Butterfly with Calls Option

El propósito de esta estrategia de opciones específicas es beneficiarse cuando el precio del título subyacente sube más que el del mayor precio de ejecución, sin casi ningún riesgo en caso de que el precio del título subyacente caiga por debajo del menor precio de ejecución. La toma de beneficios está sujeta a la toma del riesgo medido de una gran pérdida porcentual en caso de que el precio de la acción subyacente se aproxime al precio de ejercicio de las llamadas largas.

## Definición

Se trata de una estrategia de trading de opciones con tres partes distintas y con cuatro opciones de compra. Como con otras estrategias de opciones avanzadas, asumimos una situación con cuatro precios de ejercicio que son A, B, C, y D.

Creamos la estrategia con opciones de compra mediante la venta de una opción de compra al precio de ejercicio D, eliminando el precio de ejercicio C, comprando dos opciones de compra al precio de ejercicio B y vendiendo una sola opción de compra al precio de ejercicio A. En este caso, todos los precios de ejercicio están espaciados por igual mientras que las opciones de compra tienen fechas de vencimiento similares.

Evidentemente, se trata de una estrategia de trading de opciones avanzado, ya que el porcentaje de riesgo más alto posible es elevado, así como los costos asociados al establecimiento de la estrategia son significativos. Hay muchas comisiones que deben pagarse en base a los tres precios de huelga. Además de esto, hay tres diferenciales de compra y venta que se producen durante la apertura y el cierre de las posiciones. Por eso es aconsejable asegurarse de que las posiciones se abran y también se cierren a precios que se consideren buenos.

## Máximas ganancias y máximas pérdidas

Como trader de opciones que implementa esta estrategia específica, su máximo beneficio posible es generalmente equivalente al mayor precio de ejecución menos el riesgo total posible menos el precio de ejecución de las dos llamadas largas.

Cuando se establece una posición en el mercado a efectos de un débito neto, entonces hay dos posibles resultados. Una situación en la que el precio de las acciones subyacentes es equivalente o superior al mayor precio de ejecución es que se obtendrá la ganancia o beneficio total que se pueda obtener. Sin embargo, cuando el precio de la acción es el mismo al vencimiento que el precio de ejercicio más bajo, entonces todas las llamadas expirarán sin valor, y en este caso, el débito neto original utilizado para establecer las posiciones se perderá.

Cuando se establece esta posición en el mercado de un crédito neto, entonces se obtendrá la máxima rentabilidad cuando el precio de la acción subyacente, al vencimiento, sea superior o equivalente al precio de ejercicio más alto.

La máxima pérdida posible en la que puede incurrir en este comercio es la misma que la diferencia entre el precio de ejercicio de 2 llamadas largas y el precio de ejercicio más pequeño añadido a una deuda original incurrida al establecer la posición o menos el crédito inicial incurrido así como las comisiones pagadas.

## Inverse Skip Strike Butterfly with Puts

La estrategia contiene cuatro opciones de puesta y es esencialmente una estrategia de tres componentes. Al igual que con otras estrategias de opciones complejas, consideramos una situación con cuatro precios de ejercicio distintos. Estos son los precios de huelga A, B, C y D, donde A es el precio de huelga más grande y D el más pequeño.

Creamos ésta estrategia vendiendo una opción de venta de una sola huelga al precio de huelga A, dejando fuera el precio de huelga B por completo, comprando dobles opciones de venta al precio de huelga C y vendiendo finalmente una opción de venta única al precio de huelga D. En este caso, los cuatro precios de huelga A, B, C y D están espaciados por igual mientras que todas las opciones de venta comparten una fecha de vencimiento similar.

## Propósito

El propósito de esta estrategia específica de trading de opciones avanzadas es beneficiarse de la caída del precio de una acción a niveles que están por debajo del precio de ejercicio más bajo y casi sin riesgo alguno en caso de que el precio de la acción aumente a niveles muy por encima del precio de ejercicio más alto. Al mismo tiempo, asumiendo el riesgo de mayores pérdidas en caso de que el precio de las acciones subyacentes se negocie a niveles cercanos a los precios de ejercicio de las opciones de venta largas.

## Ejemplo

| | |
|---|---:|
| Sell 1 XYZ 110 put at 8.25 | 8.25 |
| Buy 2 XYZ 105 puts at 4.65 | (9.30) |
| Sell 1 XYZ 95 put at 0.70 | 1.45 |
| Net debit = | (0.35) |

En el ejemplo indicado arriba, vendemos en 95 Put, evitamos el precio de ejercicio de 100, compramos dos 105 Put y vendemos un 110 Put. Como tal, establecemos una posición para el débito neto. En este caso, hay una limitación tanto en la rentabilidad como en las pérdidas y la configuración resulta en un débito neto.

Podemos observar que esta es una estrategia avanzada ya que los costos incurridos para establecer la posición son relativamente altos, y también, el riesgo total al que el comerciante está expuesto es alto en porcentaje. Por favor, tenga en cuenta que hay múltiples comisiones que deben ser pagadas. Hay tres precios de ejercicio que también requieren fondos, así como los márgenes de oferta y demanda que deben ser financiados al cierre y la apertura. Debes tener en cuenta todas las comisiones por contrato porque pueden tener un gran impacto en la rentabilidad.

## Máximas ganancias y máximas pérdidas

En este caso, disfrutará de los máximos beneficios cuando la diferencia entre el precio de ejercicio de los "dual long puts" y el precio de ejercicio más bajo menos el riesgo máximo.

Ahora, la posición establecida en nuestro ejemplo anterior es para un débito neto. En nuestro caso, obtenemos un beneficio máximo cuando, al vencimiento, el "precio de las acciones" es inferior o equivalente al precio de ejercicio más bajo. Cuando miramos la situación anterior, podemos calcular el beneficio como el precio de huelga de largo pone menos riesgo total posible menos comisiones. En nuestro caso, el beneficio total posible es de 10.00 - 5.35 = 4.65.

## Christmas Tree Butterfly with Call Options

Esta es idealmente una estrategia compuesta de tres componentes distintos con un total de seis llamadas diferentes. En el caso de cuatro precios de ejercicio distintos A, B, C y D, donde D es el precio de ejercicio más grande, mientras que A es el más pequeño, podemos utilizarlos para ayudar a establecer nuestra estrategia. También trabajamos con la situación en la que todos los precios de ejercicio están espaciados por igual entre sí y en la que las opciones de compra comparten fechas de vencimiento similares.

Aunque se parece mucho a la estrategia tradicional de la mariposa, la diferencia es que implementará esta estrategia junto con una acción subyacente que se negocia al precio de ejercicio A. Como comerciante, debe estar atento a los pequeños movimientos ascendentes.

Para crear esta posición, compraremos llamadas duales al precio de ejecución D, luego venderemos tres opciones de compra al precio de ejecución C, no usaremos el precio de ejecución B, y luego compraremos una opción de compra única al precio de ejecución A. Recuerde que todas las llamadas de esta estrategia tienen fechas de vencimiento similares, y los precios de ejecución son todos equidistantes.

La posición podría establecerse para un débito neto. Además, hay que considerar que esta estrategia es avanzada, básicamente porque los costos son bastante altos. La estrategia consiste en múltiples márgenes de oferta y demanda, así como numerosas comisiones que deben pagarse al abrir y cerrar posiciones.

Debido a los altos costos, es aconsejable asegurarse de que todas las posiciones se ingresen a buenos precios porque las comisiones y los costos afectarán la rentabilidad. Por eso también es una buena idea tener en cuenta las tarifas de la comisión que se cobra por contrato.

## Máximas ganancias y máximas pérdidas

Cuando se aplica esta estrategia comercial, se puede esperar una máxima rentabilidad que equivale al precio de ejercicio de todas las llamadas en corto menos el precio de ejercicio más bajo y se restan todos los gastos incurridos en la elaboración de la estrategia, así como todas las comisiones cobradas. Obtendrá este beneficio si el precio del título subyacente será equivalente al precio de ejercicio al vencimiento de las llamadas en corto.

Por otra parte, se incurrirá en el máximo riesgo o pérdida cuando la pérdida sufrida sea igual al total de los gastos incurridos en el establecimiento de la estrategia. Generalmente hay vías para el máximo riesgo posible. Supongamos que el precio de las acciones subyacentes está muy por debajo al vencimiento que el del precio de ejercicio más bajo. En tal caso, las opciones de compra expirarán sin valor, por lo que la inversión o los pagos realizados para establecer las posiciones se perderán.

Por otro lado, podemos sufrir una pérdida máxima cuando, al vencimiento, el valor de la acción subyacente es superior al mayor precio de ejercicio, las opciones de compra estarán en el dinero por lo que la posición expirará con un valor de cero. Por lo tanto, en este caso, todos los gastos incurridos, incluidas las comisiones pagadas, desaparecerán.

## Christmas Tree Butterfly Spread with Put Options

Estas estrategias pueden definirse como una estrategia de trading de opciones que consiste en tres componentes distintos y seis componentes individuales. Supongamos una situación en la que tenemos cuatro precios de ejercicio diferentes, a saber, el precio de ejercicio A, B, C y D, siendo A el más bajo y D el más alto.

Podemos esta estrategia comprando dos opciones de venta al precio de ejercicio A, vendiendo opciones de venta triples al precio de ejercicio B, eliminando el precio de ejercicio C por ahora, y comprando una sola opción de venta al precio de ejercicio D. En nuestro caso, los precios de ejercicio están todos igualmente espaciados entre sí, y las opciones tienen todas la misma fecha de vencimiento.

Los traders crean y utilizan esta estrategia cuando desean beneficiarse de la acción de precios neutros de las acciones con un riesgo mínimo cuando están muy cerca del precio de ejercicio de las opciones de venta en corto. Podemos considerar esta estrategia como una estrategia avanzada en general porque las acciones tienen un precio elevado.

Una observación detallada revela que hay múltiples márgenes de oferta y demanda y comisiones a pagar por las seis opciones y los tres precios de ejercicio.

| Example of long Christmas tree spread with puts | |
|---|---:|
| Buy 1 XYZ 110 put at 8.25 | (8.25) |
| Sell 3 XYZ 100 puts at 2.10 each | 6.30 |
| Buy 2 XYZ 95 put at 0.70 each | (1.40) |
| Net debit = | (3.35) |

En nuestro ejemplo anterior, observamos que nuestra posición está establecida para un débito neto. También observamos que tanto el riesgo máximo como el potencial de beneficio son limitados. Además, la posición requiere que se compre una opción de 110 Put, se vendan tres opciones de 100 Put, se saltee el precio de ejecución de 105 y se compre un par de 95 Put.

## Máximas ganancias y máximas pérdidas

Cuando se aplica esta estrategia, la mejor perspectiva de beneficios es similar a la diferencia de precio entre los tres precios de ejercicio de las opciones de venta cortas y el precio de ejercicio de las opciones de venta largas, menos el costo de establecer la estrategia, incluyendo las comisiones debidas. Obtendrá esta ganancia cuando al vencimiento, el valor del título subyacente sea equivalente al precio de ejercicio de la opción de venta al descubierto.

Un riesgo máximo o una pérdida mayor sólo incluye el costo total de la elaboración de toda la estrategia que incluye la compra de las opciones y las comisiones debidas. Por lo general, hay dos posibles resultados para una pérdida máxima. El primer caso en que el "precio del valor de las acciones subyacentes" al vencimiento cae por debajo del precio de ejercicio más bajo o menor. Todas las apuestas, en este caso, estarán en el dinero y al vencimiento, la posición del spread no valdrá nada.

Por otra parte, cuando el valor de la acción subyacente es mayor que el mayor precio de ejecución al vencimiento, entonces las opciones de venta expirarán sin valor, y el costo de establecer la posición, y las comisiones debidas serán todos gastos incurridos sin razón.

## Long Condor Spread with Call Options

Podemos definir la larga propagación del cóndor con opciones de llamada como una estrategia de opciones con cuatro componentes distintos. Esta estrategia se crea vendiendo una opción de compra con un precio de ejercicio más alto, comprando una opción de compra a un precio de ejercicio más bajo, y luego comprando otra opción de compra con un precio de ejercicio mucho más alto, y vendiendo otra opción de compra a un precio de ejercicio aún más alto.

Todas las llamadas aplicables en esta estrategia comparten fechas de caducidad similares, mientras que los precios de ejercicio están todos igualmente espaciados. El propósito principal de la estrategia es beneficiar al trader de la acción de precios de las acciones neutrales entre los precios de doble huelga en el medio de la posición. Esta posición tiene riesgos limitados. Por lo tanto, tendrá que asegurarse de que el valor de la seguridad subyacente al vencimiento se encuentre en algún punto en medio de los dos ataques de llamada corta.

Hay otra forma de ver esta estrategia. Puedes pensar en esta estrategia como un diferencial de débito o un diferencial de opción de compra (bull call) que está en el dinero. Está acoplado a un diferencial de crédito o de llamada al oso que está fuera del dinero. El spread de la llamada alcista está a un precio de ejercicio más bajo comparado con el spread de la llamada alcista. Se invierte en este tipo de opción cuando se espera muy poco o absolutamente ningún movimiento en la acción subyacente. Como tal, puede esperar beneficiarse cuando el precio de las acciones se encuentre entre las dos llamadas cortas al vencimiento.

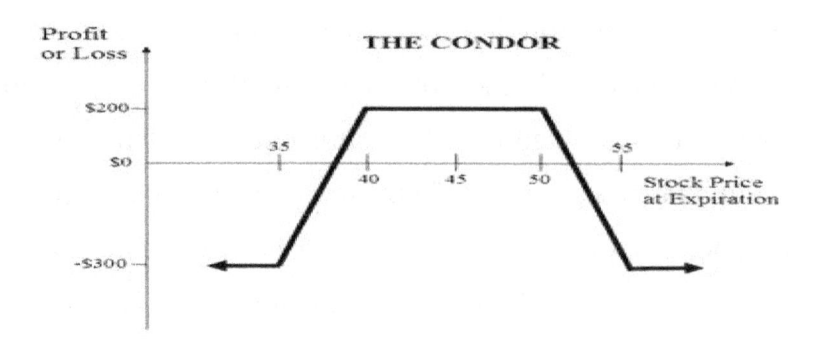

## Perspectiva de pérdidas y ganancias

La estrategia de propagación de cóndores a largo plazo con opciones de llamada se establece generalmente para un débito neto con pérdidas y beneficios limitados. Se puede esperar un máximo de beneficios cuando la llamada larga de la huelga más baja tiene un valor equivalente a su valor más alto posible. El beneficio se calcula como la diferencia entre los dos precios de huelga menos el costo de establecer la posición incluyendo las comisiones pagadas.

El riesgo de pérdida máxima se produce cuando se sufre una pérdida de todos los gastos incurridos en la creación del puesto, incluidas todas las comisiones que deben pagarse. Usted incurrirá en esta pérdida total cuando el valor de las acciones subyacentes sea superior al mayor precio de ejercicio al vencimiento. Al expirar la posición del spread, la estrategia expirará sin valor, y todo el dinero puesto en las posiciones de adquisición y todas las comisiones pagadas se perderán.

## Precio de equilibrio al vencimiento

Tienes dos puntos de equilibrio con esta posición. Está la posición de equilibrio superior y luego está la posición de equilibrio inferior. El punto en el que el valor de las acciones subyacentes equivale al mayor precio de ejercicio menos los costos incurridos en la creación de la posición es el punto de equilibrio superior. También tenemos el punto de equilibrio más bajo que se produce cuando el precio de las acciones subyacentes es similar al precio de ejercicio más bajo, así como todas las comisiones cobradas.

## La mejor previsión del mercado

Los traders a menudo quieren capitalizar las posiciones que toman en el mercado. Si implementas esta estrategia, entonces puedes esperar disfrutar de los mejores retornos cuando el precio de las acciones al vencimiento esté entre los precios de la huelga del centro. Debería ser capaz de predecir un movimiento neutral del precio de las acciones dentro de los niveles de beneficio más altos.

Cuando el valor de la acción subyacente se encuentra por debajo o por encima del rango aceptado para el mayor beneficio en el establecimiento de la posición, entonces los operadores deberían ser capaces de predecir la dirección en la que se moverá la acción subyacente para entrar en el rango determinado para el máximo beneficio.

## Estrategia

Si un trader pronostica el movimiento de una acción en la región de máximo beneficio posible, entonces la opción de la propagación del cóndor a largo plazo con llamadas es la mejor estrategia a aplicar. Generalmente, la estrategia de propagación del cóndor a largo plazo se beneficia del decaimiento del tiempo. Por lo tanto, con poco movimiento del mercado, este tipo de montaje puede ser muy rentable.

Sin embargo, las posibilidades o riesgos de perder esta estrategia son limitados. Como trader, sólo vas a perder el dinero invertido. Esto es diferente a otras estrategias como el estrangulamiento corto y la travesía corta. En comparación con la estrategia de la horquilla corta así como con la del estrangulamiento corto, la propagación del cóndor largo tiende a tener un potencial de beneficio muy limitado. Otro aspecto de esta posición es que las comisiones de propagación de los cóndores son significativamente más altas en comparación con las de otras estrategias, como el estrangulamiento y la transgresión.

Básicamente, esta estrategia de opción de compra de cóndores largos y los cóndores largos, en general, son bastante sensibles a la volatilidad. Cuando la volatilidad aumenta, el valor de las opciones de compra de cóndores tiende a caer, mientras que aumenta cuando hay poca volatilidad. Muchos operadores prefieren colocar esas posiciones justo antes de los informes de ganancias porque la volatilidad de las opciones tiende a disminuir significativamente después de esos informes.

En los casos en que los traders programan sus posiciones con precisión, los beneficios potenciales son considerablemente altos, mientras que los riesgos que entrañan son muy limitados y sólo afectan a los fondos invertidos en la creación de la posición, así como a las comisiones pagadas. Para tener éxito en la aplicación de esta estrategia, es crucial que el valor de las acciones se mantenga en el medio del precio de ejercicio superior y el precio de ejercicio inferior. Las pérdidas se sufrirán cuando el valor de las acciones supere cualquiera de estos precios de ejercicio.

A veces, la volatilidad tiende a ser constante con poco o ningún movimiento. En esos casos, la larga propagación del cóndor con opciones de compra generalmente no experimentará un aumento de precio. Como tales beneficios no serán realmente visibles hasta que la posición esté a punto de expirar y el valor de las acciones esté en algún lugar entre los dos precios de ejercicio. Esto contrasta fuertemente con el estrangulamiento corto y la corta distancia.

Cuando haya poca o ninguna volatilidad en el valor subyacente, se podrá ver algún beneficio incluso cuando se acerquen las fechas de vencimiento. Esto, sin embargo, depende sobre todo de que el precio esté entre los dos precios de huelga.

## La disciplina comercial y la paciencia son esenciales

Cuando se colocan estrategias de comercio tan avanzadas, es necesario recordar la disciplina de comercio y también ser paciente y dejar que la estrategia se lleve a cabo. La paciencia es una virtud necesaria en la ejecución de este oficio, ya que se trata de una estrategia cuyo éxito depende de la decadencia del tiempo. Por otra parte, la disciplina comercial es crucial, ya que es probable que se produzcan pequeñas alteraciones en el precio del valor subyacente, que pueden afectar en gran medida al precio general de la posición del cóndor.

## Long Condor Spread with Options Puts

Otra estrategia es ésta Se trata de una estrategia de trading de opciones que consta de cuatro partes distintas. Como trader, usted llegará a esta estrategia de difusión vendiendo una opción de venta que tiene un precio de ejecución más bajo que comprando una sola opción de venta a precios de ejecución altos, vendiendo otra opción de venta a un precio de ejecución aún más bajo y luego comprando otra opción de venta a un precio de ejecución más bajo.

Como en todos los casos, todas las puestas en esta estrategia comparten la misma fecha de vencimiento, mientras que todos los precios de ejercicio están espaciados a distancias iguales. Establecemos esta estrategia para un débito neto y observamos que los riesgos de rentabilidad y pérdida son limitados. Esto significa que sólo se puede ganar un poco con esta estrategia, pero sólo se pierde el dinero que se pone en caso de que la estrategia fracase.

## Máximas ganancias y máximas pérdidas

Si se aplica esta estrategia, se obtendrá el máximo beneficio si el precio de la acción subyacente se encuentra en medio de dos precios de ejercicio medio al expirar la estrategia. Al mismo tiempo, sufrirá la máxima pérdida cuando el valor de la acción subyacente esté por debajo de la cifra más baja del precio de ejercicio o por encima del precio de ejercicio más alto, tan pronto como se alcance la fecha de vencimiento.

Consideramos que es una estrategia avanzada ya que los costos de establecer posiciones son altos y porque los posibles beneficios son bastante bajos. Los costos de establecimiento son altos básicamente porque hay cuatro opciones diferentes, así como cuatro precios de ejecución. También se le pedirá que pague múltiples comisiones, así como los márgenes de oferta y demanda durante el cierre y la apertura de las posiciones. Por eso se recomienda encarecidamente que las posiciones se cierren y también se abran a los precios que se consideren aceptables. Además, como trader, debe considerar la posibilidad de realizar únicamente operaciones que tengan una relación razonable de riesgo frente a las recompensas.

## Riesgo total posible

Como con todas las demás estrategias, hay algún nivel de riesgo involucrado. Cuando se trata de la larga propagación del cóndor con putas, el riesgo total posible es igual al costo total de la estrategia más todas las comisiones pagadas. En esencia, equivale sólo a los gastos incurridos en la creación del puesto. Sin embargo, hay dos posibles resultados en esta estrategia para que se produzca la pérdida total. La primera situación es cuando el precio de las acciones subyacentes es mucho más alto que el valor al vencimiento del precio de ejercicio más alto. En este caso, las opciones de venta van a expirar sin ningún valor.

La otra situación es cuando el precio de la seguridad subyacente es mucho más bajo que el precio de ejercicio con el valor más bajo al vencimiento. Cuando se produzca esta situación, todas las opciones estarán en el dinero y, por tanto, este diferencial tendrá al vencimiento un valor neto de cero. En este caso, sufrirá una pérdida máxima que equivale al coste total de la creación del puesto y todas las comisiones pagadas.

# El precio de equilibrio al vencimiento

Nuestra situación también tiene lo que se conoce como el precio de equilibrio al vencimiento. Esta estrategia incluye dos puntos de equilibrio. Estos puntos de equilibrio incluyen el punto de equilibrio inferior y luego está el punto de equilibrio superior.

Cuando el costo de establecer la posición incluyendo todas las comisiones sumadas al precio de ejecución más bajo es igual al precio de la acción subyacente, se produce el punto de equilibrio más bajo. También tiene el punto de equilibrio superior, en el que la diferencia entre el costo de establecer la posición y el precio de ejecución más alto es equivalente al valor de la acción subyacente al vencimiento.

# Previsión del mercado

Para que esta estrategia de propagación de cóndores a largo plazo le dé el máximo beneficio, entonces el precio de las acciones al vencimiento tendrá que estar entre los precios de la huelga del centro. Para que el pronóstico adecuado que le asegure esto, necesitará tener una acción de precio neutral para la acción subyacente y dentro del rango de rentabilidad más alto.

En el caso de que el precio de la acción subyacente esté por debajo o por encima del rango de máxima rentabilidad posible al establecer la posición, será necesario que la previsión apunte hacia una dirección de movimiento del precio de la acción con la dirección dirigida en el rango de máxima rentabilidad.

Las largas dispersiones de los cóndores generalmente reaccionan a la volatilidad. Son extremadamente sensibles a la volatilidad dinámica. Cuando la volatilidad de la acción subyacente aumente, entonces el valor neto del diferencial de cóndor caerá, mientras que el valor neto del diferencial aumentará en caso de que la volatilidad de la acción subyacente caiga.

Hay traders que establecen posiciones largas de cóndor después de las predicciones y previsiones de la caída de la volatilidad. Ahora bien, las opciones son sensibles a la volatilidad. Básicamente, esta estrategia es bastante sensible a la volatilidad. Cuando la volatilidad aumenta, el valor de las opciones de compra de cóndores tiende a caer mientras que aumenta cuando hay poca volatilidad. Muchos operadores prefieren colocar esas posiciones justo antes de los informes de ganancias porque la volatilidad de las opciones tiende a disminuir significativamente después de esos informes.

En los casos en que los traders programan sus posiciones con precisión, los beneficios potenciales son considerablemente altos, mientras que los riesgos que entrañan son muy limitados y sólo afectan a los fondos invertidos en la creación de la posición, así como a las comisiones pagadas. Para tener éxito en la aplicación de esta estrategia, es crucial que el valor de las acciones se mantenga entre el precio de ejercicio superior y el precio de ejercicio inferior. Cuando el valor de las acciones excede cualquiera de estos precios de huelga, entonces se sufrirán pérdidas.

A veces, la volatilidad tiende a ser constante con poco o ningún movimiento. En esos casos, la larga propagación del cóndor con opciones de compra generalmente no experimentará un aumento de precio. Como tales beneficios no serán realmente visibles hasta que la posición esté a punto de expirar y el valor de las acciones esté en algún lugar entre los dos precios de ejercicio. Esto contrasta fuertemente con el estrangulamiento corto y la corta distancia.

## El Cóndor de Hierro

Otra estrategia de trading de opciones muy popular y utilizada comúnmente por los administradores y traders de dinero es el cóndor de hierro. Es importante entender exactamente de qué se trata el cóndor de hierro y cómo usted, como trader, puede beneficiarse de él.

## Definiendo el Cóndor de Hierro

El cóndor de hierro es una estrategia de trading de opciones que consiste en cuatro contratos distintos. Esta estrategia particular hace uso de dos despliegues verticales. Estas son una extensión de llamada y una extensión de puesta. Ambos diferenciales tienen las mismas fechas de vencimiento y la misma seguridad subyacente.

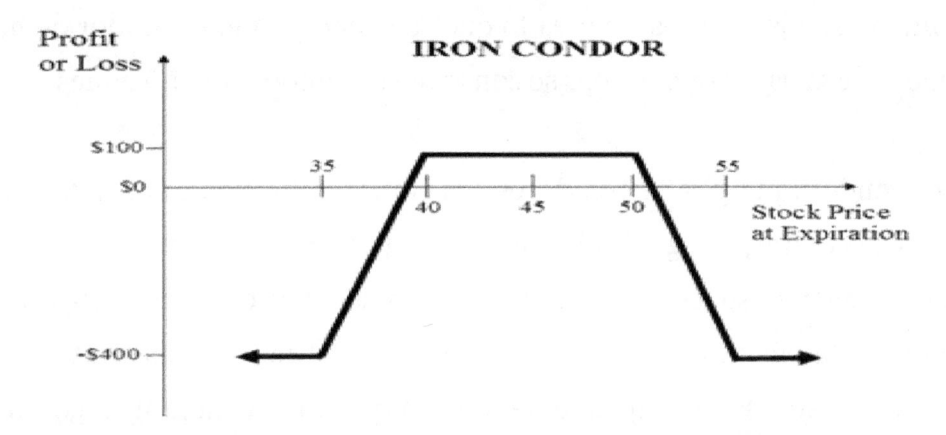

El cóndor de hierro puede ser largo o corto. El cóndor de hierro largo implica la venta de los dos lados de la seguridad subyacente. Esta venta se logra primero acortando un número similar de opciones de compra y venta y luego cubriendo todas las posiciones mediante la compra de otras opciones de compra y venta que están fuera del dinero.

Por lo tanto, si desea aplicar con éxito esta estrategia, primero venderá una opción de venta y una opción de compra que compartan una fecha de vencimiento similar y presenten el mismo valor subyacente. Presenta cuatro opciones, todas ellas fuera del dinero. Sin embargo, las opciones no tienen por qué estar necesariamente fuera del dinero.

Todos los márgenes de compra y venta están espaciados por igual, de modo que los precios de ejercicio son todos equidistantes entre sí. Por ejemplo, cuando los precios de ejercicio de dos de las opciones de compra están a 15 puntos de distancia, entonces las opciones de venta también estarán a 15 puntos de distancia. En realidad no importa cuán lejos estén las llamadas y las puestas de cada uno.

Al aplicar esta estrategia, ha sido vital recordar que la seguridad subyacente que se utiliza generalmente es un índice de mercado de base amplia. Incluso entonces, los comerciantes suelen preferir seleccionar sus propias posiciones de cóndor, siendo la seguridad subyacente uno de los índices más pequeños o algunas acciones individuales.

## El Cóndor de Hierro

El cóndor de hierro obtiene su nombre del contorno del gráfico de ganancias y pérdidas. Este gráfico se asemeja mucho a un gran pájaro como el cóndor. Por eso muchos comerciantes se refieren a las opciones exteriores como alas, mientras que las opciones interiores se denominan cuerpo. Además, el término hierro implica que la posición se construye usando tanto puts como calls, y esto se asemeja a una mariposa de hierro.

La forma en que se construye la estrategia permite tanto un cóndor largo como uno corto. Cuando se combinan los dos créditos, se crea lo que se conoce como el cóndor de hierro largo, así como la mariposa de hierro largo. Ambas se construyen usando tanto opciones de venta como de compra.

Cuando un trader vende el put y call spreads, estará comprando la estrategia de opciones Iron Condor. Después de las ventas, recogerás algo de dinero, y el dinero es esencialmente el beneficio total que puedes obtener después de establecer la posición y dejar que siga su curso. La configuración representa básicamente lo que se conoce en el mundo del comercio como una posición neutral de mercado. Esto simplemente implica que no hay ningún sesgo, ya sea bajista o alcista, con esta estrategia.

## Construcción de la posición

Como trader, construirá el spread del cóndor de hierro vendiendo un spread de opción de venta así como un spread de opción de compra con ambas opciones que presentan un valor subyacente similar y también días de vencimiento de la acción. Generalmente hay cuatro opciones que básicamente están todas fuera del dinero.

Las extensiones de cóndor de hierro pueden hacerte ganar o perder dinero. Cuando se maneja una estrategia así, obviamente se quiere obtener el mayor beneficio posible. Al principio, tu oración es que la seguridad subyacente se mantenga dentro de un rango bastante estrecho sin grandes movimientos. Esto es lo que esperas desde la apertura de la posición hasta su cierre.

Cuando las opciones expiren, no valdrán nada, especialmente si no tienen dinero. Como tal, tendrá la oportunidad de quedarse con todas las ganancias menos las comisiones adeudadas. La mayor parte de este dinero es lo que ganaste después de vender las opciones. Sin embargo, la situación no es casi nunca ideal, y las cosas no siempre funcionarán perfectamente como esperamos porque los mercados son impredecibles.

Hay situaciones en las que vale la pena perder un par de centavos o monedas de diez centavos de sus ganancias y, en cambio, cerrar una posición antes de que expire. De esta manera, podrá asegurar los beneficios y evitar así una pérdida. Esta es una forma de gestión de riesgos que es una habilidad crucial que todos los traders experimentados deberían tener.

Los mercados nunca son siempre complacientes, y a veces las cosas pueden no funcionar a tu favor. Además, incluso los valores subyacentes pueden no siempre jugar a la pelota y a veces pueden ser volátiles. Cuando se producen tales situaciones y la seguridad subyacente sufre un gran cambio de precio, le quedarán dos cosas por considerar porque tales situaciones definitivamente no son favorables para su estrategia general. Tendrá que preguntarse cuánto puede permitirse perder y cuáles son sus opciones en caso de que el mercado actúe en su contra.

## Potencial de pérdida total

Si los precios de las acciones subyacentes se mueven a un gran salto que las opciones, tanto las de compra como las de venta, expiran en el dinero, se puede incurrir en una pérdida máxima. Mientras que usted incurre en algunas pérdidas, está protegido de otras pérdidas porque esta posición no puede incurrir en pérdidas más grandes que la diferencia entre los dos precios de ejercicio.

Además, recuerde que no siempre incurrirá en las máximas pérdidas cuando pierda una posición. De la misma manera que no se obtienen los máximos beneficios cuando se tiene éxito en los negocios. En nuestro caso, hay algo de dinero hecho de la compra de opciones que puede ayudar a compensar las pérdidas.

En conclusión, las posibilidades de perder dinero pueden ser minimizadas, pero la oportunidad de obtener beneficios también se minimiza. De la misma manera, podemos aumentar la rentabilidad aunque las posibilidades de obtener beneficios se reducen cuando las opciones están fuera del dinero.

## La estrategia a largo plazo

Una técnica de largo plazo es aquella en la que se compra una opción de venta y una opción de compra, ambas con un precio de ejercicio similar y la misma fecha de vencimiento, generalmente un mes. Una posición alternativa a esto es el estrangulamiento largo.

Un estrangulamiento largo es una posición que es introducida por un trader o inversor cuando una opción de compra, que tiene un precio de ejercicio más alto, es comprada junto con una opción de venta que también tiene un precio de ejercicio mucho más bajo. En ambos casos, el objetivo aquí es que las acciones relacionadas suban lo suficiente como para generar un beneficio mucho mayor que la pérdida esperada de la opción de venta o caigan mucho más para que se obtenga un beneficio significativo.

El problema con este tipo de trading es que existe un cierto riesgo que hay que considerar. Este riesgo es que las acciones asociadas con el contrato no hagan un movimiento significativo en ninguna dirección de manera que las dos opciones pierdan su prima de tiempo debido al decaimiento del tiempo.

El punto importante a señalar en este punto es que hay un potencial de beneficio ilimitado con una larga distancia. El mayor riesgo se producirá sólo si la posición actual se mantiene hasta el vencimiento de la opción, y el título correspondiente se cierra al precio de ejecución declarado para las dos opciones.

## Costos y puntos de equilibrio

Ejemplo: Consideremos un ejemplo en el que un inversor compra una opción de venta y una opción de compra de una acción que se vende a 100 dólares y un precio de ejecución de 100 dólares. En este ejemplo, asumiremos que hay unos sesenta días hasta que las opciones lleguen al período de caducidad. Además, supongamos que las opciones de venta y de compra se negocian a 3 dólares.

Ahora, para entrar en un largo camino con estas opciones en particular, el inversor necesita separarse con un total de (100 * 3 * 4) = $1200. Cada opción individual, call y put, es por 100 acciones a 3 dólares. Así que por cada opción, tienes 100 dólares * 3 * 2 = 600 dólares. La cifra de 1200 dólares es básicamente la cantidad más alta que el inversor puede perder. Pero esta pérdida sólo puede ocurrir si las acciones se cierran exactamente a 100 dólares al expirar después de un período de 60 días.

Para una posición de equilibrio en el momento de la expiración del contrato, el precio de la acción subyacente debe ser superior a 106 dólares o inferior a 94 dólares por acción. Conseguir estos puntos de equilibrio es fácil. Simplemente añades o sustraes el precio de la larga distancia al precio de la huelga.

Por ejemplo, supongamos que el activo subyacente cerró exactamente en 106 dólares cuando el contrato de la opción expiró. Nuestro precio de ejercicio inicial de 100 dólares ascendería a 6 dólares, lo que indica una ganancia de 3 dólares. El precio de ejercicio de 100 no tendría valor, lo que indica una pérdida de 3 dólares. Estas dos posiciones distintas se compensan entre sí, lo que demuestra que no se experimenta ninguna pérdida en la posición intermedia.

# Capítulo 2: Estrategias de opciones más avanzadas

## Short Call Option

Cuando tienes una opción de compra y luego la vendes, en realidad la estás acortando. Hay numerosos beneficios de acortar las opciones de llamada. Sin embargo, también hay muchos riesgos. Básicamente, las posiciones cortas son muy flexibles, y la flexibilidad permite a los traders determinar las posiciones de equilibrio y también los precios de ejercicio. Estos se colocan a lo largo de puntos beneficiosos como por ejemplo sobre las líneas de resistencia que se encuentran al hacer el análisis. Esto aumentará sus posibilidades de éxito en el comercio.

## Definición

Esta es una estrategia de trading de opciones en la que el comerciante espera que el "valor del activo subyacente" en el que se basa una opción disminuya con el tiempo. Esta posición está representada por un contrato de opciones.

La estrategia de llamada en corto ofrece un método simple de las dos maneras en que los traders e inversores se benefician de la adaptación de las posiciones bajistas en el mercado. Una posición bajista implica que es probable que se produzca una disminución del valor de las acciones subyacentes. Las opciones de compra ofrecen a los traders el derecho de adquirir acciones subyacentes a un determinado precio predeterminado.

Cuando el "precio del título subyacente" disminuye, el tenedor de la opción de compra a corto plazo se beneficiará. Sin embargo, la posición estará muy expuesta a la duración de la misma cuando el precio de los valores subyacentes aumente. En este caso, nos referimos a la posición como una opción de llamada desnuda. El término "desnudo" se refiere simplemente a una opción desprotegida que lleva a una exposición ilimitada.

Sin embargo, esta situación se puede contener eligiendo una llamada cubierta en su lugar. Una opción de compra cubierta es una opción de compra cuya exposición es limitada porque el comerciante puede ejercer la posición y ser propietario de las acciones subyacentes.

## Lidiar con ella

Cuando vendes una opción de compra, entonces te dedicarás al comercio bajista. Esto se debe básicamente a que primero tendrá que vender la opción a un precio más alto con la esperanza de comprarla en una fecha posterior cuando el precio haya bajado. Para comprarla más barata, tendrás que esperar que el precio de las acciones baje o que la posición expire sin valor.

Muchos traders opinan que el trading de opciones de compra los expone a un mayor riesgo en comparación con el comercio de opciones de venta. La razón es que los índices de mercado, así como las acciones, que constituyen los valores subyacentes en la mayoría de las estrategias de negociación de opciones, tienden a tender al alza a largo plazo.

Esta tendencia al alza de la mayoría de los valores es la razón por la que los operadores no prefieren las estrategias bajistas, ya que es probable que incurran en pérdidas. Esta es la razón por la que el análisis fundamental al inicio de cualquier estrategia es crucial. Cuando evalúe las existencias y las tendencias, podrá identificar las más débiles para negociar.

Cuando examine de cerca una operación de opción de compra, podrá entender por qué venderlas le proporciona flexibilidad. Cuando usted mantiene una posición larga en los mercados, usted confiará en el movimiento de los precios a su favor si quiere ser rentable. Por otro lado, cuando se tiene una opción corta como en nuestro caso aquí, no se necesita ningún movimiento para ser rentable. La razón es que cobrará una prima por la venta de la opción.

Cuando vendes una opción de compra, tendrás un punto de equilibrio cuando añades la prima al precio de ejercicio. De la misma manera, cuando se deduce la prima del precio de ejercicio de la opción, se obtiene un punto de equilibrio con una opción corta.

## Ejemplo de aplicación

Tomemos el ejemplo de una compañía conocida como Marine Trading. Ahora, un trader elige vender opciones de compra en corto pertenecientes a Marine Trading Company a otra firma, la Compañía B. Asumamos que las acciones de Marine Trading valen actualmente 100 dólares por acción, y que tienden al alza con mucha confianza.

Sin embargo, el trader opina que las acciones de Marine Trading están sobrevaloradas, y después de un análisis fundamental, confía en que las acciones caerán a precios de unos 50 dólares. Por lo tanto, decide vender algunas opciones. Vende 100 llamadas a un precio de 110 dólares por acción. Vendiendo las opciones, el comerciante puede ganar unas primas instantáneas que ascienden a unos 11.000 dólares. Esta cifra se obtiene de multiplicar 110 dólares * 100.

Ahora, si el precio de las acciones cae al precio previsto de 50 dólares, entonces el comerciante ganará más dinero. $11,000 - $5,000 = $6,000. Sin embargo, si los precios de las acciones empiezan a subir hasta probablemente los niveles de 200 dólares, entonces puedes esperar perder dinero al operar esta posición.

## Comparación

Tanto la opción de compra de corto como la de venta de largo son estrategias de comercio bajista. Las opciones de venta dan a los titulares la oportunidad de vender las acciones subyacentes a un precio convenido dentro de un período de tiempo determinado. Cuando se trata de putas largas, los comerciantes declaran que van a las putas largas. En este caso, usted está dependiendo de que el precio del valor subyacente caiga.

## En resumen

Para concluir, podemos declarar que ésta puede ser definida como una estrategia de trading de opciones que incluye una opción de compra. Esta estrategia ofrece a los comerciantes o compradores el derecho de vender el valor subyacente a un precio determinado.

La llamada de la camisa es una estrategia bajista porque el comerciante o inversor espera que el valor de la acción subyacente caiga dentro de un cierto período de tiempo. Esas estrategias entrañan cierto riesgo; sin embargo, requieren menos fondos por adelantado para establecerlas en comparación con otras estrategias pesimistas como la de largo plazo.

## Short put...

Las opciones de venta son exactamente lo contrario de las opciones de compra. Los traders utilizan estrategias de opciones de venta para beneficiarse y sacar provecho de la caída de los precios de las acciones o los índices y otros valores del mercado de valores,

## ¿Qué es?

Podemos definir una opción de venta al descubierto como una estrategia en la que un trader escribe y vende opciones. Al vender las opciones, el trading se considera corto, mientras que el comprador de las opciones se considera largo. Cuando escribes y vendes una opción, recibes un pago de prima por ella por parte de tu comprador.

El comerciante que compra la opción de venta al descubierto obtiene el derecho de vender el título subyacente dentro de un determinado período de tiempo y a un precio acordado. Este derecho viene en forma de contrato, así que el contrato es entre el comprador y el vendedor. La mayoría de las veces, el valor subyacente suele ser acciones, pero a veces tenemos índices populares y, en ocasiones, tenemos divisas, futuros y productos básicos.

El precio al que se vende la opción se suele denominar precio de ejercicio. Este precio se llama así porque, como comerciante, se espera que "golpee" una vez que se alcance el precio objetivo.

Una vez que otro trader compra su opción, puede venderla a otro comprador al expirar el contrato inicial.

Cada vez que decida vender un título subyacente al precio de ejecución acordado, simplemente estará ejerciendo el derecho que le otorga el contrato de opciones. Cuando vendas la opción, obtendrás una ganancia que se limita a la prima que recibes por el contrato de la opción.

## The Short Straddle

Cuando se trata de la opción de venta al descubierto, también se trata de lo que los operadores se refieren como una opción de venta al descubierto o desnuda. Esto se debe a que cuando usted vende el contrato de opción a un comprador, ese comprador tendrá el derecho de comprar las acciones subyacentes. Sin embargo, es posible que no sea el propietario de las acciones, lo que le ocasionará pérdidas considerables. O, alternativamente, se verá obligado a comprar las acciones, y esto introducirá costos adicionales en los que incurrir.

Por otra parte, el comprador podría incurrir en pérdidas si el valor del título subyacente cae por debajo del valor o el precio de ejercicio de la opción o incluso cuando ésta expire.

## La mecánica

Cuando un trader abre una posición en el mercado de opciones y luego vende una opción de venta, entonces tenemos una estrategia de venta al descubierto. Los traders ganarían una prima por la venta de la opción como recompensa por sus esfuerzos en escribir la opción. Sin embargo, la rentabilidad se limita a esta cantidad de prima que se recibe del comprador de la opción.

Como trader, iniciará una operación abriendo una posición en el mercado de opciones. En esta situación en la que tienes una opción de venta al descubierto, empezarás vendiendo una opción de venta. Esto es diferente a la situación en la que primero compras una opción y luego la vendes porque aquí, estás cerrando una posición. Con las opciones de venta al descubierto, la venta de la opción inicia el comercio.

La posición corta se inicia cuando un trader de opciones opina que el valor de la acción subyacente se mantendrá más alto que el del precio de ejecución de la opción de venta. Cuando la opción expira y el precio se mantiene por encima del precio de ejercicio, entonces expirará sin valor y por lo tanto el trader se queda con la prima.

En el caso de que el precio baje por debajo del precio de ejercicio cuando la estrategia o la posición expire, entonces usted, el emisor de las opciones, incurrirá en pérdidas. Si se utiliza correctamente, esta opción puede ayudar a generar un beneficio ordenado y también a comprar acciones a precios inferiores a los del mercado.

## Riesgos potenciales

Como con todas las demás estrategias, hay algunos riesgos involucrados con la estrategia de la opción de venta corta. Una de ellas es que mientras el beneficio se limita a la prima recibida por la venta de las opciones de venta, los riesgos son ilimitados ya que se trata de una venta desnuda.

## Compra y venta de opciones de venta

Como trader, al comprar la opción, se le garantiza que nunca perderá más dinero que el precio de ejercicio indicado. Además, tendrás que pagar una prima que suele ser de un dólar por opción. Esta tarifa se concede a menudo al escritor de la opción y se utiliza para cuidar de sus riesgos y esfuerzos. Aún así, el comprador se reserva el derecho de pedirle que vuelva a comprar sus acciones siempre y cuando lo haga dentro del período de tiempo acordado.

En el caso de que decida escribir y luego vender una opción de venta, firma un contrato con el comprador para que éste pague una prima por las opciones y a cambio el derecho de venderle las acciones en una fecha futura. Cuando se firma un contrato para comprar las acciones en un momento acordado con el comprador, se produce una situación conocida como shorting a put.

Si el precio de las acciones cae, los vendedores perderán dinero ya que se verán obligados a comprar las acciones al precio de ejercicio indicado, pero si deciden vender las acciones en el mercado abierto, tendrán que hacerlo a los precios de mercado vigentes. Por eso, a veces esta opción se considera arriesgada. Por lo tanto, los vendedores sólo esperan ganar dinero con esta estrategia cuando el precio del valor subyacente aumente de valor. Cuando esto sucede, se quedan con toda la cantidad de la prima recibida.

Para permanecer en el negocio, los vendedores ponen muchas opciones y las venden para beneficiarse de las primas recibidas. Entonces, si sufren una pérdida en uno o dos de sus oficios, lo arreglarán utilizando algunas de las cantidades de primas recibidas. Este tipo de enfoque es similar al del propietario de un apartamento. El propietario del apartamento espera recibir suficientes ingresos por concepto de alquiler de los inquilinos a fin de compensar los costos de los que no pueden pagar y los que causan daños a la propiedad. Es aconsejable que los comerciantes que venden opciones de venta opten por ventas de venta con garantía de efectivo en lugar de ventas de venta al descubierto, que pueden ser muy peligrosas.

# El Short Straddle

Una opción de venta al descubierto es una estrategia de trading de opciones que consiste en una opción de venta al descubierto y una opción de compra al descubierto. Estas dos opciones tienen un valor subyacente similar, así como las mismas fechas de vencimiento y un precio de ejercicio similar.

Para llegar a esta posición, combinarás la escritura de una opción de venta al descubierto que es alcista y la escritura de una opción de compra al descubierto que es bajista. Cuando estas dos estrategias se juntan, desarrollan una posición que introduce un rango comercial muy estrecho para la seguridad subyacente.

El principal objetivo de la creación de esta estrategia es beneficiarse de un movimiento mínimo en el valor de las acciones subyacentes. Dado que no se espera ningún movimiento en la acción subyacente, entonces un comerciante puede esperar beneficiarse vendiendo tanto las opciones de compra como las de venta. Los traders establecen esta posición para un crédito neto y luego proceden a beneficiarse cuando se produce un pequeño movimiento de precios en la acción subyacente. En el mejor de los casos, el movimiento de la seguridad subyacente debería limitarse a un movimiento mínimo.

En esta estrategia, tu beneficio se limita a la prima que cobras después de vender las opciones. Antes del inicio del comercio de opciones, era difícil que los traders se beneficiaran directamente de la simple y precisa predicción de un movimiento mínimo del mercado. Afortunadamente, hoy en día, los comerciantes pueden utilizar estrategias de opciones como la de "short straddle" para beneficiarse de predicciones precisas de un movimiento cero en el precio de una acción.

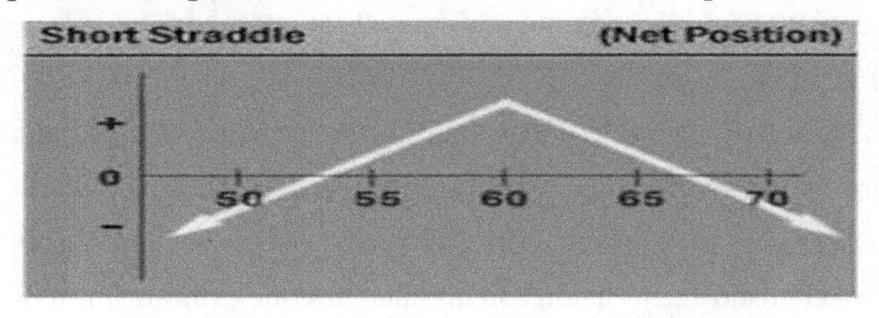

## Rompiendo el Short Straddle

Cuando los operadores establecen una posición corta, no buscan beneficiarse de la volatilidad o incluso de los movimientos de precios del valor subyacente. En cambio, el objetivo de los traders es que puedan llegar a posiciones que se beneficien de las primas cobradas una vez que se declaren las posiciones y se abran las operaciones.

Si bien el éxito de esas posiciones depende únicamente de la falta de movimiento en el precio de la acción subyacente, existe un riesgo para el traders en caso de que haya un movimiento significativo. Esto se debe a que los compradores de las opciones podrían elegir ejercer sus derechos y se podrían ceder las acciones. Las pérdidas que se producirían en este caso son importantes.

Incluso cuando hay un movimiento de precios, al menos habría oportunidades de obtener un beneficio siempre que el movimiento de precios que se produzca se mantenga por debajo del precio de ejercicio. Como tal, los tarders seguirían obteniendo beneficios. Los comerciantes de opciones experimentados emplean esta estrategia para beneficiarse de una probable reducción de la volatilidad implícita. Cuando la volatilidad implícita es alta y no hay una explicación aparente para esto, entonces podemos asumir que la acción subyacente está sobrevalorada. Si este fuera el caso, entonces el mejor consejo sería aguantar hasta que los niveles de volatilidad disminuyan y luego salir de la posición y obtener un beneficio sin tener que esperar a la fecha de vencimiento.

## Máximos beneficios y riesgos posibles

Esta posición preveé un beneficio máximo que equivale al importe neto de la prima obtenida de las opciones del comprador, pero menos las comisiones que deben pagarse. Por lo tanto, un trader que adapte esta estrategia sólo puede disfrutar de los beneficios obtenidos de la venta de las opciones, pero no del apalancamiento del movimiento de las acciones subyacentes o de la volatilidad. Para lograr el máximo beneficio, el precio de las acciones tendrá que coincidir estrechamente con el precio de ejecución con las opciones que expiran sin valor.

Si bien la rentabilidad es limitada, las pérdidas en este caso no lo son. La posición corta abre a los operadores a riesgos ilimitados. El motivo del riesgo ilimitado es que el precio del título subyacente puede aumentar indefinidamente, y si el comprador de opciones decide ejercer su derecho, el comerciante tendrá que desembolsar dinero en efectivo para pagar las acciones.

El pronóstico ideal para esta estrategia es el movimiento neutral o incluso el movimiento lateral. Esto se debe a que la estrategia de la "brecha corta" es beneficiarse cuando la seguridad subyacente se mueve dentro de un rango bastante estrecho que se acerca lo más posible al precio de ejercicio. A menudo se habla de una situación de baja volatilidad en la que la acción sólo tiene un movimiento lateral o neutral.

## La estrategia

Los operadores elegirán la posición corta cuando sean capaces de predecir un rango limitado o incluso una acción de precio neutral. Los comerciantes suelen vender entre anuncios públicos, como los informes de ganancias, que tienden a causar un revuelo en los mercados y a aumentar la volatilidad.

Además, hay que tener en cuenta que el precio de las opciones de venta y de compra suele contener un elemento de consenso entre los participantes en el mercado, como compradores, traders, inversores y todos los demás. Por lo tanto, los traders que venden los straddles son de la opinión de que el consenso es bastante alto y, como tal, el precio de las acciones subyacentes se mantendrá dentro de los puntos de equilibrio.

Una de las características sobresalientes de una posición corta es que los traders o vendedores reciben dos pagos de primas. Además, es poco probable que se pierda dinero porque las acciones tendrán que moverse mucho, lo cual es inesperado si el análisis se hizo correctamente.

## Un ejemplo de la Short Straddle

Digamos que un tradere está interesado en vender una silla de montar. El primer paso es, por lo tanto, escribir las opciones. Recuerde que en este caso, el comerciante venderá tanto la opción de compra como la de venta. En nuestro ejemplo, el trader aparece con una posición corta a horcajadas cuyo precio subyacente es de 25 dólares por acción, mientras que el precio de ejecución también es de 25 dólares.

Ahora, si el precio de las acciones sube a un precio de 50 dólares, entonces el trader estará obligado, según el acuerdo del contrato, a vender las acciones al precio de 25 dólares. Si el comerciante no es propietario de las acciones, se verá obligado a desembolsar fondos para comprarlas, lo que sin duda significará una pérdida importante.

Por lo tanto, es aconsejable realizar análisis, tanto fundamentales como técnicos, con la mayor precisión posible. De esta manera, las predicciones serán fiables y muy probablemente significarán beneficios para el comerciante. E incluso cuando haya movimiento en los mercados, será mínimo, de modo que la estrategia aún termina siendo rentable.

## Short Strangle

Ésta estrategia está compuesta por una opción de venta corta con un precio de ejercicio más bajo y una opción de compra corta con un precio de ejercicio más alto. En esta estrategia, un inversor mantendrá posiciones tanto en las opciones de venta como en las de compra donde cada opción tiene un precio de ejercicio diferente. Sin embargo, comparten la misma seguridad subyacente, así como las fechas de caducidad.

El estrangulamiento corto (en espanol) es beneficioso sólo cuando hay un movimiento de precios significativo en la seguridad subyacente. Por lo tanto, como operador experimentado, si realiza su análisis con precisión, podrá predecir con exactitud el rendimiento de los mercados. Ahora bien, si usted piensa que va a haber una volatilidad significativa en un valor en particular o en los mercados en general, entonces el estrangulamiento corto es una de las mejores estrategias para adaptarse, especialmente cuando usted no está seguro de la dirección del movimiento del mercado.

## Detalles de esta estrategia

Hay básicamente dos tipos. Estos son el "estrangulamiento corto" y el "estrangulamiento largo". Cuando compres con el "estrangulamiento largo", adquirirás tanto una opción de compra como una de venta. El estrangulamiento largo tiene una enorme oportunidad de ganancias ya que la rentabilidad es virtualmente ilimitada. Cuando el valor de la seguridad subyacente gana en valor, se realiza el beneficio ilimitado. Además, la opción de venta ganará dinero si el valor del valor subyacente baja. Los riesgos en este caso se limitan a las primas pagadas.

## Mecánica de la estrategia

Un estrangulamiento corto también es visto como una estrategia neutral, y la capacidad de ganancia es limitada. Básicamente, obtendrá un beneficio máximo equivalente a la prima recibida por la venta de las dos posiciones. Este beneficio no incluirá ningún coste comercial, así como las comisiones que deban pagarse. Cuando creas un estrangulamiento corto, entonces estarás vendiendo el dinero de las opciones de compra y venta.

## The Strangle Versus the Straddle

Hay algunas diferencias y similitudes entre estas dos estrategias. Para empezar, the stradle y el strangle son similares en algunos aspectos porque permiten a los operadores beneficiarse de la volatilidad o de los grandes movimientos del mercado, ya sea en la tendencia al alza o a la baja. Los traders e inversores establecen un estrangulamiento corto para la recepción neta o el crédito neto. Tal estrategia le beneficiará cuando la seguridad subyacente se mueva dentro de un rango muy estrecho. Este rango debe estar confinado entre los puntos de equilibrio. Sin embargo, para los traders que apliquen esta estrategia, su rentabilidad se limitará al importe total de las primas recibidas pero sin las comisiones pagadas. El desafío aquí es que cualquier pérdida es ilimitada, especialmente cuando el precio de las acciones cae. Los estrangulamientos cortos y las zancadas cortas son muy similares y tienen el beneficio total posible igual a las primas cobradas por la venta de las opciones. Estas primas son el resultado de la venta de las opciones de compra y venta que están al alcance de la mano.

Una opción de estrangulamiento es generalmente más costosa comparada con la compra de un contrato de opción de estrangulamiento porque los contratos están esencialmente fuera del dinero. Sin embargo, otros comerciantes opinan que el precio de las acciones subyacentes tendrá que hacer grandes movimientos sólo para que la estrategia obtenga algún rendimiento significativo.

## Ejemplo de estrategia de estrangulamiento

La acción XYZ está cotizando a un precio de 50 dólares en el mercado de valores. Ahora, para llegar a una posición de estrangulamiento, tendrás que emplear dos posiciones distintas que son una opción de venta y una opción de compra. Las opciones de compra tendrán un precio de ejercicio de 52 dólares con una prima de 3 dólares. Por lo tanto, el costo total de la prima es de 300 dólares.

Ahora, también tendrá que idear una opción de venta, y en este caso, tendrá una huelga de 48 dólares con una prima de 2 dólares. Por lo tanto, la prima total de esta opción será de 2 dólares * 100 = 200 dólares. Las dos opciones, la de compra y la de venta, tendrán las mismas acciones subyacentes, así como la misma fecha de vencimiento. En nuestro caso, cuando el precio de la acción subyacente, que comenzó en 50 dólares, se mantiene entre los dos precios de ejercicio de 48 y 52 dólares, entonces usted, el trader, ganará el costo total de las primas que es de 300 + 200 dólares = 500 dólares.

Si el precio cae a niveles de 40 dólares, habrá una pérdida de 300 dólares porque la opción de compra, en este caso, expirará sin valor. Mientras que la opción de compra expirará sin valor, la de venta ganará en valor a niveles de 800 dólares. ($1000 - $200 = $800). Por lo tanto, en este caso, el beneficio total será de $800 - $300 = $500.

## Impacto del cambio de precio de las acciones

Cuando el precio de la acción subyacente se encuentra entre los dos precios de ejercicio, entonces los deltas se acercan a compensarse entre sí. Tal como están las cosas, el delta positivo de la opción de venta corta y el delta negativo relativo a la opción de compra corta se compensarán entre sí. Por lo tanto, los pequeños y diminutos cambios en el precio de las acciones no afectarán el precio dentro de las huelgas. Como tal, el estrangulamiento tiene básicamente un valor delta casi cero.

El estrangulamiento en corto perderá dinero si el precio de las acciones tiende a subir a un ritmo más rápido o desciende a un ritmo más rápido. La razón por la que esto ocurre es que el valor de la llamada corta sube de tal manera que pierde valor. Cuando el precio de las acciones baja, el precio de tiro pierde y gana lo que se conoce como gamma negativo.

## Cambio en la volatilidad

La volatilidad es un gran indicador de la tasa de cambio del precio de una acción o de cualquier otro instrumento bursátil. Cuando la volatilidad aumenta, entonces el precio de las opciones, incluyendo los estrangulamientos, aumentará mientras otros factores permanezcan constantes. Entre ellos figuran factores como la fecha de caducidad y el precio de las acciones.

## Combinación larga

Al comerciar con opciones, los traders tienen la libertad de elegir y a veces incluso combinar las diferentes opciones que están disponibles para ellos. Por ejemplo, un comerciante puede combinar un estrangulamiento y un cruce de caminos, por ejemplo.

Una combinación puede definirse como una estrategia de comercio de opciones que incluye la compra y venta de opciones de venta y de compra con valores subyacentes similares, así como las mismas fechas de vencimiento.

También podemos considerar la combinación como un término general que se refiere a una serie de estrategias de comercio de opciones. Las estrategias de combinación suelen incluir más de un precio de ejecución único, tipos de opción y fechas de vencimiento. Algunos ejemplos incluyen las estrategias de tira y correa, así como las estrategias de estrangulamiento y de cruce.

A menudo se utilizan estrategias de combinación para llegar a posiciones de opciones con diseños o patrones de pago similares a los de las acciones subyacentes. Estas posiciones suelen denominarse posiciones subyacentes sintéticas. A los comerciantes e inversores les encantan las combinaciones, ya que este tipo de opciones proporcionan resultados exactos de riesgo frente a recompensa que se ajustan a la preferencia de un individuo, así como a la tolerancia al riesgo.

## Perspectiva más cercana de las estrategias de combinación

La combinación de opciones se utiliza para diseñar perfiles de riesgo y de recompensa que se benefician de ciertas características de las opciones, como el declive del tiempo y el movimiento de los precios o incluso la limitación del riesgo. Las estrategias de combinación de opciones se benefician de la amplia variedad presente en la serie de opciones para un determinado valor subyacente.

Las combinaciones de opciones consisten en una gran variedad de enfoques amplios que comienzan con combinaciones de opciones bastante sencillas como los collares hasta las más complejas como el estrangulamiento y la horquilla. También tenemos combinaciones más avanzadas que funcionan con múltiples opciones como los cóndores de hierro y la propagación de mariposas. Esas combinaciones pueden aumentar la rentabilidad y gestionar los riesgos a fin de beneficiarse mediante ciertos cambios en el valor del título subyacente.

Uno de los principales retos de estas complejas opciones es el alto costo de las comisiones. Un comerciante que utiliza una combinación de opciones tendrá básicamente dos objetivos principales para un valor subyacente específico. Uno de los objetivos o metas del uso de combinaciones es proporcionar protección contra la volatilidad, especialmente la que resulta en un movimiento en la dirección contraria a la deseada. Otro objetivo o propósito del uso de las operaciones de combinación es permitir a los traders predecir el futuro en lo que respecta al movimiento y la volatilidad de la acción subyacente. El movimiento puede ser más alto o más bajo y a veces con poco o ningún movimiento.

Sin embargo, en algunos casos, también es posible que ambos objetivos de la estrategia de combinación puedan existir dentro de una estrategia de combinación. Cuando los comerciantes se protegen contra el riesgo, la protección tendrá un cierto costo. Este costo afectará básicamente la rentabilidad, ya que habrá que poner un tope a las ganancias o tal vez habrá cargos iniciales más altos para atender las opciones adicionales.

## Las complejidades de la combinación larga

La estrategia de combinación larga es una estrategia que hace uso de múltiples opciones. Ejemplos de ello son los estrangulamientos. Los traders utilizan esta estrategia de combinación de opciones cuando están al alza con respecto a una acción o cualquier otro valor financiero y esperan que el valor o el título aumente a su debido tiempo.

Cuando se es optimista con respecto a una acción y se cree que el valor de una cierta acción subirá a su debido tiempo, entonces se implementará la estrategia del combo largo. Cuando implemente esta estrategia, comprará una opción de compra de dinero y luego venderá una opción de venta de dinero.

Este comercio requiere mucho menos capital para su implementación en comparación con otras estrategias porque la cantidad total requerida para comprar la opción de compra puede ser pagada usando la prima recibida por la venta de la opción de venta. Por lo tanto, básicamente venderá 1 de la opción de venta de dinero y comprará 1 de la opción de compra de dinero.

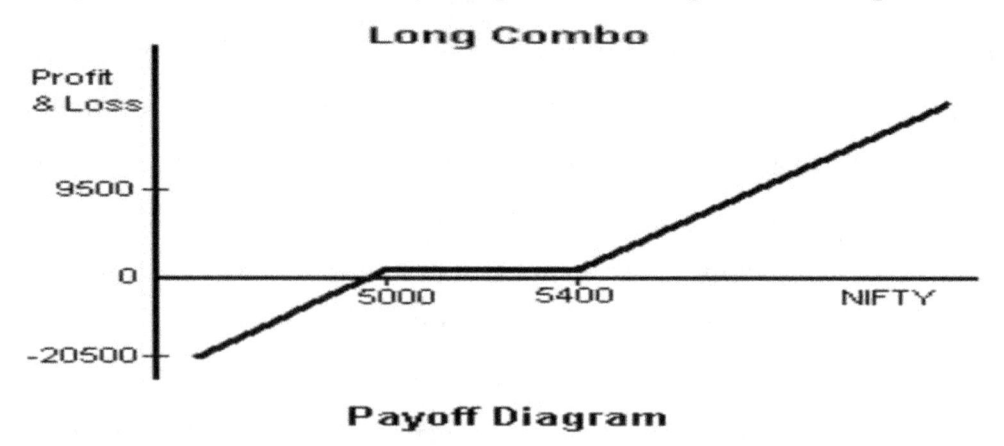

**Long Combo**

Payoff Diagram

Esta estrategia de combinación larga cuando se implementa ofrece ganancias ilimitadas aunque las pérdidas máximas posibles son ilimitadas. La pérdida total posible o la pérdida máxima es igual al precio de ejecución más bajo sumado a la prima neta pagada.

Para implementar esta estrategia, considere una propagación alcista. Como trader, quieres que el valor del valor subyacente aumente. El reto en este caso es que hay un límite al movimiento ascendente de la población. Por ello, es aconsejable utilizar esta estrategia cuando se opina que la seguridad subyacente sólo experimentará un ligero aumento de precio.

## Ejemplo de una combinación larga

Es posible armar una combinación de estrategias para casi cualquier plan. Para interpretar mejor esta estrategia avanzada, podemos examinar una combinación compleja. Una buena es la mariposa de hierro. La mariposa de hierro es una compleja estrategia de combinación que utilizan los comerciantes cuando consideran que el valor del título subyacente experimentará poco o ningún movimiento. En esencia, el precio de la seguridad específica se mantendrá dentro de un estrecho margen hasta que finalmente expire.

La estrategia de la mariposa de hierro proporciona una gran manera de mostrar las estrategias de combinación en el trabajo. Esta estrategia consiste en múltiples combinaciones de estrategias que se organizan ordenadamente en un patrón de mariposa. Más específicamente, la mariposa de hierro consiste en un esparadrapo de llamada de oso, así como un esparadrapo de toro. Hay un precio central compartido en este acuerdo.

La mariposa de hierro es un excelente ejemplo de una combinación corta que se forma utilizando una estrategia de cuatro opciones distintas. Las opciones incluyen dos opciones de compra y dos opciones de venta. Además, parte de la mariposa es de tres precios de huelga. Estos precios de ejercicio hacen referencia a las mismas acciones subyacentes, así como a las mismas fechas de caducidad. El objetivo principal de la estrategia es beneficiar a un comerciante basándose en la escasa o nula volatilidad del valor subyacente. Como tal, un comerciante puede esperar obtener los máximos beneficios cuando el valor a la expiración termina en el precio de ejercicio medio.

Observamos que la estrategia de la mariposa de hierro es limitada en lo que se refiere a los máximos beneficios y también a las máximas pérdidas. Esta situación es así porque las alas o las opciones de ataque bajas y altas de la mariposa protegen la estrategia de moverse significativamente hacia arriba o hacia abajo.

## El frente se extiende con las llamadas

Las posiciones de la difusión frontal también se conocen como difusiones de ratio o difusiones verticales de ratio. Definimos una posición de diferencial frontal con llamadas como una estrategia neutral al alza que los operadores crean a través de la compra de una opción de llamada de débito así como otra llamada corta. La llamada corta se compra al precio de ejercicio más bajo de la posición del diferencial de débito. Los traders posicionan esta estrategia con el fin de obtener un crédito neto que la proteja de cualquier descenso o pérdida. La suposición o predicción al establecer esta posición es de neutral a ligeramente alcista.

El principal objetivo de establecer esta posición es beneficiarse de los movimientos de las acciones subyacentes hacia el precio de ejercicio de la llamada en corto. A menudo, el riesgo es muy limitado.

## Detalles de la estrategia de difusión frontal con llamadas

Un operador creará esta posición, que también se conoce como el spread vertical de relación 1:2 con opciones de compra, a través de la compra de una opción de compra con un precio de ejecución menor y luego venderá dos opciones de compra con un precio de ejecución mayor.

**Ejemplo: La difusión frontal con llamadas**

- Compre 1 ABC 100 llame a las 4.00
- Vende 2 llamadas de ABC 105 a 1.50

Cuando crees esta estrategia, tendrás la segunda opción de llamada como una llamada descubierta o desnuda. Estas llamadas suelen tener un riesgo ilimitado. Como comerciante, puede establecer esta posición para un crédito o un débito neto. La decisión de cómo establecer la posición dependerá de un par de factores como los niveles de volatilidad, la distancia entre los precios de ejercicio expresados en porcentaje, y el tiempo que transcurra hasta la expiración.

Los posibles niveles de beneficio son limitados, y el máximo beneficio potencial se produce cuando, al vencimiento, el precio de ejercicio de las llamadas en corto y el valor de las acciones subyacentes son iguales. Una vez que el precio exceda el punto de equilibrio, entonces cualquier riesgo será ilimitado simplemente porque el precio de las acciones puede subir indefinidamente. La razón de ello es que el precio de las acciones subyacentes puede aumentar indefinidamente, por lo que se debe actuar con cautela.

## Rentabilidad

Si un trader crea esta posición con el fin de obtener un débito neto, entonces el potencial de beneficio de esta posición se limitará esencialmente hasta el punto de que sea igual a la diferencia entre los débitos netos añadidos a las comisiones menos los precios de ejercicio.

Por otra parte, si un trader llega a esta posición por un crédito neto o por los pagos de primas obtenidos, entonces el potencial de beneficios será limitado. Los beneficios se limitarán generalmente a la diferencia de los precios de ejercicio menos las comisiones pagadas y añadidas al crédito neto recibido.

Siempre hay un riesgo cuando se trata de comerciar. En este caso, el riesgo es ilimitado, ya que se trata de una llamada desnuda. Una llamada en corto descubierta o desnuda expone a los operadores porque el precio de las acciones puede subir indefinidamente, y esto pondrá a un operador en grave peligro financiero.

## Precio de equilibrio al vencimiento

Cuando se establece la posición de la extensión frontal para un débito neto, se puede esperar ver una de las dos posibles posiciones de equilibrio. Estos son el punto de equilibrio inferior y el punto de equilibrio superior. El punto de equilibrio más bajo es igual a la cantidad de deuda neta añadida al precio de ejercicio más bajo. Por otro lado, el punto de equilibrio más alto es igual a la ganancia total posible añadida al precio de huelga más alto.

## Previsión del mercado

Cuando se aplica esta estrategia, se obtienen los mayores rendimientos cuando el precio de la acción subyacente es igual al precio de ejercicio al vencimiento de los precios de compraventa en corto que prevalecen. El pronóstico en este caso es ligeramente alcista o tal vez neutral o en algún punto intermedio. Esto dependerá en gran medida de la correlación entre los precios de ejercicio de las llamadas, así como del precio de la acción subyacente en la configuración de la posición. Cuando el valor del título subyacente se acerca al precio de ejecución asociado a la opción de compra en corto en el momento de la creación de la posición, entonces en esta etapa, la perspectiva procederá para la acción del precio cuando se acerque al precio de ejecución de la opción de compra en corto. Sin embargo, cuando el precio de la acción subyacente se encuentra por debajo del precio de ejecución de las llamadas cortas y a veces incluso por debajo del de la llamada larga en el establecimiento de la posición, entonces la perspectiva debería prever un aumento del valor de la acción subyacente.

## Estrategia

La posición del spread frontal con llamadas de opción es muy similar a la venta de una llamada desnuda y al mismo tiempo la compra de un spread de bull call. Implementar esta posición significa recibir una prima por la venta de la opción de compra. El dinero recibido como pago de la prima de la venta de opciones de compra puede ser gastado en la compra del diferencial del bull call.

Esta posición se desempeñará mejor a medida que se acerque la fecha de vencimiento cuando el precio de la acción subyacente se acerque al de las llamadas en corto. Como tal, esta estrategia sólo debería ser aplicada por comerciantes experimentados que tengan suficiente experiencia y comprensión de las estrategias de opciones complejas. Además, existe un riesgo de exposición a un riesgo ilimitado que ningún comerciante novato debería intentar.

## Cambios en la volatilidad

La volatilidad es un término que se refiere a las fluctuaciones de precios de una acción o del mercado. La volatilidad a menudo juega un papel muy importante en el desempeño de una estrategia, así como en el precio de las opciones. Cuando los niveles de volatilidad son altos, los traders pueden esperar que el precio de las opciones aumente mientras otros factores como el tiempo de vencimiento y el precio de las acciones se mantengan constantes.

Ahora bien, como esta estrategia tiene dos opciones de compra de corto y una opción de compra de largo, un aumento de la volatilidad será generalmente desfavorable para la posición. Esto se conoce como Vega negativo neto. Por otra parte, la disminución de la volatilidad es favorable a la posición y mejora sus perspectivas generales.

## La parte delantera se extiende

La posición frontal de los spreads con opciones de venta es una estrategia de comercio que se crea usando puts de diferentes valores. Para llegar a esta posición de opciones, comprará una opción de venta con un precio de ejercicio más alto y venderá dos opciones de venta con un precio de ejercicio más bajo. Las dos opciones de venta que se venden se pueden asegurar con dinero en efectivo o se pueden dejar al descubierto o desnudas. Los operadores establecen la posición de spread frontal con puts para un crédito neto o incluso un débito neto.

El objetivo principal de esta estrategia es beneficiarse del movimiento del precio de las acciones hacia el precio de ejecución a través de "short puts". Los riesgos en el lado positivo son limitados. El establecimiento de esta estrategia para un débito o un crédito neto dependerá de un par de factores como la distancia entre los dos precios de ejercicio, el tiempo de caducidad y los niveles de volatilidad.

Como trader, puede establecer esta posición desde cualquier perspectiva, como un crédito o un débito neto. Esto estará determinado por ciertos factores, como el tiempo de caducidad. El potencial de beneficio es limitado y se alcanza cuando el precio de la acción subyacente sube a los niveles del precio de ejercicio de las opciones de venta en corto.

## Máxima ganancia y máxima pérdida

Ahora, cuando se crea la posición para un débito neto, entonces sus niveles de beneficio se limitarán e igualarán la diferencia entre los precios de ejercicio menos las comisiones recibidas así como el débito neto. Cuando se forme la posición para un crédito neto, entonces sus beneficios tendrán un tope y serán iguales a la diferencia entre el crédito neto más las comisiones menos los precios de ejercicio.

Esta estrategia conlleva un riesgo considerable, ya que el riesgo que plantea la opción de venta corta es muy similar al de la opción de venta larga situada por debajo del punto de equilibrio. Sin embargo, eso es un inconveniente cuando las cosas no funcionan completamente a tu favor. Cuando está al alza, entonces sus riesgos sólo dependerán de ciertos factores como la razón por la que se estableció el puesto. Podría ser para un crédito o débito neto.

Los posibles niveles de beneficio son limitados, y el máximo beneficio potencial se produce cuando, al vencimiento, el precio de ejercicio de las llamadas en corto y el valor de las acciones subyacentes son iguales. Una vez que el precio exceda el punto de equilibrio, entonces cualquier riesgo será ilimitado simplemente porque el precio de las acciones puede subir indefinidamente. La razón de ello es que el precio de las acciones subyacentes puede aumentar indefinidamente, por lo que se debe actuar con cautela.

Cuando se establece esta posición para un crédito neto, entonces no hay posibilidad de ningún riesgo. Sin embargo, cuando el precio del título subyacente al vencimiento es mayor que el precio de ejecución más alto al vencimiento, entonces la opción expirará sin valor, de modo que cualquier prima obtenida se retendrá como beneficio. Por lo tanto, al establecer la posición comercial del spread frontal para un crédito neto, no tendrá un punto de equilibrio más alto. Y si el precio al vencimiento de la posición es más alto que el precio de ejercicio, entonces te quedarás con el crédito neto ya que las opciones de venta expirarán sin valor.

## Previsión de mercado ideal

La opción de spread frontal con opciones de venta (puts) disfrutará de los máximos beneficios cuando, al vencimiento, el precio del título subyacente sea igual al precio de ejecución de las opciones de venta cortas. Como tal, el pronóstico ideal o adecuado debería ser ligeramente bajista o neutral, basado en la correlación entre los precios de ejercicio y el precio de las acciones. Por lo tanto, una predicción adecuada debería ser ligeramente bajista o posiblemente neutral. No obstante, ello dependerá de la correlación existente entre los precios de ejecución de las opciones de venta y el precio de las acciones subyacentes en el momento en que se establezca la posición.

Cuando el precio de las acciones en el establecimiento de la posición está cerca o al precio de ejecución de las opciones de venta al descubierto, entonces un trader debe predecir la acción en curso del precio de las acciones cerca de la posición neutral o el precio de ejecución relativo a las opciones de venta al descubierto. En otras situaciones, cuando el precio del título subyacente sube más allá del precio de ejecución de las opciones de venta en corto, entonces las predicciones sobre la acción del precio tendrán que continuar cerca del precio de ejecución de la opción de venta en corto.

## Discusión de la estrategia

Cuando se crea un spread frontal con opciones de venta, la posición es muy similar a la venta de una opción de venta que está al descubierto o asegurada o a la compra de un spread de venta de oso. Recibirás algunos ingresos de la prima pagada por la venta al descubierto que vendes. El producto obtenido de esta venta puede utilizarse para pagar algunos de los costos incurridos. Cuando posicione esta estrategia, se beneficiará del declive del tiempo y obtendrá algunos beneficios a medida que la acción subyacente se acerque al precio de ejercicio de las opciones de venta en corto.

Para los inversores y traders que están orientados a las acciones, esta estrategia también es ideal si desea comprar acciones a un precio determinado, especialmente si el precio es inferior al precio actual del mercado. Por lo tanto, debería ser capaz de aplicar esta estrategia de manera apropiada para comprar las acciones deseadas a un precio muy inferior al precio actual de las acciones.

Si usted es un trader agresivo, entonces esta estrategia tendrá un riesgo significativo, especialmente por las jugadas desnudas. Hay riesgos si este desnudo se "llama" por el comprador que podría incurrir en pérdidas ilimitadas. Esta estrategia puede ser apropiada para los traders con suficiente experiencia que comprendan los riesgos que se presentan y la mejor manera de manejar esos riesgos inherentes.

## Volatilidad

La volatilidad es un término que se refiere a las fluctuaciones de precios de una acción o del mercado. La volatilidad a menudo juega un papel muy importante en el desempeño de una estrategia, así como en el precio de las opciones. Cuando los niveles de volatilidad son altos, entonces los comerciantes pueden esperar que el precio de las opciones aumente mientras otros factores como el tiempo de vencimiento y también el precio de las acciones se mantengan constantes.

## Estrategia de opciones de doble diagonal

El doble spread diagonal es una estrategia de trading de opciones que combina un spread de venta diagonal con un spread de compra diagonal. El principal propósito de construir esta dispersión es beneficiarse del decaimiento del tiempo y explotar las posiciones cortas que están cerca de la expiración.

De esta manera, un trader puede generar beneficios y beneficiar enormemente cualquier posición a largo plazo que tenga en el mercado. Este diferencial también se crea con el objetivo de aprovechar la acción del precio neutral de la acción subyacente que se encuentra entre los dos precios de ejercicio de las llamadas en corto. La estrategia en sí misma conlleva un riesgo limitado.

| Example of double diagonal spread | |
|---|---:|
| Sell 1 28-day XYZ 95 put at | 1.30 |
| Buy 1 56-day XYZ 100 put at | (3.80) |
| Buy 1 56-day XYZ 100 call at | (4.00) |
| Sell 1 28-day XYZ 105 call at | 1.50 |
| Net cost = | (5.00) |

## Detalles de la estrategia

La estrategia de la doble diagonal se construye mediante la venta de una extensión de estrangulamiento a corto plazo y la compra de una extensión a largo plazo. Podemos echar un vistazo al ejemplo anterior para comprender mejor esta estrategia. En nuestro caso, tenemos un puente y un estrangulamiento.

Hay un Straddle 100 de 2 meses con 56 días de vencimiento que se compra, y también tenemos una estrategia de estrangulamiento. El estrangulador 95-105 se vende y tiene 28 días o 1 mes para su vencimiento. Los riesgos y los potenciales de beneficio son limitados, y la estrategia se establece básicamente para dar lugar a un débito neto.

La razón por la que es una estrategia avanzada es porque, en términos de dólares, el potencial de beneficio es aparentemente pequeño. Debido a las pequeñas cantidades de dólares de potencial de ganancia, necesitas asegurarte de que siempre obtengas grandes precios cuando abras o cierres posiciones. También debe asegurarse de que realiza un comercio de gran volumen o un gran número de márgenes para que las comisiones de los contratos sean lo más bajas posibles.

## Pérdida y ganancia máxima

Esta posición de la opción le permitirá obtener la máxima rentabilidad cuando el precio del título subyacente sea igual a uno de los diferentes precios de ejecución afiliados al estrangulamiento corto. Cuando el precio o el valor de la acción subyacente es igual al precio de ejercicio de la opción de compra en corto, entonces el beneficio en este punto será exactamente igual al valor de la opción de compra en largo menos el coste de las comisiones cobradas y el valor de la dispersión diagonal.

Consideramos este punto como el ápice de los máximos beneficios. La razón es que la sección de llamada larga de la larga distancia experimentará una diferencia total de precio con la llamada corta que está cerca de expirar. Además, el precio de las acciones al precio de ejecución se relaciona con la opción de venta al descubierto al vencimiento de la opción de estrangulamiento. Este es otro punto de máximo beneficio.

Esto sucede porque el componente de la venta larga de la banda larga gana su mayor diferencia de precio con la venta corta a punto de expirar. Normalmente, sería difícil afirmar el máximo potencial de beneficio, ya que hay otros factores en juego, como el valor de la larga franja que a su vez depende de los niveles de volatilidad.

Por otro lado, tenemos el máximo riesgo posible con esta posición de dispersión. El riesgo total que la posición expone a un comerciante es el mismo que el costo total del spread así como todas las comisiones debidas. Como trader, perderá esta cantidad total cuando el precio de ejercicio de la horquilla sea equivalente al de la acción subyacente. En este caso, el precio de la posición intermedia disminuye hasta casi cero, de modo que se pierde la totalidad de la cantidad recibida por el diferencial.

## Precio de equilibrio al vencimiento

Esta estrategia presenta las principales posiciones de equilibrio. Hay uno por debajo del precio de ejercicio de la venta corta y otro por encima del precio de ejercicio de la venta corta. Como tal, el punto de equilibrio ideal es equivalente al precio de la acción subyacente, donde el valor de la horquilla larga es equivalente al costo de establecer el diferencial menos el valor de los estrangulamientos al vencimiento.

En general, es casi imposible poder determinar en qué momento se producirá la pérdida total o cuál será el valor a la expiración del estrangulamiento. La razón es que este valor se basa en el valor de la horquilla larga que, a cambio, es un factor de los niveles de volatilidad.

Los niveles de pérdidas y beneficios en la posición de estrangulamiento largo dependen en gran medida del valor estimado de las fechas de caducidad de estrangulamiento corto. La estimación se hace básicamente o se calcula usando la fórmula de precios Black Scholes Model. Se trata de una fórmula de precios y hace ciertas suposiciones como un número de volatilidad del 30%, un total de 28 días o 1 mes hasta el vencimiento y cero dividendos con un tipo de interés del 1%.

## Previsión adecuada del mercado

Como trader o inversionista, usted necesita ser capaz de hacer las predicciones apropiadas y pronosticar el comportamiento del mercado. Esto es crucial por varias razones, pero sobre todo porque quieres hacerlo bien y tener posiciones de ganancia. Lo ideal sería que el valor de las acciones subyacentes se aproximara al precio de ejercicio de la opción de compra.

Normalmente, el precio del valor subyacente se encuentra cerca o al precio de ejercicio de la banda. Esto es así cuando se establece la posición, por lo que el pronóstico para esto es básicamente una acción de precio neutral que se produce en medio de los dos precios de ejercicio en el estrangulamiento corto.

## Información general

La estrategia de doble diagonal es la preferida cuando el pronóstico muestra alguna actividad de precios que se produce entre el precio de ejercicio del estrangulamiento corto. La contrapartida, en este caso, es que primero establecemos para el débito neto un doble margen diagonal de tal manera que termina con una oportunidad de beneficio menor en comparación con un estrangulamiento corto.

Recuerde que como trader, tendrá que ejercer disciplina comercial y paciencia para tener éxito en sus empresas comerciales y para obtener los máximos beneficios. La paciencia es necesaria ya que la estrategia se beneficia del decaimiento del tiempo, mientras que la disciplina es esencial porque el potencial de beneficio de la doble diagonal es bastante pequeño, por lo que los costos que se pagan para entrar y salir de las operaciones deben ser mínimos. Además, debe tener cuidado al tomar beneficios parciales, ya que éstos pueden afectar en gran medida el rendimiento de la propagación.

# Capítulo 3: Gestionar las posiciones de opción

A veces, como trader, quieres hacer ajustes a tus posiciones y operaciones. Usted hace estos cambios y ajustes cuando nota cambios en el mercado que afectarán a sus operaciones pero que no habían sido previstos. Hay varias formas de gestionar los intercambios, y uno de estos métodos se conoce como posiciones rodantes.

## Posiciones de rodaje

Como trader, puedes rodar una posición para mejorar tus posibilidades de éxito. El término "rolling" se refiere a la realización de ajustes en una posición existente en los mercados para mejorar las perspectivas de beneficios o evitar pérdidas.

Cuando se baja una posición, básicamente se cierra una posición existente y luego se abre una posición similar con el mismo número de contratos de opciones con un precio de ejercicio más bajo. Esto generalmente mejorará la perspectiva de sus estrategias.

Hay básicamente tres formas básicas de rodar las posiciones de las opciones. Puedes rodar hacia adelante, hacia abajo o incluso hacia arriba, dependiendo de tus objetivos. El término "reducir una opción" se deriva de la frase "reducir una opción hasta que esté a un precio de ejercicio más bajo". " Los operadores de vez en cuando necesitarán hacer cambios o ajustes en una posición existente.

Cada vez que un trader cierra una posición existente y procede a abrir inmediatamente una posición similar con un número similar de contratos pero a precios de ejercicio más bajos, consideramos que se trata de un proceso de "roll down". Como trader, aprender el arte de bajar una posición podría ser crucial para sus estrategias y podría determinar su rendimiento y rentabilidad.

## Bajar una posición

Es posible manejar tanto posiciones cortas como largas usando técnicas de rodaje. Lo mismo ocurre con las opciones de compra y venta. Cuando se trata de opciones de compra, la técnica de rodaje enviará la opción más en el dinero. Sin embargo, con las opciones de venta, el rodaje tiende a enviarles más dinero.

Cuando se tiene una posición larga en el mercado, entonces se necesita crear una orden similar que es una venta para cerrar. Puede esperar llenar un formulario de pedido con su corredor de bolsa para realizar un procedimiento de traspaso. Algunas de las órdenes requerirían que incluyeras un BTO o comprar para abrir o un STC o vender para cerrar una posición.

## Propósitos de las opciones de reducción

Hay razones por las que los operadores a menudo bajan las posiciones que mantienen en los diferenciales de las opciones. La primera es evitar la asignación. Cuando un trader lanza una opción de venta al descubierto, el objetivo principal es evitar que se asignen opciones monetarias. Este es a menudo el caso en que un trader está tratando con escritura desnuda, lo cual es un enfoque extremadamente peligroso reservado sólo para los traders experimentados. Por lo tanto, en un caso, un trader desplegará una posición para evitar la cesión.

En otras situaciones, un trader rodará una posición para hacer ajustes que mejoren su perspectiva. Lo hacen primero cuando desean recoger beneficios en una posición larga, especialmente una que es demasiado profunda en el dinero. En este caso, serán bajados a posiciones demasiado profundas en el dinero.

Los operadores también promulgan posiciones de roll down para detener una pérdida. Cuando los operadores mantienen opciones de compra largas que empiezan a perder dinero, entonces es prudente rodar esas posiciones y hacer ajustes para detener la pérdida y ganar dinero en su lugar. También es aconsejable utilizar las técnicas de rodaje para recuperar algún valor que aún queda en una posición que está perdiendo dinero.

## Rodando el Cóndor de Hierro

Hay algunas oportunidades que los comerciantes tienen, y una de ellas es la de las posiciones rodantes. Desplegamos ciertas posiciones para dar tiempo a la corrección. Por ejemplo, si usted tiene una posición en el mercado que no está generando beneficios a medida que se acerca a su vencimiento, entonces usted puede rodar esta posición para que expire un mes más tarde. Esto puede suceder con un corto desnudo, una corta distancia o un corto estrangulamiento.

El rodaje también está disponible para posiciones más complejas como el cóndor de hierro corto. Un cóndor de hierro corto es generalmente un comercio de prima corta cuyo riesgo está claramente definido. Sin embargo, es mucho más difícil hacer rodar estas posiciones en comparación con otras más sencillas.

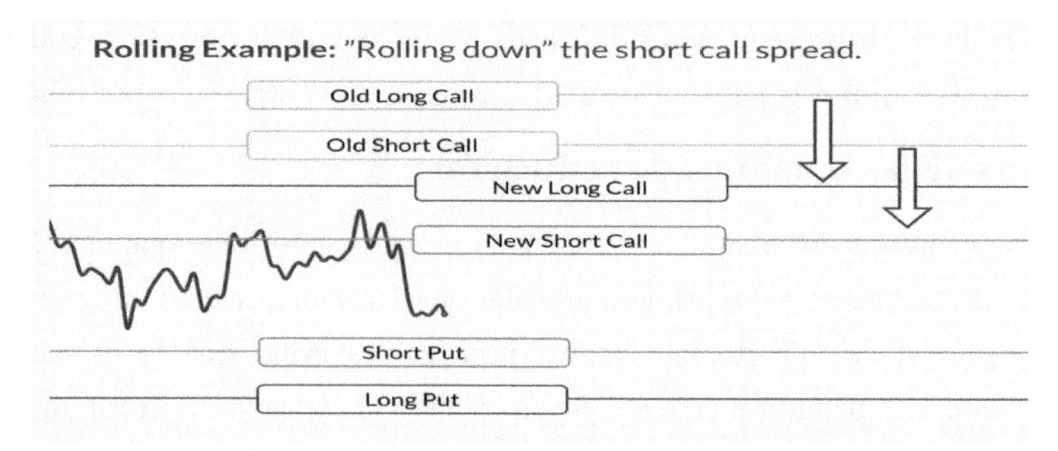

**Rolling Example: "Rolling down" the short call spread.**

```
Old Long Call
Old Short Call
         New Long Call
         New Short Call
Short Put
Long Put
```

Cuando baje el cóndor de hierro, tal vez quiera comenzar con la propagación de la llamada corta. Hágalo especialmente cuando el precio de las acciones subyacentes empiece a caer y se dirija hacia el diferencial de corto plazo. Lo ideal es que una posición corta del cóndor comience a menudo sin ningún riesgo en cuanto a la exposición, ya que la posición delta está básicamente en cero.

Sin embargo, a medida que el comercio comienza a tomar forma, el precio de las acciones se vuelve rápidamente bajista y en el proceso, comienza a acercarse al precio de ejecución de la venta corta. En esta situación, la posición del delta crecerá indicando que el comercio es generalmente alcista en términos de su dirección.

Una de las mejores maneras de ajustar el cóndor de hierro es comprar la antigua extensión de llamada para cerrar el comercio. Este es el mejor enfoque para bajar la extensión de la camisa. También venderemos una nueva opción de compra con un precio de ejercicio más bajo. Esto abrirá otro comercio que es deseable.

## Los logros del ajuste del cóndor de hierro

Al realizar este proceso de rodaje en la propagación del cóndor de hierro, podrá cobrar más primas. Esto sucede porque hay un crédito neto que resulta de opciones de compra con un precio de ejercicio más alto. Esas opciones son generalmente más baratas y darán lugar a un crédito neto.

También podrá detener y posiblemente neutralizar la exposición direccional a la que el cóndor de hierro lo expondría. Al bajar la opción de compra, el cóndor de hierro ganará delta positivo y por lo tanto el rodaje asegura que la exposición de la dirección cambie de una dirección que es bajista a una que es alcista y también más cerca de una posición neutral.

## Bajar una posición de llamada corta

Si quieres bajar una posición de llamada corta, entonces lo que tiene que ocurrir es crear dos órdenes simultáneas. Estas órdenes son STO o Sell to Open y BTC o Buy To Close. El BTC está configurado para cerrar la posición corta actual. El STO se utilizará para abrir una nueva posición corta pero a un precio de ejercicio más bajo.

Tal como está, la mayoría de los corredores de opciones ofrecen a los operadores la oportunidad de bajar sus posiciones. Los roll downs directos en las plataformas de corretaje le permiten llenar las órdenes para que pueda roll down un puesto que necesita técnicas de gestión adicionales. Por lo tanto, cuando finalmente decida que necesita bajar la posición, se conectará a su plataforma de corretaje y llenará los formularios necesarios para bajar la posición deseada.

## Ejemplo: Bajar una posición de llamada corta

Las acciones de la compañía ABC se cotizan en los mercados a 50 dólares. Tienes opciones de compra en el mercado con un precio de ejecución de 50 dólares y esperando que haya un retroceso corto. Un par de días después, las acciones de ABC bajan a 45 dólares, por lo que se espera una nueva caída del precio. Como tal, opta por bajar las opciones de compra que posee a un nuevo precio de 45 dólares en lugar del precio inicial de 50 dólares.

Al bajar la opción, se posicionará para obtener más beneficios en caso de que el precio de las acciones siga bajando. Al bajar con éxito el precio de la huelga de 50 a 45 dólares, habrás bajado tu posición y te habrás posicionado básicamente para ganar más dinero.

## Bajar una posición de golpe corto

Rodar hacia abajo una posición de puesta está muy cerca de rodar hacia abajo una posición corta. Esta técnica de gestión de opciones es una estrategia bajista. El procedimiento es esencialmente el mismo. Como trader, ejecutará ambas piernas al mismo tiempo para minimizar las posibilidades de deslizamiento. El deslizamiento en este caso se refiere a la erosión de los beneficios que se produce cuando cambia el precio del valor subyacente.

Al lanzar una opción de venta, la nueva posición será más barata ya que el precio de ejercicio será más bajo. Los nuevos contratos costarán menos que los antiguos. Incluso entonces, el resultado podría terminar siendo un crédito o un débito en una cuenta. Es la diferencia de precio la que determinará cuánto crédito o débito habrá en una cuenta.

## Razones para bajar un golpe corto

Hay un número de razones por las que usted bajaría una posición. Una de ellas es impedir el ejercicio de un contrato de opciones por parte de un comprador. Los compradores de put se reservan el derecho de comprar las acciones subyacentes al precio indicado, así que si tienes una put desnuda, podrías terminar seriamente expuesto.

Otra razón por la que las opciones de venta se rebajan o gestionan podría ser el deseo de aumentar la posición bajista de una opción con una posición larga en el mercado. Una larga puesta que está en el dinero perderá valor y por lo tanto la necesidad de realizar un procedimiento de rodaje. Al lanzar una posición, los comerciantes tienen la oportunidad de recuperar cualquier pérdida y recibir muchos más beneficios por sus posiciones en el mercado. Mantener una posición de compra larga en el mercado puede posiblemente reducir el precio de ejercicio si la posición se renueva, especialmente cuando el valor subyacente pierde valor, incluso cuando el operador tiene una perspectiva alcista en el precio. Como tal, la posición seguirá estando en su lugar después de un despliegue y se eliminarán las posibles pérdidas.

## Ejemplo de rodar una posición de golpe corto

Las acciones de ABC se cotizan a 50 dólares en el mercado y así, decides escribir una opción de venta al descubierto a un precio de ejecución de 50 dólares. Su perspectiva es alcista en esta posición para asegurarse de que se beneficie en caso de que el precio suba. Sin embargo, el precio cae a 45 dólares, y esto resulta en pérdidas en algunas de sus opciones. La opción en sí misma está en el dinero, así que ahora piensas que se recuperará con el tiempo. Para beneficiarse de la esperada trayectoria alcista del precio de la acción subyacente, tendrá que bajar esta posición.

### Rodando un corto trayecto...

Una corta distancia es una de las estrategias más rentables disponibles en el mercado hoy en día. Sin embargo, de vez en cuando, los traders tienen que ajustar sus posiciones en función de las necesidades y perspectivas del mercado. Esta es una técnica que sólo debería dejarse a los traders experimentados y avanzados.

A veces, los traders intermedios y otros piensan que ajustar una posición es un desafío y un asunto complejo. Esto no es así en absoluto porque es posible hacer ajustes en la mayoría de las posiciones del mercado.

A veces se crea un corto puente como parte de una mariposa de hierro. Se trata de la venta de la opción que está en el dinero y consiste en una opción de venta y otra de compra. Veamos un ejemplo.

## Ejemplo

En nuestro caso, tenemos las acciones de ABC que cotizan a un precio de 20 dólares por acción. Como tal, tenemos una opción de compra con un precio de ejercicio de 20 dólares y una opción de venta con un precio de ejercicio de 20 dólares. Ahora, tanto la opción de compra como la de venta están muy cerca de estar en el dinero. Cuando este comercio se convierte en una mariposa, entonces se vuelve un poco diferente ya que compramos opciones de compra a 25 dólares y luego vendemos opciones a 15 dólares.

En este caso, esencialmente estamos comprando opciones a un precio de 5 dólares, por lo que terminamos con una posición libre de riesgo. Ahora, el comercio inicial al inicio tiene un crédito de 2 dólares. Si esto se mantiene, entonces el punto de equilibrio se situará entre los precios de huelga de 18 y 22 dólares. También esperamos que el comercio se dirija en esta dirección.

Para invertir este comercio, necesitamos hacerlo dentro de las últimas 3 o 4 semanas antes de la expiración. A medida que nos acercamos a la expiración, hacemos ajustes y rodamos nuestras posiciones para reducir los riesgos y evitar cualquier pérdida inminente. En este caso, cuando el mercado se recupere de nuestra posición y las acciones suban a 23 dólares, entonces tendremos que renovar esta posición.

## Formas de rodar y manejar las posiciones de la silla de ruedas

A veces se piensa que la estrategia de la franja horaria es bastante arriesgada. Sin embargo, los riesgos no son tan malos como se pretende. Si usted es un trader experimentado o tal vez un intermediario, entonces puede aprender a manejar la posición y evitar los riesgos y peligros que esta estrategia plantea.

Esta estrategia no es tan arriesgada o desafiante como algunos quieren hacer creer. Aquí hay un par de maneras de reducir los riesgos y manejar la posición apropiadamente. Aquí hay algunas circunstancias que debe asegurar para poder manejar su posición de puente.

*1. Tener una prima muy rica:* Es un hecho que las mejores y más efectivas bandas cortas tienen una prima muy rica, especialmente cuando las posiciones están cerca del dinero o en el dinero.

*2. Las posiciones expirarán en un mes*: Como trader, necesitas crear posiciones que se ajusten a tu posición. Como tal, debe asegurarse de cerrar una posición lo antes posible. Por lo tanto, tienes que vigilar de cerca los precios. Estos incluyen los precios de huelga y los precios actuales. Cualquier ligero movimiento en el precio afecta a otras variables como el factor tiempo. Por lo tanto, si hay algún movimiento desfavorable, podemos contrarrestarlo cerrando con una ganancia.

*3. Deberías cerrar las posiciones de ambos lados una vez que comience la decadencia del tiempo:* Ambos lados también deben cerrarse tan pronto como sea prácticamente posible cuando el valor intrínseco debe rodar la posición, y luego repetir la posición.

Cuando ruede hacia adelante su posición, lo cual podría ser necesario, en realidad guardará su posición y la duplicará más tarde. Esto podría ser necesario por un lado, quizás debido a factores como el declive del tiempo o el movimiento de los precios.

*4. Cubre una llamada corta:* En algunas situaciones, es posible que tenga que cubrir el tirón corto o la llamada si la situación lo requiere. Para lograrlo, será necesario utilizar opciones largas o acciones, aunque las opciones largas sean costosas.

*5. Si es rentable, entonces haz ejercicio:* A veces, el ejercicio puede ser una opción beneficiosa, especialmente si te da beneficios. Lo que necesitas asegurar es que el valor de mercado de tu posición sea rentable.

## Rodar una tirada de calendario

Si tiene una extensión de calendario, a veces durante la operación, pueden producirse cambios que pueden hacer que se ruede la posición. Hay ciertos factores que es necesario considerar si se van a hacer cambios a medida que la posición se acerca a la expiración.

Tomemos el ejemplo de que tenemos un calendario en ABC operando los mercados a 50 dólares. La opción está actualmente en el dinero. Esta posición se crea a través de la venta de una llamada de 50 a corto plazo y la compra de una llamada de 50 a mes diferido. Un par de semanas más tarde, la propagación puede que no se esté desarrollando tan bien como se predijo. A medida que la posición se acerca a la expiración, hay un fuerte deseo de hacer ciertos cambios o ajustes.

**FIGURE 1: CALENDAR OPTION SPREAD PROFIT/LOSS.**

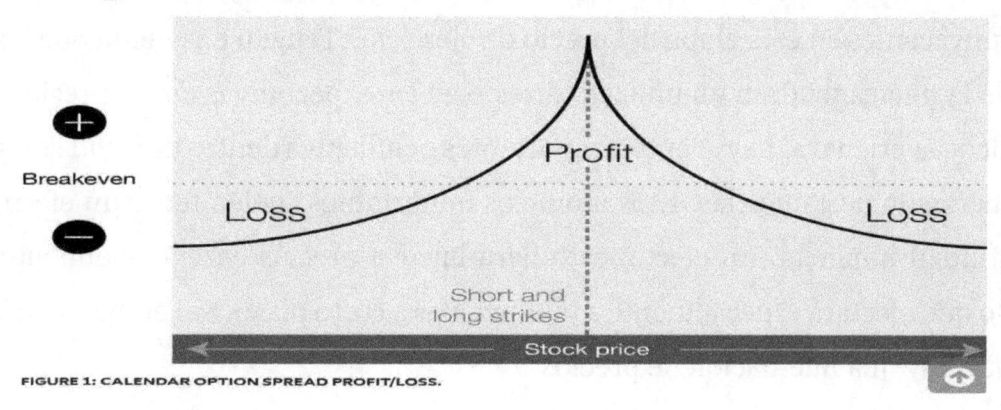

## Rodando la posición

Hay un par de opciones disponibles para usted en esta etapa. Uno de ellos está liquidando la propagación a través del cierre de las dos piernas. Sin embargo, a veces este no es el enfoque más aconsejable. En su lugar, puede que quiera rodar la posición para permitir que se desempeñe mejor en los mercados. Rodar en este caso se refiere a mover o ajustar una opción de su posición actual a otra.

Al enrollar el calendario, podíamos cambiar su precio de ejercicio, su fecha de caducidad, y a veces incluso ambos. Asumamos que la corta extensión del calendario está cerca de expirar. En este caso, puede ajustar fácilmente la fecha de caducidad a una futura. Mantendrá el mismo precio de ejercicio pero retrasará la fecha de caducidad en un mes.

Al hacerlo, debe asegurarse de que la nueva fecha de caducidad no esté más alejada en el tiempo en comparación con la opción larga. La razón es que te beneficias de la theta positiva. Básicamente, las opciones a corto plazo experimentan una tasa de decadencia más rápida en comparación con otras opciones como las opciones a largo plazo.

## Eligiendo tu huelga

En general, no hay reglas o regulaciones sobre las fechas de vencimiento de su posición después de rodar. Sin embargo, encontrarás algunas compensaciones como en todas las demás posiciones, y así es exactamente como se juega theta. Puede elegir rodar la posición a los próximos ocho días y, si es necesario, hacer lo mismo en la próxima semana. Esto es posible siempre y cuando la fecha no se extienda más allá del tiempo necesario para cerrar la posición de difusión.

Hay un par de cosas más que puede considerar. Por ejemplo, ¿a qué distancia está el valor de las acciones subyacentes en esta etapa del precio de ejercicio? Tengan en cuenta que los cambios en el precio de la huelga tendrán un impacto directo en las expectativas de los precios.

También debe averiguar si hay eventos importantes pendientes dentro de la vida de sus opciones, como la liberación de ganancias. Esos anuncios importantes suelen tener un efecto importante en la volatilidad implícita. En efecto, esto dará lugar a precios excepcionalmente altos de las acciones, lo que afectará especialmente a las opciones a corto plazo. Sin embargo, también puede implicar que hay una fluctuación de precios.

## Mariposa de hierro rodante

Si tienes una posición de mariposa de hierro que podría hacerte perder dinero, entonces sería mejor que la enrollaras en lugar de cerrarla y perder dinero. Puedes medir fácilmente la posición. Es mejor ajustar la posición en la dirección del mercado. Sería mejor enrollar la mariposa de hierro y en concreto las opciones de largo recorrido. Estos deben ser enrollados a un precio de huelga más alto. Habrá un pequeño débito en relación con el crédito inicial. El riesgo inherente de la estrategia disminuirá y la pondrá en una mejor posición.

# Capítulo 4: Estrategias de gestión de opciones adicionales

Si eres como la mayoría de los inversores, entonces esperas que cuando compras una acción, ésta suba. En realidad, sin embargo, esto no siempre sucede. Afortunadamente, con las opciones, puede ayudar a minimizar las pérdidas que probablemente se produzcan al invertir en instrumentos financieros.

Si aplica los principios del comercio de opciones, podrá aumentar sus beneficios, reducir los riesgos y cubrirse contra la posibilidad de pérdidas futuras. La mejor estrategia de opciones a aplicar en tales situaciones es la estrategia de reparación de opciones.

Como inversor, si sufre pérdidas sustanciales en su cartera de acciones, entonces está limitado a tres opciones. Estas opciones son:

- Sostenga y espere...
- Vender y sufrir una pérdida
- Dobla hacia abajo

La estrategia de "mantener y esperar" es una estrategia que requiere que las acciones se reanuden al precio de compra inicial. Esta estrategia puede tardar mucho tiempo en materializarse si lo hace. Con la estrategia "double down", tendrá que inyectar más dinero para contrarrestar las pérdidas sufridas con la esperanza de que sus acciones eventualmente se desempeñen bien.

Afortunadamente, hay otra estrategia que no es tan trágica como las otras tres. Esta cuarta estrategia puede ayudarte a arreglar o "reparar" tus acciones. Esencialmente reduce el punto de equilibrio, pero no le impone ningún riesgo adicional. Esto es lo que se conoce como la estrategia de reparación de opciones.

## Definición de la estrategia de reparación de opciones

La estrategia de reparación de opciones, también conocida como estrategia de reparación de acciones, se formula en torno a una posición actual de pérdida de acciones. Se crea comprando sólo una opción de compra y luego vendiendo dos opciones de compra para cada una de las 100 acciones de las que es propietario. Ahora, la prima que se obtiene de la venta de las dos opciones de compra será suficiente para cubrir el costo de la opción de compra. Se le dejará una posición de opción libre que le permitirá alcanzar el punto de equilibrio de su inversión mucho más rápido.

## Cómo aplicar la estrategia de reparación de opciones

Ahora, supongamos que compras 500 acciones de Apple Inc. a 100 dólares hace un tiempo. Las acciones entonces caen a 70 dólares debido a los malos resultados de las ganancias. Después de algunos análisis, se tiene la impresión de que esta mala racha ha terminado, y las acciones se recuperarán en el próximo año. Sin embargo, los 100 dólares iniciales parecen un largo trecho. Su interés en este momento es llegar a un punto de equilibrio lo antes posible en lugar de dejar su posición actual y vender con pérdidas. En tal situación, hay ciertas posiciones que puede adoptar. Estas posiciones son:

- Compra 5 de las llamadas de 70 dólares de 12 meses para obtener los derechos de compra de 500 acciones adicionales al precio de 70 dólares por acción.
- Para cancelar 10 de las llamadas de 80 dólares de 12 meses para que tenga la obligación de vender 1000 acciones a este precio por acción

Con la última opción, podrá alcanzar el punto de equilibrio a sólo 80 dólares por acción en lugar de 100 dólares que era el precio inicial de las acciones. Esta situación es posible ya que el valor de las llamadas de 70 dólares es ahora +10 comparado con la pérdida de -10 dólares que hubiera tenido con la pérdida de acciones de Apple Inc.

## ¿Cuáles son los escenarios potenciales?

1. Las acciones de Apple Inc. podrían mantenerse en 70 dólares o caer más.
   En este caso, todas las opciones expirarán y perderán su valor. Sin embargo, usted se queda con la prima obtenida de sus opciones de compra por escrito.
2. El precio de las acciones de Apple Inc. aumenta a 80 dólares por acción
   La opción de compra de 70 dólares ahora valdrá 10 dólares, y las dos opciones de venta de 80 dólares expiran sin valor.
3. Las acciones de Apple Inc. aumentan a 80 dólares por acción
   Si esto sucede, tu opción de llamada de 60 dólares valdrá 20 dólares más. Sus dos llamadas de 80 dólares esencialmente le quitarán sus acciones a 80 dólares.

## Cómo determinar el precio de la huelga

Cuando se utiliza la estrategia de reparación, una de las principales consideraciones es llegar a establecer un precio de ejercicio para las opciones. El precio de ejercicio determinará si el comercio es libre o no y tendrá un efecto en el punto de equilibrio.

Primero, determine el tamaño de la pérdida no realizada que se espera en su posición actual de acciones. Por ejemplo, si usted posee acciones que compró a 50 dólares y que ahora se cotizan a 40 dólares, entonces se dice que su pérdida de papel es de 10 dólares por acción.

Luego puedes crear la estrategia de opciones comprando llamadas que son at-the-money y luego escribiendo llamadas out-of-the-money. El precio de ejercicio de las llamadas de compra debe ser superior a 40 dólares, mientras que el precio de ejercicio de las llamadas de escritura debe ser de 5 dólares por encima del precio de 40 dólares.

La mejor posición para empezar es la opción de los 3 meses. Entonces puedes ascender como es esencial para cualquier salto cercano a un año. Necesitará más tiempo para reparar las grandes pérdidas de los precios de las acciones y menos tiempo para las pequeñas pérdidas.

En algunos casos, las existencias podrían ser tan difíciles de reparar "gratuitamente", que tal vez haya que hacer un pequeño pago de débito sólo para poder establecer la posición.

## Mostrando la codicia

El punto de equilibrio puede parecer genial para empezar. Sin embargo, muchos inversionistas a menudo se van insatisfechos. Sin embargo, otros pasan de la codicia al miedo y luego vuelven a la codicia. Por ejemplo, supongamos que las acciones en el ejemplo anterior subieron a 70 dólares, pero usted decide que desea mantener las acciones en lugar de venderlas cuando lleguen a 80 dólares.

Afortunadamente, tienes la oportunidad, cuando es posible, de revertir la posición a una beneficiosa. Esto es sólo mientras las acciones se negocien por debajo del punto de equilibrio inicial. Este puede ser un gran plan siempre y cuando las acciones tengan grandes perspectivas. Las cosas podrían mejorar aún más en caso de que la volatilidad de las acciones aumente y decidas mantenerlas al principio de la operación. En tal situación, sus acciones se cotizarán a una tasa mucho más atractiva siempre que su posición con el precio de las acciones subyacentes siga siendo buena.

Sin embargo, a veces pueden surgir problemas cuando se intenta salir de una posición con la cotización de las acciones por encima o al precio de equilibrio. Se le pedirá que pague algo de dinero porque el valor total de sus opciones en este momento va a ser negativo.

¿Recuerdas el ejemplo anterior sobre las acciones? Ahora, imagina que las acciones se cotizan a 120 dólares. El valor de los 70 dólares será de 90 dólares, mientras que las 2 llamadas cortas con un precio de ejecución de 80 dólares valdrán -100 dólares. Ahora, reestablecerse en la empresa puede costarle la misma cantidad que comprar al precio actual de mercado de 120 dólares.

Por lo tanto, es aconsejable considerar únicamente la perspectiva de deshacerse de una posición si el precio se mantiene más bajo que el precio de equilibrio inicial mientras que las perspectivas futuras de la acción se ven bien. Si no es así, entonces es aconsejable restablecer una posición al precio de mercado actual.

## Otro ejemplo

Ahora considera la compra de 10 opciones de compra de acciones de Apple Inc. por 0,075 dólares y la venta de 20 opciones a 0,035 dólares. Es evidente aquí que las llamadas compradas son más caras comparadas con las vendidas. En nuestro ejemplo, el débito neto es de 0,05 dólares. Ahora, ya que estamos tratando con un diferencial de la ración, la deuda será bastante baja con un pequeño débito. Antes de firmar esta operación, las pérdidas fueron de 2.750 dólares, por lo que esta operación en particular añade sólo 50 dólares de riesgo extra.

### Comprender las limitaciones de esta estrategia

La estrategia de reparación de opciones tiene muchos beneficios, y sus méritos han sido demostrados anteriormente. Sin embargo, como comerciante, tienes que entender sus limitaciones.

- Si las acciones aumentan significativamente, entonces ya no existe la oportunidad de obtener beneficios por encima del precio de ejercicio más alto.
- Cuando el punto de equilibrio es menor, el potencial de ganancias se limita.
- Para implementar esta estrategia, entonces debe tener una cuenta de operaciones aprobada.
- Esta estrategia de reparación de opciones no te protege realmente de un nivel descendente y, de hecho, crea 50 dólares en riesgos de bajada.

Los ejemplos que se muestran aquí no tienen en cuenta ningún impuesto, y si se tienen en cuenta, los márgenes de beneficio se verán afectados de forma significativa.

# Capítulo 5: Consejos y sugerencias para los traders de opciones

Si usted es nuevo en el trading de opciones, entonces necesitará todos los consejos, sugerencias y orientación necesarios para operar con éxito. Sin embargo, se recomienda primero entender un concepto, aplicarlo y dominarlo y luego agregar más conocimientos. Esta es una estrategia mucho mejor y más exitosa. Aquí hay algunos consejos útiles que deberían guiarle en el comercio de opciones en línea.

## 1. El precio de cualquier acción puede moverse en 3 direcciones básicas

Estas direcciones son arriba, abajo, y ningún movimiento en absoluto. Dependiendo del tipo de llamada que tengas, puedes aprovechar este movimiento para obtener un beneficio o al menos evitar incurrir en pérdidas.

Muchos traders e inversores primerizos asumen que los precios de los valores subirán o bajarán. Sin embargo, esta es una escuela de pensamiento errónea porque a veces no hay ningún movimiento en absoluto en el precio de las acciones y los valores. Este es un hecho muy importante en el mundo del comercio de opciones.

Hay muchos ejemplos prácticos de la vida real que muestran una acción o un título particular que no se movió de manera significativa durante un período bastante largo. Por ejemplo, la acción de KOL se negoció dentro de un rango de 4 dólares por un total de 23 días. Si hubieras invertido dinero en una opción de compra o una opción de venta a través de estas acciones, habrías perdido dinero.

Según los traders experimentados, las posibilidades de obtener un beneficio con una opción de compra o de venta son casi siempre del 50% pero sólo del 33%. Esto se debe probablemente al hecho de que los movimientos de los precios de las acciones son aleatorios. Eventualmente te darás cuenta de que el 33% de las veces, las acciones suben; el 33% de las veces, bajan de precio; y otro 33% de las veces, se mantienen igual. El tiempo será más a menudo tu peor enemigo si tienes una larga opción de compra o venta.

La compra de una opción de compra suele ser con la esperanza de que los precios suban. En el caso de que los precios suban, entonces obtendrás un beneficio. En otras ocasiones, los precios seguirán siendo los mismos o incluso bajarán. En tales casos, si usted tiene una opción de compra fuera del dinero, lo más probable es que la opción expire, y usted perderá su inversión. En el caso de que el precio permanezca estancado y tengas una opción in-the-money, entonces al menos recuperarás parte del dinero que invertiste.

A veces habrá momentos en los que las frustraciones te engullirán. Es cuando te sientas a ver cómo los precios empiezan a subir vertiginosamente un par de semanas después de que las opciones que compraste hayan expirado. Esto es a menudo un indicador de que su estrategia no estaba a punto y no le dio suficiente tiempo. Incluso los comerciantes más experimentados compran a veces opciones de compra que finalmente expiran en un mes determinado y luego los precios de las acciones suben bruscamente en el mes siguiente.

Por lo tanto, es aconsejable adquirir una opción de compra a más largo plazo en lugar de una que expire después de un solo mes. Ahora bien, como las acciones se mueven en 3 direcciones generales, se supone que cerca del 70% de las opciones, los comerciantes con opciones de compra y venta largas sufren pérdidas. Por otro lado, esto implica que el 70% de los vendedores de opciones ganan dinero. Esta es una de las principales razones por las que los comerciantes de opciones conservadoras prefieren escribir o vender opciones.

## 2. Antes de comprar una opción de compra o de venta, mira el gráfico de las acciones subyacentes

Básicamente, se quiere averiguar toda la información posible sobre el rendimiento y el valor de una acción subyacente antes de invertir en ella.

Por lo tanto, debe asegurarse de que se mira seriamente el gráfico de las acciones. Este gráfico debería indicar el rendimiento de las acciones en los últimos días. Lo mejor es mirar el rendimiento de una acción en los últimos 30 y 90 días. También deberías echar un vistazo a su rendimiento del año pasado.

Cuando miras los gráficos, mira el movimiento de las acciones y trata de anotar cualquier tendencia. Además, intenta observar cualquier movimiento general de las acciones. Entonces responde a un par de preguntas. Por ejemplo, ¿están las acciones operando dentro de un rango estrecho? ¿O se está doblando hacia arriba o hacia abajo? ¿Este gráfico está en consonancia con su estrategia de comercio de opciones?

Para identificar la tendencia de una acción en particular, trate de trazar una línea recta a lo largo de la mitad de los precios de las acciones. A continuación, dibuja una línea tanto arriba como abajo para indicar un canal del flujo general de la acción.

## Lectura de gráficos y compra de opciones de llamada

Supongamos que desea invertir en una opción de compra. Entonces deberías preguntarte si el precio de las acciones es probable que suba y por qué. Si cree que las acciones subirán y se negociarán a un nivel más alto, entonces puede estar equivocado, a menos que ocurra algo drástico o que se haga evidente nueva información. La nueva información puede ser una reunión de accionistas, el inminente anuncio de las ganancias, un nuevo CEO, el lanzamiento de un producto, etc.

Si hay un gráfico que muestra la presencia de apoyo a precios más bajos y los precios de las acciones caen a ese nivel, entonces puede ser aconsejable comprar opciones de compra. La opción de compra será una gran apuesta cuando los precios bajen porque es muy probable que los precios suban. Sin embargo, nunca permitas que la codicia ocupe tu mente. Cuando veas un beneficio, toma y no esperes demasiado.

## Lectura de gráficos y compra de opciones de venta

Ahora, supongamos que el gráfico de las acciones indica una sólida resistencia a un precio más alto. Si las acciones están empezando a acercarse a este nivel más alto, entonces es posible que el precio empiece a moverse también en esa dirección. Así que a medida que el precio se mueva, espera obtener pequeños pero significativos beneficios. Evita la codicia, así que cuando el precio de las acciones caiga, simplemente muévete y gana algo de dinero.

## Lecturas de gráficos para la compra de opciones de compra y venta

Ahora bien, si las lecturas de su gráfico indican que las acciones están dentro de los niveles más bajos de su rango, entonces es probable que los cambios diarios de precio lo envíen hacia la mitad del rango. Si esto es así, entonces deberías moverte y obtener un beneficio tan pronto como el precio tienda al alza. Incluso las ganancias menores como la compra a $1 y la venta a $1.15 significan un margen de ganancia del 15%.

### 3. Averigüe el punto de equilibrio antes de comprar sus opciones

Ahora, debe identificar una opción de compra en la que desee invertir, especialmente después de estudiar su rendimiento en el mercado. Sin embargo, antes de comprar, deberías calcular el punto de equilibrio. Para encontrar este punto de equilibrio, tendrás que considerar cosas como las comisiones cobradas y el margen de la oferta.

Es muy importante que esté seguro de que las acciones subyacentes de sus opciones se moverán lo suficiente como para superar el punto de equilibrio y obtener un beneficio ordenado. Por lo tanto, deberías aprender a calcular el punto de equilibrio en el comercio de opciones.

### Calculando el punto de equilibrio

Como trader de opciones, necesitas saber cómo calcular y encontrar el punto de equilibrio. En el comercio de opciones, hay básicamente 2 puntos de equilibrio. Con las opciones a corto plazo, es necesario utilizar las tasas de comisión y el margen de oferta para calcular el punto de equilibrio. Esto es si tienes la intención de mantener las opciones hasta su fecha de caducidad.

Ahora bien, si busca un comercio a corto plazo sin aferrarse a las opciones, entonces averigüe la diferencia entre el precio de venta y el precio de compra. Esta diferencia también se conoce como la propagación.

### 4. Si usted está tratando con opciones de compra y venta, adopte la tendencia de las acciones subyacentes

Como inversor y trader de opciones, debes considerar la tendencia de las acciones subyacentes como tu amigo. Esto significa que no deberías luchar contra ello. Básicamente, si el precio de las acciones se dirige al alza, deberías encontrar una estrategia que esté en consonancia con este movimiento. Si te opones, es poco probable que ganes.

Del mismo modo, si las acciones tienen una tendencia a la baja, no se opongan a este movimiento, sino que traten de encontrar una estrategia que se adapte a esta tendencia. Sin embargo, debe entender que este dicho tiene como objetivo guiarle, pero no es necesariamente una regla. Esto significa que se aplica incluso cuando se consideran todos los demás factores. Por ejemplo, las principales noticias pueden tener un efecto inmediato en la tendencia del precio de una o varias acciones.

Como trader, debes aprender a saltar con éxito en una tendencia y seguir las multitudes en lugar de ir a los extremos y oponerte a ella. La mayoría de los aficionados que ven una tendencia al alza a menudo piensan que las acciones están a punto de nivelarse. Sin embargo, la realidad es que el impulso es a menudo considerado como una gran cosa por los comerciantes experimentados. Por lo tanto, no intente oponerse a la tendencia porque seguramente perderá. En su lugar, intente diseñar una estrategia que se adapte a la tendencia. En resumen, la tendencia es siempre tu amiga, no te resistas, y el impulso es realmente grande.

## 5. Al comerciar opciones, tén cuidado con las fechas de publicación de las ganancias

Las opciones de compra y venta suelen ser caras, y el precio aumenta considerablemente si se anuncia la publicación de las ganancias. La razón es que la anticipación de un informe de ganancias muy bueno o muy malo probablemente afectará el precio de las acciones. Cuando se trata de una acción subyacente en un comercio de opciones, entonces usted debe ajustar sus operaciones apropiadamente.

Una vez que se haya realizado una liberación de ganancias, entonces los precios de las opciones caerán significativamente. También tienes que tener mucho cuidado con esto. Los precios subirán primero justo antes de la publicación de las ganancias y luego caerán poco después. También es posible que los precios de las opciones de compra bajen a pesar de los anuncios de ganancias. Esto puede suceder si las ganancias anunciadas no son tan impresionantes como se esperaba.

Por ejemplo, es posible que las acciones como las de Google aumenten de manera insana durante la semana de anuncio de las ganancias, pero que caigan significativamente poco después. Considere las acciones de Apple que se negociaban a 450 dólares en los mercados. Las opciones de compra con Apple como la acción subyacente se cotizaban a 460 dólares. Sin embargo, el mercado había fijado un precio de 480 dólares en 3 días, lo que no ocurrió. Esto le costó dinero a los inversores. Esos activos subyacentes se consideran volátiles debido al elevado aumento del precio, la rápida caída poco después y el consiguiente riesgo de pérdida de dinero.

## Consejos adicionales para los operadores de opciones avanzadas

Uno de los mejores consejos para todos los comerciantes de opciones avanzadas específicamente y todos los demás comerciantes, en general, es invertir en la educación. Algunas de las técnicas comerciales más cruciales consisten en evaluar las existencias, realizar análisis fundamentales y llevar a cabo análisis técnicos. También debe ser capaz de tomar decisiones sobre el inminente y futuro movimiento de seguridad.

Las opciones pueden ser arriesgadas, y el tiempo siempre está en tu contra. Como tal, debe ser capaz de predecir y pronosticar con la mayor precisión posible la dirección inminente y futura de una acción individual y la tendencia general del mercado.

## Opciones de acciones avanzadas

Las opciones de compra de acciones son muy similares a los contratos de futuros. También se parecen mucho a las existencias ordinarias. Sin embargo, todos son inherentemente diferentes. Como tal, las opciones pueden ser vistas como contratos. Por lo tanto, cada vez que un comerciante negocia con opciones, está negociando un contrato que hace referencia a un valor subyacente. Se trata de una información básica que todos los comerciantes de valores conocen, pero que es esencial para refrescar la memoria.

*Mantén tus ojos en el análisis técnico*: Incluso antes de comenzar cualquier forma de comercio, debería refrescar su memoria sobre el comercio de opciones. También necesitas asegurarte de que tienes una estrategia apropiada que te lleve a la rentabilidad. El análisis técnico indicará la dirección que se espera que sigan las acciones o la seguridad. Le ayudará a idear una estrategia y a elegir las acciones.

## Asegurarse de que su comprensión del análisis fundamental está a la altura

En el análisis fundamental se examinan los factores que pueden tener un efecto directo o indirecto en el movimiento de una acción en el mercado. Hay aspectos cruciales que hay que entender, incluyendo las acciones que hay que elegir, las empresas en las que hay que centrarse, etc. Aprender a diferenciar entre una buena compañía y una inútil es vital para el éxito del comercio de opciones. Asegúrate de que nunca vayas en contra o apuestes en contra de los fundamentos.

## El tiempo no está de tu lado

Tenga siempre presente que el precio o el valor de las acciones subyacentes se va a mover en una dirección u otra. Como tal, debe estar seguro de que las acciones que elija y los contratos que coloque se moverán en una determinada dirección. Las acciones subyacentes se moverán definitivamente en una dirección, por lo que hay que estar preparado para el movimiento antes de la fecha de vencimiento del contrato.

Las acciones que hay que buscar son las más volátiles dependiendo de su estrategia de opciones preferidas. En este caso son preferibles las existencias de tendencia fuerte con volúmenes elevados.

## En las opciones "In the Money" y "Out of the Money"...

Por lo general, es más caro comprar opciones que están dentro del dinero que las que están fuera del dinero. Las opciones que están en el dinero son generalmente las que ya tienen algún valor intrínseco. Al comprar tales opciones, también pagará por el valor intrínseco.

Por otra parte, al elegir algunas de las opciones de dinero, no pagará ningún valor intrínseco y por lo tanto éstas costarán mucho menos. Sin embargo, no implica que la acción se mueva mucho más, por lo que el valor intrínseco puede o no encontrar algún movimiento.

## Opciones de compra y venta

Usted ya entiende que las opciones de compra son contratos en los que los traders esperan que el precio de la acción subyacente aumente y esperan obtener beneficios una vez que haya un aumento de precio. Del mismo modo, podemos esperar que las opciones de venta experimenten una disminución en el precio de las acciones subyacentes. Por lo general, es más seguro comprar contratos de opciones que venderlos. Sin embargo, los traders experimentados pueden comprar, vender e incluso elaborar estrategias comerciales complejas.

Como vendedor de contratos de opciones, el tiempo está de tu lado, así que mejor aprovecha ese tiempo. El objetivo principal en este caso es esperar que los contratos de opciones expiren sin valor. Como tal, se le recompensará con el contrato una vez que expire. Evita siempre los contratos que te pongan en un alto riesgo. Tales contratos incluyen los desnudos y otros. Si usted es un trader experimentado, entonces debe tener las técnicas o la experiencia sobre cómo manejar tales contratos.

Siempre que sea posible, evita las configuraciones complejas a menos que las entiendas completamente. Invierte más tiempo en entender algunas de las configuraciones más simples ya que éstas te ayudarán a entender y apreciar las más complejas.

## Errores y cómo evitarlos

Nadie puede decir que es el trader perfecto. Todos cometemos errores, incluso los mejores de nosotros. Cuando anotamos nuestros errores y los admitimos, tenemos la oportunidad de ser mejores. Algunos errores se repiten a menudo una y otra vez, pero pueden evitarse. Sin embargo, hay algunos errores generales que deben evitarse si se quiere negociar las opciones con éxito.

### 1. Comercio sin un plan de salida definido

Como trader, realmente necesitas aprender a controlar tus emociones. Esto es cierto tanto si se trata de comercio de acciones como de opciones. Lo importante es tener siempre un plan, trabajar con el plan y seguirlo sin importar los sentimientos. Un plan de salida es necesario tanto si se pierde como si se gana. En resumen, tener un punto de salida alcista y un punto de salida bajista.

### 2. Tratando de compensar las pérdidas sufridas

La mayoría de los traders perderán dinero en un momento u otro. Esto es algo común. Sin embargo, muchos principiantes o traders novatos a menudo entran en pánico después de perder dinero. Los traders inexpertos a menudo entran en pánico después de perder un par de operaciones y tratan de inyectar más dinero en un momento de pánico. No deberías hacer esto ya que sólo te costará más dinero. En su lugar, respire profundamente, relájese e incluso tome un descanso.

A veces, los traders tienden a duplicar, una forma de invertir más dinero en las operaciones en su intento de recuperar sus pérdidas. Aunque esto puede ser un asunto tentador, debe aprender a evitar y a atenerse a su plan de inversión. Su plan es muy importante y guiará todas tus operaciones comerciales online.

### 3. No realizar suficiente investigación sobre un puesto

Es muy importante llevar a cabo la debida diligencia y hacer los deberes. Si no utiliza las herramientas provistas, estudie los gráficos, compare el rendimiento y muchas otras cosas que debería, entonces sus operaciones pueden no tener éxito. Sólo perderás dinero y ni siquiera tendrás la oportunidad de entender por qué. Asegúrate de que haces el trabajo necesario y trabajas duro para poder comerciar con éxito. Un trader informado suele ser un trader de éxito y viceversa.

## 4. El comercio con una mente fija...

Muchos traders suelen comerciar con una mente fija, pensando que siempre tienen razón. A veces, incluso cuando hay pruebas de lo contrario, los traders se mantienen fieles a sus posiciones. En lugar de insistir en tener razón, el enfoque debe ser en ser rentable y esto significa ser flexible y tener una mente abierta.

## 5. Esperar mucho tiempo para recomprar estrategias cortas

Como trader, debes estar siempre listo para comprar estrategias cortas y hacerlo con suficiente antelación. A veces, cuando un comercio se realiza de forma rentable y de acuerdo a sus deseos, puede tender a relajarse. Puede formarse la opinión de que esta carrera continuará para siempre. Tales intercambios o corridas pueden cambiar de dirección fácilmente.

Si una opción corta que tienes se sale del dinero, entonces deberías comprarla de nuevo. Básicamente, si puedes rescatar más del 80% de tus ganancias anteriores, deberías volver a comprar la opción.

## 6. Compra de opciones sin dinero

Algunas de las opciones más baratas en el mercado de opciones son las opciones sin dinero. Muchos principiantes a menudo se apresuran a comprarlos por su bajo costo, y esto podría parecerles, por lo tanto, a ellos. Sin embargo, hay una razón por la que estas opciones son tan baratas. La mayoría de ellos tienen muy pocas posibilidades de terminar en dinero, por lo que pueden no valer nada eventualmente.

Si va a comprar estas opciones, tiene que ser preciso en cuanto a tiempo y dirección. Si te sientas en ellos demasiado tiempo, entonces, incluso si la dirección es exacta, aún así saldrás perdiendo. La fecha de caducidad es a menudo el determinante más crucial para saber si las opciones terminarán en el dinero.

Para arreglar esto, trata de ir a por los largos golpes y llamadas. Ponga esto en el dinero lo más pronto posible. Aunque es probable que sean más caras, tienen más posibilidades de éxito y es probable que le den un beneficio.

## 7. Dejar que las opciones cortas no sean vigiladas

Una de las características más destacadas de las opciones cortas es que conllevan recompensas limitadas y riesgos ilimitados. Aunque esto podría ser un desvío para algunos inversores, no debería disuadirte. Las opciones cortas pueden ser una forma muy lucrativa de obtener ingresos. Sin embargo, como comerciante, tienes que permanecer a cargo e involucrado.

Deberías monitorear tanto las ventajas como las desventajas de esta opción y ver cómo está funcionando. Sin embargo, muchos comerciantes tratan de sacar el máximo provecho de sus opciones. Esto puede hacer que terminen en una pérdida. El mejor enfoque con opciones cortas es nunca dejarlas ir en el dinero. Eso es a menos que se trate de llamadas cubiertas o cuando se apliquen puts para encontrar acciones. Además, asegúrese de establecer sus puntos de salida. Podría determinarse por una cantidad máxima de pérdida o por su análisis técnico de los oficios.

## 8. Comercio de opciones de bajo volumen

Uno de los factores importantes del comercio de opciones es tratar con opciones líquidas. La liquidez aquí representa la velocidad con la que se puede entrar o salir de una posición dada a un precio deseable. Si la liquidez es baja, entonces la posibilidad de salir en su momento o precio preferido es limitada.

Recuerde que el hecho de que las opciones coticen en el mercado no implica que sean buenas para el comercio. De hecho, la mayoría de las opciones enumeradas no se comercializarán. Las empresas más pequeñas no tienen opciones líquidas. Trata de evitar estar tan lejos del dinero o incluso en el dinero.

## 9. No estar informado mientras se comercia

Es muy crucial que cuando empieces a comerciar, tengas toda la información necesaria, para que tomes las decisiones correctas e informadas. Sin embargo, no estar informado es un problema que experimentan no sólo los comerciantes novatos sino también los experimentados. ¿Recuerdas la parte de hacer los deberes? Esto es muy importante.

Siempre debes estar al tanto de los asuntos relacionados con la macro y microeconomía. Además, asegúrate de tener el calendario económico para saber cuándo se anunciará una noticia económica importante. Esta información es definitivamente importante y le ayudará a guiarse incluso cuando tome decisiones financieras en sus operaciones.

A un nivel micro, quieres mirar la información de una compañía. Por ejemplo, ¿tienen algún anuncio importante inminente? Los anuncios importantes pueden tener un gran impacto en la bolsa de valores. Las existencias pueden aumentar drásticamente o disminuir considerablemente. Está bien comerciar en torno a estos eventos, pero debe tener el conocimiento suficiente para entender cómo afectan a su estrategia comercial general.

## 10. Comerciar con opciones sin entenderlas correctamente...

Muchos principiantes suelen carecer de una comprensión más profunda de las opciones. Por ejemplo, un comerciante compra una opción de compra de acciones cuando la acción experimenta un aumento de precio, pero la opción pierde dinero. Esto suele ocurrir debido a la volatilidad de las acciones. También demuestra la falta de una comprensión más profunda de las opciones de compra de acciones.

Básicamente, no es esencial saber o entender cada detalle antes de embarcarse en sus operaciones. Pero necesitas tener al menos alguna información básica sobre la compañía cuyas acciones estás a punto de negociar. También debe comprender cómo pueden beneficiarle las diferentes estrategias de negociación de acciones y cómo cada una de ellas reacciona al tiempo, la dirección y la volatilidad.

## 11. Comprender una estrategia antes de aplicarla

La mayoría de los traders más avanzados se aventuran en el trading de opciones avanzadas aplicando estrategias intermedias que implican una combinación de estrategias. No hay nada malo en esto, y de hecho es un buen enfoque. De hecho, los primeros intercambios no deberían ser complicados y no deberían estar dentro de un cóndor de hierro. La única cuestión aquí es que, como trader, puedes quedarte atascado en estas estrategias y olvidar que hay muchas otras grandes estrategias ahí fuera. Si no diversifica sus estrategias, entonces puede que realmente salga perdiendo.

En el trading de opciones, los traders pueden moverse en cualquier dirección y apalancar el mercado. Por ejemplo, las opciones pueden permitirle operar de manera rentable tanto si el mercado es volátil como si no lo es, si se mueve hacia arriba, si tiene una tendencia a la baja o si no se mueve en absoluto. Todas estas diferentes situaciones del mercado pueden ser explotadas por un buen trader para asegurarse de que puede beneficiarse de ellas y maximizar sus beneficios.

Sin embargo, no todas las estrategias funcionarán para todos o en todas las situaciones. Sin embargo, al aventurarse con el conocimiento y la comprensión, será posible identificar eventualmente los tipos de estrategias que funcionan para usted en cada situación diferente. Las estrategias pueden probarse en tamaños pequeños después de una adecuada comprensión de su funcionamiento.

# Conclusión

Gracias por llegar hasta el final de este libro, esperemos que haya sido informativo y capaz de proporcionarle todas las herramientas que necesita para alcanzar sus objetivos, sean cuales sean. Después de leer este libro, ahora debería ser capaz de implementar algunas de las estrategias más complejas que utilizan los traders avanzados. Notarás que estas estrategias consisten en gran parte en algunas de las estrategias más simples. Por ejemplo, notarás que las estrategias como el estrangulamiento y la horca pueden combinarse para proporcionar estrategias más complejas como el salto inverso, la mariposa del árbol de Navidad, la combinación larga, la doble diagonal y muchas otras.

La aplicación de estas complejas estrategias tiene ciertos beneficios. Una de ellas es aprovechar su experiencia y conocimientos en estrategias de opciones. Puedes usar tu experiencia para crear estrategias complejas y avanzadas que te ayudarán a obtener más beneficios y a mantenerte seguro mientras negocias. El trading puede ser una aventura arriesgada y es crucial utilizar estrategias que puedan ayudar a mitigar los riesgos.

Otro beneficio de utilizar estas estrategias complejas o avanzadas es que se puede aprovechar cualquier situación del mercado. Esto significa que no importa cuál sea la situación en los mercados, usted es capaz de identificar una estrategia adecuada que puede aplicar. En este caso, se puede ganar dinero dependiendo de si los mercados están estancados, con tendencia a la baja o incluso a la baja. Cuando seas capaz de hacer dinero sin importar las condiciones del mercado, entonces tendrás más éxito y ganarás muchos más beneficios.

También puedes aprender más sobre cómo manejar los puestos. Esto significa tomar medidas para beneficiar o mitigar los cambios en las condiciones del mercado. Si el mercado se mueve en contra de sus estrategias, entonces usted podrá tomar medidas correctivas y ajustar sus posiciones en el mercado para ayudar a evitar una pérdida. También puede asegurarse de que si se produce un buen funcionamiento del mercado, podrá aprovechar la situación y ser más rentable.

El rodaje es un proceso que puede ser usado para hacer estos cambios en sus posiciones. Este libro ha demostrado cómo lanzar un par de estrategias para permitirle rendir mejor en una carrera ganadora o evitar una pérdida total y convertirla en una posición ganadora. Aprender estas y otras técnicas de gestión de stock y de rodaje es absolutamente crucial para usted como trader avanzado.

Por último, si usted encontró este libro útil de alguna manera, una reseña en Amazon siempre es apreciada!

# Invertir en la Bolsa de Valores

*¡De principiante a avanzado en semanas! Las mejores Estrategias de Trading para obtener ganancias en Acciones únicas. Análisis Fundamental y Técnico.*

**Por**

**Flavio Bosque**

# Introducción

Felicitaciones por adquirir este libro y gracias por hacerlo.

En los siguientes capítulos se discutirán algunas configuraciones y estrategias avanzadas que realmente deberías dominar. Estas estrategias pueden aumentar sus ingresos de manera exponencial y hacerla rica antes de lo que piensa.

Como trader intermedio o con experiencia, quieres avanzar en tus habilidades para empezar a obtener beneficios mucho más grandes. Para ello, primero tienes que aprender algunas configuraciones y estrategias avanzadas. Esto incluye la comprensión de cosas como los gráficos avanzados, el cálculo de factores como el beta y los ratios de Sharpe, etc. Dominar estas estrategias te llevará desde los reinos de la media hasta los niveles de los traders ricos y exitosos. También es importante afinar tus habilidades de análisis porque aquí es donde todo comienza. Es necesario poder analizar y evaluar los mercados, los diferentes sectores de la economía, las empresas específicas e incluso las acciones de las empresas prometedoras. Sólo entonces tendrá una base firme y un excelente comienzo para un comercio exitoso y rentable. Este libro toca estos y otros temas con gran detalle.

Hay muchos libros sobre este tema en el mercado, ¡gracias de nuevo por elegir este! Se ha hecho todo lo posible para asegurar de que esté lleno de tanta información útil como sea posible, ¡por favor disfrútalo!

# Capítulo 1: Introducción al análisis

**Análisis fundamental**

Todo trader serio, especialmente los traders intermedios y expertos, debe saber cómo analizar las acciones, los mercados y la situación general de los diversos sectores de la economía. Hay dos enfoques principales para hacer esto. Tenemos análisis fundamentales y análisis técnicos. Todo comerciante que tenga éxito debe aprender a realizar estas dos formas de análisis a fin de recibir información esencial antes de comerciar.

El análisis fundamental es un examen o análisis de todas las fuerzas subyacentes que afectan directamente a la economía de un país, a los diferentes sectores e industrias, así como a las empresas individuales.

El análisis fundamental tiene por objeto determinar el valor intrínseco de un valor mediante el análisis y el examen de los factores financieros y económicos conexos. Estos pueden ser de naturaleza cuantitativa y cualitativa. Hay diferentes factores que afectan el desempeño de una seguridad. Estos incluyen el desempeño general de la economía, las condiciones de la industria, las regulaciones gubernamentales, las políticas fiscales y así sucesivamente. También incluye factores microeconómicos como la gestión de la empresa, las políticas, la situación financiera, etc.

Como analista, se espera que examine todas las cosas que pueden afectar el valor de una seguridad. Los valores aquí se refieren a los instrumentos financieros negociados en los mercados. En nuestro caso, nos interesan las acciones, así que nos centraremos más en esta clase de seguridad. El principal objetivo del análisis fundamental es obtener un valor cuantitativo que pueda ser utilizado por los inversores y traders para compararlo con los precios actuales de un valor. De esta manera, el inversor u otro experto podrá comparar los dos valores y determinar si una acción en particular está sobrevalorada o infravalorada.

En resumen, el análisis fundamental examina más de cerca una organización en su nivel más fundamental o básico. El objetivo final del análisis es predecir con precisión los movimientos futuros de los precios para sacar provecho de ellos.

*Diferentes niveles de análisis*

El análisis fundamental se realiza generalmente a diferentes niveles. El propósito principal es obtener suficiente información que permita a un comerciante o inversor tomar decisiones prudentes y provechosas.

El análisis fundamental se realiza normalmente a diferentes niveles. Por ejemplo, se lleva a cabo a nivel de la empresa para que el analista pueda aprender y comprender los factores que contribuyen al rendimiento de una empresa. A este nivel, los analistas querrán investigar la competencia de la empresa, su información financiera, el plan de negocios y la gestión. Estos son los principales factores que los guían en la salud y el rendimiento de un negocio.

El análisis fundamental también desea conocer una industria o un sector específico de la economía. A este nivel, los analistas examinan los factores de producción, los principales agentes del sector, el rendimiento previsto para el año próximo y las fuerzas de la demanda y la oferta en el mercado en relación con los productos o servicios ofrecidos.

A veces los analistas necesitan examinar toda la economía de un país sólo para comprender el rendimiento esperado para el año próximo. El rendimiento de la economía nacional suele tener una gran influencia en el rendimiento de ciertos sectores e industrias. Los datos económicos como la creación de empleo, la productividad, las cifras de exportación, etc., contribuyen a crear una imagen del rendimiento previsto de la economía nacional.

A veces es necesario concentrarse en una acción y prever su movimiento y precios futuros. En este caso, un analista combinará el análisis de la empresa con el análisis de la industria y el análisis económico para llegar a un valor considerado justo. Esto permite predecir el futuro rendimiento de la acción. Ahora bien, si el valor justo de una acción está lejos de su precio actual, entonces el analista concluirá que la acción está infravalorada o sobrevalorada.

Significa que en cuestión de tiempo las fuerzas del mercado entrarán en juego y realizarán una corrección. Cuando las fuerzas del mercado entren en juego, el precio se ajustará lenta pero firmemente hacia el precio considerado justo. Además, cuando un analista considera que una acción está sobrevalorada, aconsejará al cliente que la venda. En caso de que las acciones estén infravaloradas, el consejo será comprar más.

Cuando un inversionista cree que una compañía está funcionando bien, entonces lo más probable es que vaya a largo plazo. Esto simplemente significa que el inversor comprará acciones esperando que el valor aumente. Por otro lado, cuando las compañías se muestran débiles, los inversores venderán en corto. Esto significa vender acciones que se cree que pronto perderán valor.

El análisis fundamental se considera a veces como lo contrario del análisis técnico. Esto se debe a que el análisis fundamental se centra en la fuerza, el fundamento y el futuro de una población, mientras que el análisis técnico se centra en la dirección o el movimiento previstos de la población. Además, muchos analistas fundamentales esperan beneficiarse de las discrepancias mostradas por el resultado del análisis. Cuando el valor de las acciones difiere del indicado, entonces esto proporciona una oportunidad a los inversores y comerciantes.

Los analistas fundamentales no toman consejos de las calles o de cualquier trader novato. No se creen nada de lo que escuchan. En su lugar, optan por evaluar toda la economía, evaluar una industria y una empresa específica para averiguar el verdadero valor de una empresa. Luego forjan una estrategia para beneficiarse de los precios reales y percibidos de las acciones.

## El proceso de análisis fundamental

El proceso de realización del análisis fundamental no está claro. No hay un solo método prescrito sobre cómo llevar a cabo el proceso. Sin embargo, el análisis fundamental suele seguir un determinado procedimiento. Este procedimiento se caracteriza por un enfoque de arriba abajo que comienza con el examen de la economía general de un país, luego se centra en sectores individuales de la economía y finalmente en una sola empresa y sus acciones.

Parte del análisis fundamental implica la comparación porque el análisis es relativo. Esto significa que las empresas de un sector determinado se comparan entre sí y con los grupos industriales. Las empresas que se comparan entre sí suelen pertenecer al mismo sector, de lo contrario sería comparar las naranjas con las manzanas. En el mundo de los negocios, las empresas suelen compararse con las de la misma industria. Por ejemplo, Verizon es un operador de telecomunicaciones y, por lo tanto, debe compararse con otra empresa del mismo sector, como AT&T, pero no con Exxon Mobil, que es una empresa del sector de la energía.

### 1. *Previsión económica nacional*

Usando el enfoque de arriba abajo, necesitamos empezar por evaluar primero la economía general de un país. La razón es que la economía nacional es como una marea que afecta a todas las industrias y a todos los sectores. Básicamente, cuando la economía de un país va bien y se expande, entonces la mayoría de los sectores prosperarán, y las diferentes industrias se beneficiarán inmensamente y experimentarán un crecimiento.

Sin embargo, cuando la economía está en decadencia y no funciona bien, entonces muchas empresas de diversas industrias se ven afectadas. De hecho, los expertos en finanzas y economía creen que existe una correlación entre los tipos de interés y la contracción o expansión económica. Por consiguiente, los expertos en economía y finanzas consideran que los tipos de interés son uno de los principales catalizadores que afectan a la economía nacional.

Otro factor que afecta a la economía de un país es la seguridad. Cuando un país es estable y la seguridad es buena, entonces la economía generalmente funciona bien. Tal como están las cosas, es posible identificar una correlación entre los tipos de interés y los precios de las acciones. Esto significa que es posible observar que cuando los tipos de interés son bajos, los precios de las acciones son altos y lo contrario también es cierto.

## 2. *Grupos de la industria*

Ahora bien, si un analista determina que la economía va bien, que los fundamentos son fuertes y que se expandirá en el transcurso del año, entonces hay ciertas industrias que probablemente se beneficiarán mucho más que otras. Los inversores pueden examinar la dirección de la economía y determinar cuáles son las industrias que probablemente se beneficiarán y cuáles las que probablemente se perderán. Si el análisis muestra que se espera que la mayoría de las empresas se beneficien de la economía en expansión, entonces los riesgos para los inversores son muy bajos.

La mayoría de las empresas adaptarán entonces estrategias de crecimiento bastante agresivas con la esperanza de beneficiarse de las condiciones económicas positivas imperantes. Algunas de las estrategias de crecimiento que los inversores podrían adaptar incluyen la compra de acciones en tecnología, semiconductores, biotecnología y quizás acciones cíclicas. Por otra parte, cuando se prevé que la economía experimente una recesión, los traders e inversores prefieren configuraciones y estrategias no agresivas y más conservadoras.

Tienden a buscar empresas más estables y que puedan prometer un ingreso regular. Por ejemplo, las empresas del sector de la energía reciben en gran medida los ingresos de sus clientes sin grandes ambiciones de crecimiento. Por ello, los inversores en ese mercado optarán principalmente por acciones de empresas de servicios públicos, empresas de energía y organizaciones similares.

Hay ciertos parámetros que utilizan los analistas y comerciantes para evaluar el potencial de toda una industria dentro de una economía. Estos parámetros incluyen el tamaño del mercado, la tasa de crecimiento general, así como la importancia para la economía en general. Una empresa puede ser importante para la economía, pero un grupo entero de empresas dentro de una industria determinada tendrá mucho más poder que puede ser ejercido para afectar el precio de las acciones.

Además, cuando las acciones se mueven al alza o a la baja, tienden a hacerlo juntas en grupos dentro de una industria. Como tal, un inversor estará más seguro dentro de la industria correcta en lugar de las acciones correctas. Estar en la industria correcta es realmente importante dependiendo del estado de la economía.

### *3. Cero Abajo con un grupo*

El siguiente paso de un inversor es reducir a cero la caída dentro del grupo correcto una vez identificado para encontrar las acciones adecuadas para comprar. Siempre hay una amplia variedad para elegir, por lo que puede ser necesario algún análisis. Muchos inversores prefieren invertir sus fondos en innovadores y líderes dentro de un grupo. La creencia popular es que los líderes e innovadores probablemente superen al resto.

Un analista necesita observar primero las atmósferas competitivas y de negocios prevalecientes dentro de una industria en particular, así como cualquier tendencia futura. En este caso, la atención se dirigirá a factores como la ventaja competitiva, la posición del producto y la cuota de mercado. Es probable que una empresa con una mayor cuota de mercado y una clara ventaja competitiva supere a otra que no tenga una ventaja competitiva clara o una cuota de mercado importante. Otras preguntas esenciales que necesitan respuesta son quiénes son los directivos de la empresa, las barreras de entrada, y cualquier cambio reciente en la gestión, etc. Para tener éxito, un inversor necesita tener una ventaja sobre la competencia, ya sea en tecnología, marketing, innovación o incluso en la cuota de mercado. Por lo general, se recomienda realizar un análisis comparativo dentro de una industria a fin de identificar la empresa más rentable en la que invertir.

### Análisis de la compañía

Primero tienes que hacer una lista de compañías dentro de una industria en particular. Se trata básicamente de empresas que se perciben como líderes y con una importante cuota de mercado. Como analista, querrás investigar las capacidades de cada compañía así como los recursos que tiene. De esta manera, podrá observar las empresas que tienen la capacidad de crear y también de mantener una ventaja competitiva clara sobre otras empresas del mismo sector. Además, en el examen de los factores se debe prestar mucha atención a la identificación de empresas con una gestión sólida, un plan de negocios serio y una perspectiva financiera sólida.

## 1. Un sólido plan de negocios

Toda empresa seria tiene que tener un plan o modelo de negocios sólido sobre el cual se basa todo el negocio. Si el plan y el modelo de negocios es sólido, entonces una compañía tendrá una base sólida sobre la cual crecer y prosperar. Sin embargo, si el modelo o plan de negocio es inestable sin una base sólida, entonces la empresa puede estar en problemas y se debe trazar un plan para mejorar el modelo.

Algunas de las preguntas que un analista o inversor debería hacerse son: ¿tiene esta empresa un plan de negocios sólido? ¿Es un plan rentable? ¿Tiene sentido este modelo de negocio en particular? También es bueno investigar si hay un mercado listo para los bienes y productos que la empresa produce, si la empresa está bien establecida y cómo les va a otros en la misma industria. ¿Es el negocio capaz de mantenerse por delante de la competencia? Estas son algunas de las preguntas cruciales que deben hacerse. Las respuestas permitirán a un analista llegar a una respuesta que ayudará en las decisiones de inversión.

## 2. La Dirección

Los analistas e inversores también deben prestar mucha atención a la gestión de una empresa. Es importante revisar a los altos directivos, especialmente a los ejecutivos principales, porque ellos son los responsables de implementar la visión de la empresa y de ejecutar el plan de negocios. A veces, incluso algunos de los planes más importantes salen mal, especialmente en situaciones en las que la gestión no está a la altura de las circunstancias. Por lo tanto, es crucial escrutar a los altos directivos como los ejecutivos de la suite C. El no hacerlo puede hacer que los inversores pierdan dinero cuando una empresa de una industria dinámica fracasa debido a un mal liderazgo.

Es probable que una buena empresa con una sólida gestión funcione especialmente en una economía próspera. Como tal, un analista debe investigar y averiguar el talento del equipo de gestión, si tienen un historial de éxito y si se puede confiar colectivamente en que los gestores individuales cumplan sus promesas. Por otra parte, una gran gestión puede dar lugar a excelentes resultados, como desean los inversores y los accionistas. Tal equipo es capaz de elaborar una estrategia, implementar un plan de negocios bien pensado y disfrutar de un inmenso éxito, especialmente en una economía en crecimiento. Básicamente, si los analistas no tienen confianza en el equipo directivo, entonces es mejor dejar la empresa en paz y pasar a la siguiente.

### 3. Información financiera

El último aspecto, aunque también crucial, del análisis de la empresa es la posición financiera de una empresa. El análisis financiero suele ser el aspecto final, pero sigue siendo tan crucial como todos los demás. Como tal, el análisis de los estados financieros de una organización es sumamente crucial para comprender cómo se ha desempeñado la empresa en el pasado y el rendimiento esperado en el futuro. Hay ciertos insumos que se consideran esenciales. Entre ellas se incluyen las siguientes;

- Evaluación de los activos
- La marca de la empresa
- Gestión
- Obligaciones a corto y largo plazo
- Amortización
- Las perspectivas de crecimiento
- Inversiones
- Patentes
- Estructura de la deuda
- Colocación de productos
- Relación entre la deuda y el capital social
- Depreciación

Y la lista sigue y sigue hasta que se vuelve abrumadora. Sin embargo, trabajar como analista llevará eventualmente a un inversor a entender cómo funciona y cuáles son los parámetros más cruciales dentro de las industrias particulares. Existen numerosas métricas de valoración, por lo que la elección dependerá del analista, así como de la industria y la etapa del ciclo económico. Cuando el análisis financiero se realiza correctamente, los inversores pueden utilizar esta información para tomar decisiones de inversión. A veces los analistas e inversores clasifican las organizaciones en función de los coeficientes de valoración. Por lo tanto, cuando sea posible, los coeficientes de valoración deben constituir un análisis financiero de una empresa.

## Análisis cualitativo y cuantitativo

El análisis fundamental, por su propia naturaleza, busca analizar los fundamentos de una economía, una industria o una empresa específica. Sin embargo, nunca es una hazaña fácil definir lo que los fundamentos realmente significan. Esto se debe a que abarca desde la economía en general hasta la industria específica, la eficacia de la gestión, la cuota de mercado, los beneficios e incluso los ingresos. Para facilitar las cosas, los analistas suelen dividir los fundamentos en dos entidades distintas. Se trata de un análisis cuantitativo y un análisis cualitativo. El análisis cualitativo se refiere a los factores fundamentales que dependen de la calidad o el carácter de la acción o empresa en particular. Por otro lado, tenemos el análisis cuantitativo que se centra más en los factores que pueden ser contados y medidos numéricamente.

Los análisis cuantitativos y cualitativos se diferencian de diversas maneras. Sin embargo, ambos son extremadamente importantes para el proceso de análisis fundamental. Al analizar y examinar una organización específica, es imperativo que el analista examine tanto los factores cuantitativos como los cualitativos.

Al examinar los aspectos cuantitativos, nos centraremos en factores como el pago de dividendos anuales, las ganancias por acción, el beneficio neto anual y otros que puedan ser cuantificados. El análisis cualitativo se centrará en los factores que no pueden ser cuantificados. Entre ellos figuran el modelo empresarial, el estilo de gestión, la estrategia corporativa, el reconocimiento de la marca, la cuota de mercado y factores similares.

*Valor intrínseco*

En el centro de cada proceso de análisis fundamental está el término valor intrínseco. La mayoría de las veces, al realizar el análisis, el analista supone que los mercados no representan un verdadero reflejo o valor de una empresa. El verdadero valor de una empresa se denomina su valor intrínseco y a menudo se expresa en el precio de las acciones. Por ejemplo, una empresa puede tener sus acciones cotizando a 30 dólares en los mercados, pero después del análisis, el analista determina que el verdadero valor es de 35 dólares. Esto indica una diferencia real cuando se comparan los valores intrínsecos y de mercado. Los analistas se esforzarán por sacar provecho de esta discrepancia.

Hay algunas suposiciones que son hechas por los analistas. Una de ellas es que si bien hay discrepancias en los precios intrínsecos y de mercado de una acción, con el tiempo se producirá una corrección y los mercados mostrarán a partir de entonces el valor intrínseco. Por ejemplo, las acciones a 30 dólares se venderán finalmente a 35 dólares. Es este factor en particular del que los analistas y comerciantes esperan beneficiarse.

A veces el análisis realizado no es tan exacto como debería ser. Como tal, podría haber algunas discrepancias. Por lo tanto, los fundamentalistas deben ser tan precisos como sea posible en sus análisis. Básicamente, la estimación del valor intrínseco debe ser lo más precisa posible. La razón es que si un trader o inversor se basara en esta información y luego invirtiera sus fondos, podría sufrir algunas pérdidas.

*Análisis cualitativo*

El análisis cualitativo en este caso implica el examen y el análisis de información que pueda ser cuantificada. Estos incluyen varios estados financieros. Algunos analistas consideran que los estados financieros son abrumadores. Parecen estar llenos de números e información que no es fácil de entender. Sin embargo, un buen experto en finanzas debe ser capaz de leer e interpretar los estados financieros.

Básicamente, los estados financieros son documentos utilizados por las empresas para presentar al público información sobre su desempeño. Algunos de los documentos más importantes son los estados de flujo de caja, el balance y la cuenta de resultados. Son esenciales para todas las empresas y obligatorias para las empresas que cotizan en bolsa.

*Principales estados financieros para el análisis cuantitativo*

*1. El balance*

Los estados financieros son en realidad documentos financieros que proporcionan información sobre el desempeño de una empresa. Uno de los principales documentos necesarios para el análisis financiero es el balance. El presente documento financiero se denomina balance general porque todos los activos consignados en él deben cuadrar con todos los pasivos.

Los activos incluyen todos los diferentes recursos, como la propiedad, la maquinaria y el dinero que una empresa posee o controla en un momento dado. Los pasivos son todos los elementos que una empresa debe a otros. Estos incluyen artículos como deudas, préstamos, etc. El pasivo se suele sumar al patrimonio. El capital social se refiere al total del capital reunido por los fundadores de la empresa así como por los accionistas. Una empresa debe ser capaz de liquidar sus pasivos, generar beneficios para los accionistas y seguir siendo rentable y viable a largo plazo.

*2. La declaración de ingresos*

Otro documento financiero crucial es el estado de resultados de la empresa. Esta es una declaración que pinta un cuadro claro sobre el desempeño de una compañía en un cierto período de tiempo. Generalmente tenemos estados de ingresos trimestrales y anuales, pero es posible tener uno cada mes.

La información contenida en los estados de ingresos ayuda a los analistas y a otras personas a conocer mejor los gastos, ingresos y beneficios generados en el curso de un determinado período comercial.

*3. Estados de flujo de efectivo*

También es de gran importancia para los inversores el estado de flujo de efectivo. Básicamente, un estado de flujo de caja nos informa del dinero que una empresa ganó y las cantidades que se gastaron. Las empresas suelen experimentar tanto entradas como salidas de efectivo. Es necesario que haya un saldo tal que el efectivo que entre en las arcas de una empresa sea más que el que se haga como pago a otros.

Los componentes de los estados de flujo de efectivo incluyen las corrientes de efectivo diarias o de explotación, el efectivo de las inversiones y el efectivo de la financiación.

Los negocios difícilmente pueden manipular sus situaciones financieras, especialmente cuando se trata de dinero en efectivo. Como tal, esta es una declaración crucial cuando se examina o analiza la posición financiera de una empresa.

Los contadores inteligentes pueden lograr mucho y a veces se vuelven creativos en sus reportajes. Sin embargo, cuando se trata de dinero en efectivo, sobre todo dinero líquido, no pueden aplicar ninguna táctica solapada. No es posible, por ejemplo, falsificar dinero en el banco. Esta es una de las razones por las que la mayoría de los inversores y analistas prefieren mirar los estados de flujo de efectivo más que cualquier otra cosa.

Hemos hablado de tres documentos financieros diferentes. Estos son el balance, el estado de resultados y el estado de flujo de caja. Como comerciante, necesitas saber dónde encontrar esto. Hay varios lugares en los que se pueden encontrar. En los EE.UU., podemos encontrar esto en los archivos 10Q y 10K. A menudo se presentan ante la SEC con una periodicidad trimestral y anual respectivamente.

También puede encontrar estos documentos en los informes anuales publicados por las empresas. La mayoría de la gente se refiere a estos como informes 10-K. Estos documentos contienen toda la información necesaria que a menudo se encuentra en los informes financieros, incluidos los tres documentos mencionados anteriormente.

**Resumiendo todo**

Al final del análisis, un analista se quedará con mucha información y datos. Estos se reducirán a un par de empresas entre las que elegir. Incluso mientras el análisis continúa, el analista seguirá reduciendo las empresas hasta que probablemente quede una o dos. Estos se reducirán a una sola compañía. El proceso final de análisis consiste en procesar todos los datos disponibles, analizarlos sistemáticamente y luego traducirlos en información que pueda utilizarse para hacer la elección final.

**Ventajas del análisis fundamental**

Es aconsejable aprender a realizar análisis fundamentales y a aplicar la información obtenida. De esta manera, los comerciantes e inversores podrán tomar decisiones informadas que mejorarán sus empresas. A continuación, se analizan más de cerca algunos de los beneficios del análisis fundamental.

*1. Tendencias a largo plazo*

Uno de los beneficios del análisis fundamental es que proporciona los fundamentos necesarios para una inversión y un comercio sólidos. Los traders e inversores confían en la información obtenida mediante el análisis fundamental para colocar operaciones y entrar en posiciones con confianza.

Otro gran beneficio es que la información derivada del análisis fundamental puede utilizarse para inversiones a largo plazo. Esto se debe a que el proceso identifica y predice las tendencias de consumo, demográficas, tecnológicas y económicas a largo plazo. Por lo tanto, si el análisis se lleva a cabo de la manera correcta, el potencial de rentabilidad a largo plazo es extremadamente alto. Un inversor podrá elegir fácilmente la empresa adecuada y beneficiarse de su rentabilidad a largo plazo.

*2. Capacidad de detectar el valor*

El análisis fundamental también permite a los inversores identificar una empresa sólida que promete una buena relación calidad-precio. Las empresas que básicamente representan un valor excelente se consideran una gema y los inversores invierten tiempo, esfuerzo y dinero para identificarlas. Hay muchos inversionistas exitosos que lograron identificar compañías sólidas que eran extremadamente valiosas. Piensa en los inversores como John Neff, Warren Buffet, e incluso Dodd y Graham. Se consideran unos de los mejores inversores del mundo y pueden detectar compañías valiosas a una milla de distancia. Los inversores consideran que una empresa valiosa es aquella que tiene ganancias estables, un buen balance y un plan de negocios a largo plazo.

*3. La perspicacia comercial correcta*

Los analistas que realizan análisis de empresas tienden a desarrollar una perspicacia para los negocios, así como una profunda comprensión del funcionamiento de las empresas y otros aspectos críticos de la gestión empresarial. Este tipo de perspicacia empresarial conduce a una avanzada capacidad de gestión empresarial y a un conocimiento general sobre la operación y la gestión de los asuntos empresariales.

Un inversor que toma el camino de la investigación y el análisis se convierte definitivamente en un individuo inteligente y más experimentado. Tal persona tendrá un don para el desarrollo de los negocios y un excelente conocimiento de los factores que impulsan las ganancias y los ingresos y mucho más.

El excelente análisis de las empresas y el proceso de análisis fundamental permiten a los inversores evitar las empresas que puedan tener un rendimiento deficiente y optar en cambio por las que probablemente tengan un buen rendimiento durante un largo período de tiempo. Si el grupo industrial espera un crecimiento serio en un momento de bajo interés, entonces la mayoría de las empresas de este grupo generalmente se desempeñarán bien.

Un inversor o analista debe tomarse el tiempo y el esfuerzo de estudiar los diferentes grupos industriales para que puedan comprender mejor las diferentes oportunidades disponibles en el mercado. Se trata de los sectores orientados al crecimiento, como las computadoras, orientados a los ingresos, como los altos rendimientos, cíclicos, como el sector del transporte, y no cíclicos, como los alimentos básicos o incluso impulsados por el valor, como los sectores del petróleo y la energía.

Ya hemos establecido que las existencias se mueven en grupos dentro de las industrias. Esto significa que si el sector de la energía funciona bien, entonces la mayoría de las existencias de este sector funcionarán generalmente bien. Por ello, es aconsejable clasificar las empresas de interés en los grupos pertinentes. Por ejemplo, una empresa que desarrolla software puede ser categorizada como una empresa de tecnología. Sin embargo, algunas empresas cambian sus modelos de negocio. Por lo tanto, un buen analista debe estar dispuesto a observar las operaciones y los modelos de negocio de una empresa para poder clasificarlos adecuadamente en los sectores adecuados.

## Desventajas del análisis fundamental

*El tiempo que se consume*

Aunque el análisis fundamental es muy recomendable, a menudo es un proceso que requiere mucho tiempo. Los analistas terminan pasando mucho tiempo útil haciendo el análisis y este tiempo no se puede recuperar. Esta es probablemente la razón por la que algunos inversores prefieren pagar a analistas independientes para que realicen el análisis en su nombre. Hay analistas bien establecidos que realizan análisis en nombre de los clientes. El análisis retrasado o prolongado puede causar serias variaciones de precios entre lo que un analista encuentra y lo que indican los mercados de valores.

Se utilizan diversas técnicas y métodos para valorar las acciones y las empresas. Estos pueden variar dependiendo de las diferentes compañías así como de los diversos grupos industriales. Por esta razón, habrá un requisito separado para cada grupo industrial, y esto introduce un cierto elemento de limitación. Hay una limitación de tiempo considerable en cuanto a la cantidad de investigación que se puede llevar a cabo.

*Subjetividad*

Hay ciertas cosas que se basan simplemente en un montón de suposiciones. Cuando las suposiciones se producen en múltiplos, entonces el análisis puede dar lugar a valoraciones erróneas. Como ejemplo, podemos experimentar algún cambio en el crecimiento de una empresa por diferentes razones. A veces los analistas no los tienen en cuenta y, por lo tanto, son un resultado lleno de suposiciones. En cualquier caso, los modelos que se usan ahora mismo suelen ser alentadores. La pregunta aquí es por cuánto. Además, los analistas fundamentales tienden a inclinarse hacia una tendencia alcista.

*Analistas sesgados*

Hay otro factor que sobresale cuando se trata de análisis. La mayoría de los documentos utilizados para llevar a cabo el proceso proceden de las propias empresas. Estos documentos no son independientes, lo que significa que hay alguna forma de sesgo inherente presente. De hecho, la mayoría de las empresas emplean equipos para las relaciones públicas y las relaciones con los inversores. Sus principales objetivos son proporcionar una imagen positiva a la prensa, al público en general, a los inversores y a todos los demás.

También tenemos jefes ejecutivos que masajean la verdad y proporcionan información inexacta, tal vez incluso engañosa, sólo para dar una impresión positiva a los inversores y consumidores. Este es especialmente el deber de los gerentes de relaciones con los inversores, así como de los gerentes de relaciones públicas. Además, a menudo muchos informes son generados y escritos por corredores que trabajan para los aseguradores. Sus informes pueden estar sesgados de una manera u otra en función de para quién trabajan. Por lo tanto, al realizar un análisis, los analistas deben tener en cuenta estos sesgos si quieren llegar a un resultado neutral e imparcial.

**El valor justo - El resultado final**

El propósito del análisis fundamental es llegar a un valor de mercado justo de la posición de una empresa. Por lo general, siempre existe la presión de ajustar el valor de mercado con una suposición multiplicadora o de multiplicador. El asunto es que la mayoría de los mercados sobrevaloran las acciones. Por ejemplo, es posible que Wall Street valore una acción dada a quizás 40 veces sus ganancias. Compare esta suposición con una estándar de quizás treinta. En tal caso, el analista puede verse obligado a ajustar el valor a lo determinado por Wall Street.

Los traders y analistas de Wall Street creen que el valor justo de una acción es simplemente lo que otra persona está dispuesta a pagar por ella. Sería mucho mejor utilizar los valores generados por un analista independiente junto con las fuerzas de mercado imperantes en lugar de confiar en Wall Street y en los valores bursátiles predominantes.

En general, el análisis fundamental es un proceso apasionante y valioso que debe ser abordado con cautela. El aspecto más importante es entender la fuente de cualquier análisis. La razón es que algunos analistas, como los de Wall Street, pueden ser parciales debido a ciertos intereses personales, mientras que los analistas independientes son en su mayoría imparciales al realizar sus análisis con fines comerciales y de inversión.

# Capítulo 2: Los fundamentos del análisis técnico

Como trader o inversor, necesitas tener tus habilidades analíticas al día. Esto se debe a que el análisis de las acciones, las empresas, las industrias y la economía en general necesita ser examinado, investigado y analizado de cerca para tomar decisiones mejores y más informadas. El análisis es esencial si se quiere comerciar con éxito y ser rentable a largo plazo. Comerciar sin algún tipo de análisis es como andar a tientas en la oscuridad.

Una de las mejores formas de analizar las existencias y las tendencias es el análisis técnico. El análisis técnico puede definirse como un análisis comercial esencial necesario para identificar las oportunidades comerciales y examinar las inversiones a fin de determinar las oportunidades más útiles tanto para los traders como para los inversores.

El análisis técnico se habilita sobre la base de la información o los datos recogidos de las actividades comerciales. Algunos de los datos útiles que se utilizan en el análisis técnico incluyen el movimiento de los precios, la volatilidad, los volúmenes y mucho más. El análisis técnico se diferencia del análisis fundamental por algunas razones. Sin embargo, la principal diferencia entre ambos es que los analistas fundamentales se centran en determinar el valor verdadero o intrínseco de una acción. Los analistas técnicos se centran principalmente en la identificación de los puntos débiles o fuertes de una seguridad utilizando diversos instrumentos gráficos y analíticos.

Un trader o inversor puede realizar un análisis técnico de un valor siempre que tenga un historial comercial y los datos que lo acompañan. Entre los valores que pueden ser objeto de análisis técnico figuran los productos básicos, los futuros, las divisas, las acciones e incluso la renta fija, como los bonos.

En nuestro caso, nos interesan las existencias y centraremos nuestro análisis en las configuraciones y estrategias. Sin embargo, las mismas estrategias se aplican también a otros valores, como las divisas, los bonos, etc. El análisis técnico es aún más común en otros valores como las divisas.

*Aspectos cruciales del análisis*

El principal objetivo del análisis técnico es evaluar los valores a fin de determinar las oportunidades de inversión y de comercio sobre la base de las pautas y las tendencias de los precios observadas en los gráficos. La mayoría de los analistas opinan que las actividades pasadas, como el comercio y los movimientos de precios de un valor, pueden ayudar a determinar su actividad futura. Por lo tanto, los movimientos de los precios en el pasado pueden ayudar a los traders a determinar los movimientos de precios previstos en los mercados.

Es posible comparar y contrastar el análisis técnico con el análisis fundamental. El análisis técnico se centra en las tendencias de las existencias, los volúmenes y las pautas de precios, mientras que el análisis fundamental se centra más en los aspectos cuantitativos de una empresa, como los documentos financieros. Como trader o inversor, es aconsejable aprender ambos métodos de análisis. De esta manera, usted será más preciso y más rentable en sus operaciones si puede aplicar estas dos formas de análisis.

**Detalles del análisis técnico**

Hay una noción que apoya el análisis técnico. Aparentemente, la venta y compra de acciones en los mercados de forma colectiva por parte de comerciantes, inversores y otros actores se manifiesta con precisión en la seguridad. Esto sostiene entonces que el análisis técnico proporciona un precio de mercado justo y relativamente exacto a una acción o cualquier otro valor.

*Propósito del análisis técnico*

El principal objetivo del análisis técnico es predecir los movimientos de precios previstos de las acciones y las tendencias y proporcionar información pertinente a los inversores, traders y otros agentes del mercado para que puedan comerciar de manera rentable.

Como un swing trader, aplicarás el análisis técnico a los diversos gráficos que usarás. Utilizará diferentes herramientas en los gráficos para determinar cuáles son los posibles puntos de entrada y salida de un determinado comercio.

**Factores que afectan al análisis técnico**

El análisis técnico puede aplicarse a numerosos valores, entre ellos el mercado de divisas, las acciones, los futuros, los productos básicos, los índices y muchos más. El precio de una seguridad depende de una colección de métricas. Estos son volumen, bajo, abierto, alto, cerrado, interés abierto, y así sucesivamente. Estos también se conocen como datos de acción del mercado o de precios.

Hay un par de supuestos que hacemos como comerciantes cuando realizamos un análisis técnico. Sin embargo, recuerde que sólo es aplicable en situaciones en las que el precio es sólo un factor de demanda y oferta. Si hay otros factores que pueden influir significativamente en los precios, el análisis técnico no funcionará. A menudo se hacen las siguientes suposiciones sobre los valores que se están analizando.

*No hay movimientos artificiales de precios:*

Los movimientos artificiales de los precios suelen ser el resultado de distribuciones, dividendos y escisiones. Esos cambios en el precio de las acciones pueden alterar enormemente el gráfico de precios y esto tiende a hacer que el análisis técnico sea muy difícil de aplicar. Afortunadamente, es posible remediarlo. Todo lo que necesitas hacer como analista es hacer ajustes a los datos históricos antes de que el precio cambie.

*La acción es altamente líquida:*

Otra de las principales suposiciones que hace el análisis técnico es que la reserva es altamente líquida. La liquidez es absolutamente crucial para los volúmenes. Cuando las acciones son objeto de un gran comercio como resultado de la liquidez y el volumen, los traders pueden entrar y salir de las operaciones con facilidad. Las existencias que no son muy comercializadas tienden a ser bastante difíciles de comerciar porque hay muy pocos vendedores y compradores en cualquier momento. Además, las acciones con poca liquidez suelen tener un precio bajo, a veces a menos de un centavo por cada acción. Esto es arriesgado ya que pueden ser manipulados por los inversores.

## Examinar los gráficos

Los expertos aconsejan que los traders deben examinar detenidamente el gráfico de las acciones que pretenden comprar como parte del análisis técnico. Cuando examinen los gráficos, buscarán detectar el fondo e identificar los mejores puntos de entrada. También examinará el techo para identificar los puntos de salida ideales.

Todos los inversores compran acciones esperando que el precio suba casi inmediatamente. Por lo tanto, es crucial observar y comprender las pautas gráficas históricas de la reserva particular. El punto de compra puede ser visto como la planta baja de un edificio donde un ascensor está a punto de subir a nuevas alturas. No sólo compras las acciones correctas al precio correcto, sino también en el momento adecuado.

*Taza con patrón de mango*

Uno de los patrones más poderosos que permiten la consistencia con la compra de acciones es el patrón de la taza *con mango*. Este es el punto en el que compras una acción a su precio más bajo y es probable que suba muy rápido. La naturaleza humana sigue siendo la misma, donde los comerciantes y otros actores de los mercados exhiben ya sea la codicia o el miedo.

*¿Qué es el Buy Point?*

Se define como el nivel de precios en el que es muy probable que las acciones aumenten significativamente. El punto de compra, también conocido como punto de entrada, es un punto en el gráfico que ofrece la menor resistencia al aumento de los precios.

*Ejemplo*

"Taza sin asa" es un enfoque que ha funcionado durante siglos. Se sigue creyendo que es una de las estrategias más exitosas para determinar los puntos de entrada. Hagamos un balance que ha visto disminuir su precio hasta en un 33%. Esto es después de una exitosa tendencia al alza que mostró un máximo histórico.

Sin embargo, durante 6 semanas, las existencias empiezan a disminuir y una vez que la disminución se acaba y comienza la tendencia al alza, no hay signos de un retroceso importante. En este nivel, el punto de entrada es bastante simple de determinar. Se identifica como 10 centavos en la parte superior del pico hacia el lado izquierdo. Tan pronto como las acciones se recuperen y ganen 10 centavos sobre el nivel más alto anterior. Es en este punto en el que entras en el comercio.

*El precio pasado es un indicador fiable de los resultados futuros*

Los traders entienden básicamente que la acción del precio pasado de una acción y la mayoría de los demás valores puede ayudar a predecir con precisión el rendimiento futuro de la misma acción. Por eso los traders siempre están investigando y analizando el rendimiento pasado de varios valores.

Hay muchos otros expertos en finanzas que se basan en el análisis técnico y no sólo en los swing traders. Tenemos analistas, inversores, administradores de fondos de inversión, empresas financieras y otros que utilizan el análisis fundamental seguido del análisis técnico. El análisis técnico permite a todos estos expertos reducir a niveles de precios de entrada fiables y de mínimo riesgo.

*Gráficos de diferentes marcos de tiempo*

El movimiento futuro de los precios se predice con precisión mediante gráficos. Hay diferentes tipos de gráficos disponibles con respecto a una sola seguridad. Está el gráfico de 5 minutos y el de 15 minutos, luego están los gráficos de 1 hora y de 4 horas y finalmente el gráfico diario.

Hay principalmente dos variables en juego cuando se trata de gráficos y análisis técnicos. Estos son los indicadores técnicos particulares y los plazos mencionados anteriormente. El marco temporal elegido por los comerciantes a menudo refleja sus preferencias personales en cuanto a estilo de negociación. Tenemos diferentes tipos de traders, desde los traders del dia, los swing traders, los traders a largo plazo y los inversores, entre otros.

**Cómo leer los gráficos**

Hay numerosos tipos de gráficos de acciones. Ejemplos de estos gráficos son los gráficos de velas, los gráficos de líneas, los gráficos de puntos y cifras, los gráficos de apertura-alta-baja-cerrada, los gráficos de barras y muchos otros. Estos gráficos se pueden ver en diferentes marcos de tiempo. Por ejemplo, tenemos gráficos semanales, diarios, intradía e incluso mensuales.

Hay ventajas y desventajas de cada tipo de gráfico y marco temporal. Encuentran aplicación en diferentes situaciones. Lo que revelan incluye la acción del precio y el volumen que son extremadamente importantes para los comerciantes e inversores.

**¿Por qué son valiosas las tablas de valores?**

Cuando encuentras una acción que crees que tiene fundamentos fuertes, el siguiente paso es examinar sus gráficos. El gráfico de acciones le proporcionará información útil que le guiará sobre el mejor momento para entrar en una operación, cuánto tiempo debe permanecer en la operación y cuándo debe salir.

Los gráficos a menudo trazan tanto los datos de volumen como los de precio en un formato que es fácil de leer. De esta manera, puedes detectar fácilmente los puntos de entrada y salida. Por lo tanto, las métricas clave a tener en cuenta son el volumen y el precio.

**Interpretación de la carta de valores**

*Precio*

En el gráfico de acciones de arriba, hay marcas de color magenta y azul. Estas marcas representan el historial de precios de las acciones. Los volúmenes también están representados en el gráfico. Las barras representan el precio. La longitud de las barras verticales de los gráficos indica el rango de precio de una acción. Por lo tanto, la parte superior de la barra indica el precio más alto pagado en ese período de tiempo específico, mientras que la parte inferior de la barra indica el precio más bajo pagado por las acciones.

Las diminutas líneas que se intersectan horizontalmente apuntan al precio de cierre al final del período de comercio en particular. Cuando la barra está en azul, esto implica que el precio de las acciones es igual o mayor que el precio anterior. Sin embargo, será representado por el color magenta si es menor que el precio anterior.

*Volúmenes*

En la parte inferior del gráfico hay líneas verticales. Estas líneas verticales representan el volumen de transacciones de acciones en el período de tiempo indicado. La altura de las barras de volumen representa un valor similar al indicado en la escala del lado derecho.

El color de las barras está determinado por la barra de precios anterior. El color de la barra es azul si el precio es mayor o igual que el precio del último período anterior. El color es magenta si el precio es más bajo que el precio final del período anterior.

*Promedios móviles*

Los promedios móviles se indican en los gráficos de las acciones para suavizar los datos de los precios mediante la creación de una línea de flujo. Esta línea representa básicamente el precio promedio dentro de un marco de tiempo determinado. La volatilidad se suaviza con la línea de promedio móvil. Esto facilita la detección de puntos de convergencia y divergencia en una tendencia de precios bien establecida.

Los traders e inversores prefieren ver los promedios móviles de esa tendencia al alza. También prefieren que el precio actual de las acciones cierre más alto que el promedio de entrenamiento. De esta manera, un comerciante o inversor estará seguro de que las acciones se dirigen en la dirección correcta.

Hay una línea roja clara que atraviesa las barras de volumen. Esta es otra línea de promedio móvil, específicamente el promedio móvil de 50 días. La línea se obtiene sumando el total de los volúmenes comercializados en los últimos 50 días y luego dividiéndolo por 50.

**Comparación de los índices bursátiles**

Los inversores utilizan los índices bursátiles como medida general de la evolución de las acciones o los mercados de valores en un día determinado. Supongamos que usted es un comerciante y su cartera de valores se dirige al sur. Si los índices también tienen una tendencia descendente, entonces se puede suponer que hay letargo y pesimismo en la economía general.

Sin embargo, si su cartera tiene un rendimiento inferior al de los índices, mientras que estos últimos tienen una tendencia al alza, es posible que desee reconsiderar algunas de sus inversiones. La salud del mercado de valores se suele medir utilizando diferentes índices de mercado. Cuando a la economía le vaya bien, entonces los índices subirán. Sin embargo, cuando la economía esté depresion, los mercados seguirán el ejemplo y los índices tendrán una tendencia descendente.

*Dos índices bursátiles populares*

Los dos índices bursátiles más conocidos y populares son el Standard and Poor's 500 Index y el Dow Jones Industrial Average - DJIA. Estos dos índices son conocidos popularmente como la referencia del mercado de valores. Ambas son importantes porque proporcionan una indicación del bienestar del mercado de valores.

También proporcionan a los traders e inversores una base histórica en la que pueden confiar para obtener una valiosa información sobre los acontecimientos en los mercados y también obtener datos útiles. La DJIA está formada por 30 empresas estadounidenses de gran capitalización bursátil. El S&P 500 representa a 500 grandes empresas que tienen una enorme capitalización de mercado y suelen ser seleccionadas por un comité. También tenemos el NASDAQ 100. Este índice está compuesto por empresas de gran capitalización tanto estadounidenses como internacionales, pero no por ninguna del sector de los servicios financieros.

**Cómo realizar la comparación de los índices**

*1. Determine los índices que desea comparar*

Hemos observado que hay 2 índices principales, así como el NASDAQ. Cada uno de los índices es diferente, así que uno puede estar abajo mientras que los otros están arriba y así sucesivamente.

*2. Hay otros índices más pequeños*

Existen numerosos tipos de índices bursátiles en los diferentes mercados. Algunos de los más pequeños incluyen el Dow Jones Transport Average. Algunos son específicos de la industria, así que elija cuidadosamente los índices que desea comparar.

*3. Elija su marco de tiempo preferido*

Básicamente, es probable que los componentes de un índice determinado cambien en función de una serie de factores. También es probable que el precio cambie, así que considere el plazo en el que está interesado.

*4. Mira los sitios de gráficos y compara los precios*

Hay sitios web que contienen los precios de diferentes acciones y participaciones. Entre los sitios web útiles que puedes visitar se encuentra Yahoo Finance. Obtendrá la información que necesita sobre índices bursátiles específicos. Otros sitios web en los que se pueden encontrar gráficos con índices son http://www.smartmoney.com/www.smartmoney.com, www.fool.com y http://www.bigchart.com/www.bigchart.com. Una vez que llegue a los gráficos, busque la función de gráfico avanzado para un índice y luego introduzca el símbolo del índice que desea comparar.

*Patrones de velas*

Los traders también utilizan las pautas de las velas como indicadores técnicos. Podemos tener un solo candelabro o una combinación de dos o incluso tres. Los candelabros son indicadores muy utilizados que permiten observar posibles inversiones de tendencia y cambios de dirección del mercado.

Los candelabros se forman en base a la acción del precio en un período determinado. Por ejemplo, si tenemos una vela basada en un gráfico de 5 minutos, entonces demostrará la acción del precio para el período específico de 5 minutos. Lo mismo ocurre con los períodos de 1 hora e incluso de 4 horas.

## Deducciones del análisis técnico

El análisis técnico puede resumirse en una colección de estrategias y montajes que se basan en la investigación y el estudio de la acción de los precios de los valores, especialmente de las acciones. Muchas veces la atención se centra en si una tendencia en el mercado va a continuar por un tiempo o va a cambiar de dirección. También intenta determinar cuándo o en qué momento la tendencia cambiará de dirección. Esta información es crucial tanto para los comerciantes como para los inversores, ya que dependen de ella para entrar y salir de los comerciantes. Por lo tanto, cuanto más precisa y fiable sea la canción, mejores serán las posibilidades de éxito y rentabilidad.

Hay diferentes indicadores utilizados por los analistas para marcar e identificar estos puntos. Algunos utilizan formaciones de velas mientras que otros creen en las líneas de tendencia. Luego hay otros que prefieren las cajas y bandas generadas por medio de la visualización matemática. Muchos analistas combinan diferentes herramientas para obtener los datos más precisos. La información obtenida ayuda a determinar los puntos de salida y entrada más apropiados.

También tenemos formaciones de gráficos que a veces apuntan a puntos de entrada para ciertos comerciantes. Sin embargo, el comerciante puede optar por centrarse en herramientas como los promedios móviles de diferentes momentos en los que tratan de identificar una avería. Este tipo de información es inmensamente importante para cualquiera que busque generar un ingreso o comerciar de manera rentable en los mercados.

## Aplicación del análisis técnico a las tendencias y las existencias

Hay un principio subyacente en lo que se refiere al análisis técnico. Este principio dicta que el precio en bolsa de un valor representa toda la información esencial que puede tener un efecto significativo en el mercado. Debido a la disponibilidad de información esencial, los analistas técnicos no ven la necesidad de un análisis fundamental o económico. La opinión de los analistas técnicos es que los precios de las acciones tienden a seguir las tendencias.

También creen que la historia tiende a repetirse, especialmente en cuestiones de psicología de mercado. Hay dos indicadores principales que son utilizados popularmente por los analistas técnicos. Estos indicadores son indicadores técnicos y patrones de gráficos. Se necesitan patrones gráficos para identificar las áreas de resistencia y apoyo. Por otro lado, tenemos indicadores técnicos que son básicamente una forma de análisis técnico. Estos indicadores técnicos incluyen promedios móviles que se encuentran entre los más populares.

# Capítulo 3: Indicadores técnicos esenciales

Todo trader que desee comerciar o invertir en los mercados de valores y ser rentable necesita aprender sobre los indicadores técnicos. Estos indicadores guían a los traders para que sepan los mejores puntos para entrar, salir y tomar puntos de beneficio. Usando indicadores, un comerciante se beneficiará de operaciones precisas, confiables y rentables. Para entender más sobre los indicadores técnicos, necesitamos empezar desde el principio.

*Definición de los indicadores técnicos*

Los indicadores técnicos pueden definirse como cálculos matemáticos elaborados sistemáticamente utilizando los volúmenes, el precio y otros factores esenciales para los traders que se basan en el análisis técnico.

Los analistas suelen utilizar datos históricos relacionados con una seguridad en la que están interesados. Se cree que los datos históricos son un fuerte predictor o indicador de eventos futuros. Utilizando este análisis, un comerciante puede predecir con altos niveles de precisión los movimientos de precios previstos de una acción. Algunos de los indicadores técnicos más populares son las bandas de Bollinger, los promedios móviles, el RSI o índice de fuerza relativa, el estocástico y el índice de flujo de dinero.

## Cómo funcionan los indicadores técnicos

El análisis técnico es generalmente adaptado por los traders e inversores para analizar y evaluar diversas inversiones y luego tomar nota de las oportunidades comerciales disponibles. Esto sólo es posible cuando las existencias tienen datos históricos disponibles y de fácil acceso. Se analizan las estadísticas, reunidas a lo largo de varios años, y la información se utiliza con fines comerciales.

Los analistas técnicos se centran en las señales comerciales, los movimientos de los precios y los patrones relacionados, así como en diversas herramientas de gráficos. Se utilizan para proporcionar información sobre los puntos fuertes o débiles de una determinada población.

*Indicadores técnicos*

Los indicadores técnicos son utilizados sobre todo por traders y analistas porque los resultados que proporcionan se relacionan con el volumen a corto plazo y los movimientos de los precios. Son muy populares entre los traders a corto plazo, pero también los utilizan los inversores a largo plazo. En general, hay dos tipos de indicadores. Estos dos tipos son superposiciones y osciladores.

1. *Osciladores:* Son indicadores técnicos que se mueven o oscilan entre un punto máximo y un punto mínimo. Estos puntos se encuentran debajo o encima de un gráfico de precios. Ejemplos de osciladores son los promedios móviles, los escolásticos y el RSI.
2. *Superposiciones:* Las superposiciones son indicadores técnicos que tienden a operar en escalas similares en las que los analistas indican los precios sobre los precios que se encuentran en un gráfico de existencias.

En general, los traders tienden a utilizar numerosos instrumentos para comprobar, confirmar y volver a confirmar la exactitud de su análisis. Aunque hay miles de herramientas diferentes para elegir, los comerciantes deben identificar las que les funcionan bien, de lo contrario, simplemente se confundirán. A veces es aconsejable elegir entre diferentes herramientas para que sólo se utilicen las más adecuadas. También se pueden utilizar en plataformas comerciales automatizadas para que el proceso comercial sea más fácil y preciso.

*Resumen - Indicadores técnicos*

Ahora está claro que los indicadores técnicos son cálculos que se derivan del volumen, el precio y el interés de una acción. Los traders y analistas básicamente se fijan en ciertos indicadores técnicos utilizando los datos de precios de un valor si y donde eso sea aplicable. Los indicadores técnicos que resultan de un proceso de análisis técnico pueden ser categorizados.

## Indicadores técnicos comunes

Los traders deben buscar los indicadores técnicos más eficaces que existan. Este es un aspecto importante porque tendrá un enorme efecto en la forma en que se interpretarán las tendencias de los mercados bursátiles. Aquellos que tomen decisiones sabias serán traders felices y rentables y sonreirán todo el camino al banco. A los que no elijan sabiamente no les irá bien y probablemente perderán sus fondos.

La mayoría de los traders novatos tienden a seguir la corriente. No tienen mucha experiencia necesaria para determinar los indicadores más adecuados. Como tal, rellenan sus operaciones con indicadores y esto tiende a causar confusión. Es mucho mejor identificar manualmente los indicadores y luego elegir algunos que sean más efectivos o más adecuados.

- Los indicadores funcionan mejor cuando se usan para simplificar el proceso analítico. Como tal, un comerciante o analista necesita identificar su propio estilo y luego encontrar entre dos y cinco herramientas distintas que se adapten a su estilo de comercio e investigación. De esta manera, el proceso de análisis se hará más claro. En esencia, hay unos cinco tipos diferentes de indicadores. Estos se enumeran a continuación.

- Indicadores de tendencia: Estos indicadores son indicadores de rezago y básicamente analizan o evalúan la dirección de un mercado. El objetivo es encontrar o identificar la dirección de la tendencia. Esto puede ser hacia arriba, hacia abajo, e incluso de lado.
- Indicadores de impulso: También tenemos indicadores de impulso. Estos son los indicadores principales y evalúan y analizan la tasa de cambio de los precios de las acciones en un período de tiempo
- Indicadores de fuerza relativa: Tenemos indicadores de fuerza relativa que comprueban las oscilaciones donde hay presión para comprar o vender
- Indicador de reversión media: Se trata de un indicador de retardo y es utilizado por los traders para confirmar hasta qué punto la oscilación del valor de una acción viajará o se moverá antes de que surja un contra-impulso que luego introduzca un retroceso.
- Indicadores de volumen: Estos pueden ser tanto indicadores adelantados como atrasados. Su principal propósito es sumar los intercambios individuales y luego determinar cuál entre los toros y los osos está en control.

En conclusión, podemos determinar que los indicadores adelantados apuntan a la dirección del precio y los indicadores atrasados informan sobre las diversas condiciones una vez que el precio o el valor comienza a moverse.

También puedes usar el RSI para identificar condiciones de sobreventa y sobrecompra. Es crucial que usted pueda identificar estas condiciones a medida que comercia, porque identificará fácilmente las correcciones y los cambios de rumbo. A veces los valores se compran en exceso en los mercados, cuando se produce esta situación, significa que hay una posible inversión de la tendencia y por lo general la tendencia emergente es bajista. Esto es a menudo una corrección del mercado. Básicamente, cuando un valor se vende en exceso, indica una corrección o una inversión de tendencia alcista, pero cuando se compra en exceso, introduce una inversión de tendencia bajista.

Los traders tienden a utilizar numerosas herramientas para comprobar, confirmar y volver a confirmar la exactitud de su análisis. Aunque hay miles de herramientas diferentes para elegir, los traders deben identificar las que les funcionan bien, de lo contrario, simplemente se confundirán.

A veces es aconsejable elegir entre diferentes herramientas para que sólo se utilicen las más adecuadas. También se pueden utilizar en plataformas comerciales automatizadas para que el proceso comercial sea más fácil y preciso. Los indicadores técnicos deben ser calibrados con las mejores entradas numéricas posibles.

**Principales indicadores técnicos**

*1. 200 y 50 días EMA*

Algunos de los principales indicadores técnicos incluyen los promedios móviles. Tenemos los promedios móviles exponenciales de 50 y 200 días. Estos se encuentran incrustados en el mismo panel junto con barras de precio como intradía, semanal y diaria. Un promedio móvil es un indicador que se centra en la acción del precio de una acción en un período de tiempo determinado.

La razón por la que se eligen los promedios móviles exponenciales de 200 y 50 días o EMA es porque resultan ser mucho más sensibles y receptivos en comparación con los SMA o los promedios móviles simples. En términos básicos, el EMA de 50 días investiga el precio medio de una acción. Y el promedio móvil exponencial de 200 días investiga el precio medio de una acción a largo plazo.

*2. Bandas de Bollinger*

Uno de los indicadores más importantes que necesitarás es el indicador de la banda de Bollinger. Es un indicador técnico que cumple dos propósitos cruciales. El primero es identificar las secciones del mercado que están sobrecompradas y sobrevendidas. El otro propósito es controlar la volatilidad del mercado.

Este indicador consta de 3 promedios móviles distintos. Hay una central que es un SMA o media móvil simple y luego hay dos a cada lado del SMA. Estos también son promedios móviles, pero están trazados a cada lado del SMA central a unas 2 desviaciones estándar de distancia.

*3. RSI - Índice de Fuerza Relativa*

Otro indicador crucial que suelen utilizar los swing traders y otros traders es el RSI o índice de fuerza relativa. Este índice también es un indicador que evalúa la fuerza del precio de un valor que puede interesarle. La cifra indicada es relativa y proporciona a los comerciantes una imagen del rendimiento de las acciones en relación con los mercados. Necesitará información sobre la volatilidad y los resultados anteriores. Todos los traders, independientemente de sus estilos de comercio, necesitan este útil indicador. El uso de esta herramienta de evaluación relativa le da una cifra que se encuentra entre 1 y 100.

*Consejos sobre el uso de RSI*

El índice de fuerza relativa se utiliza idealmente para identificar la divergencia. Los traders utilizan la divergencia para observar las inversiones de tendencia. Podemos decir que una divergencia es un desacuerdo o diferencia entre dos puntos. Hay señales divergentes bajistas y alcistas. Los movimientos muy grandes y rápidos en los mercados a veces producen señales falsas. Por eso es aconsejable utilizar siempre los indicadores junto con otras herramientas.

También puedes usar el RSI para identificar condiciones de sobreventa y sobrecompra. Es crucial que usted pueda identificar estas condiciones a medida que comercia, porque identificará fácilmente las correcciones y los cambios de rumbo. A veces los valores se compran en exceso en los mercados, cuando se produce esta situación, significa que hay una posible inversión de la tendencia y por lo general la tendencia emergente es bajista. Esto es a menudo una corrección del mercado. Básicamente, cuando un valor se vende en exceso, indica una corrección o una inversión de tendencia alcista, pero cuando se compra en exceso, introduce una inversión de tendencia bajista.

El aspecto teórico de esta condición requiere una proporción de 70:30. Esto se traduce en un 70% de sobrevaloración o sobrecompra y un 30% de infravaloración o sobreventa. Sin embargo, en algunos casos, puede ser más seguro ir a la proporción 80/20 sólo para prevenir falsos brotes.

*4. Volumen*

En el comercio, el volumen es un indicador crucial y constituye una parte importante de cualquier estrategia comercial. Como trader, usted quiere siempre dirigirse a las acciones con altos volúmenes, ya que éstas se consideran líquidas. Cuántos traders, especialmente los nuevos, suelen hacer caso omiso del volumen y se fijan en otros indicadores.

Si bien el volumen es grande a efectos de liquidez, también es deseable a efectos de tendencia. Una buena tendencia debería estar respaldada por el volumen. Una gran parte del volumen de cualquier reserva debe formar parte de cualquier tendencia para que sea una tendencia verdadera y fiable.

La mayoría de las veces los traders observarán una tendencia basada en la acción de los precios. También tienes que estar atento al dinero nuevo, lo que significa más jugadores y volumen. Si observa volúmenes significativos que contribuyen a una tendencia, entonces puede estar seguro de su análisis. Incluso cuando se trata de una tendencia descendente, debe haber suficientes volúmenes visibles para que se considere fiable. La falta de volumen significa simplemente que las existencias están infravaloradas o sobrevaloradas.

*5. Línea de acumulación y distribución*

Otro indicador muy utilizado por los swing traders es la línea de acumulación/distribución. Este indicador se utiliza generalmente para rastrear el flujo de dinero dentro de un valor. El dinero que entra y sale de una acción proporciona información útil para su análisis.

El indicador de acumulación/distribución se compara muy bien con otro indicador, el OBV, o el indicador de volumen en balance. La diferencia en este caso es que considera el rango de negociación así como el precio de cierre de una acción. El OBV sólo considera el rango de comercio para un período determinado.

Cuando un valor cierra cerca de su máximo, entonces el indicador de acumulación/distribución añadirá peso al valor de la acción en comparación con el cierre cerca del punto medio. Dependiendo de sus necesidades y a veces de los cálculos, puede que quiera usar también el indicador OBV.

Puede utilizar este indicador para confirmar una tendencia al alza. Por ejemplo, cuando está en tendencia al alza, observará el interés de compra porque el valor se cerrará en un punto que es más alto que el rango medio. Sin embargo, cuando se cierra en un punto que está por debajo del rango medio, entonces el volumen se indica como negativo y esto indica una tendencia decreciente.

Al usar este indicador, también querrás estar atento a las divergencias. Cuando la acumulación/distribución comienza a disminuir mientras el precio sube, entonces debe tener cuidado porque esto señala una posible reversión. Por otra parte, si la tendencia comienza a ascender mientras el precio está cayendo, entonces esto probablemente indica un posible aumento de precio en el futuro cercano. Es aconsejable asegurarse de que su conexión a Internet y otras conexiones sean extremadamente rápidas, especialmente cuando se utilizan estos indicadores, ya que el tiempo es esencial.

*6. El índice direccional promedio, ADX*

Otra herramienta o indicador muy utilizado por los swing traders es el índice direccional medio, el ADX. Este indicador es básicamente un indicador de tendencia y su propósito es, en gran medida, comprobar el impulso y la fuerza de una tendencia. Se cree que una tendencia tiene fuerza direccional si el valor ADX es igual o superior a 40. La direccional podría ser al alza o a la baja basada en la dirección general de los precios. Sin embargo, cuando el valor ADX está por debajo de 20, entonces podemos decir que no hay una tendencia o que hay una, pero es débil y poco fiable.

Notarán la línea ADX en sus gráficos ya que es la línea principal y a menudo es de color negro. Hay otras líneas que pueden ser mostradas adicionalmente. Estas líneas son DI- y DI+ y en la mayoría de los casos son de color verde y rojo respectivamente. Puedes usar las tres líneas para rastrear tanto el impulso como la dirección de la tendencia.

*7. Indicador técnico de Aroon*

Otro indicador útil que se puede utilizar es el indicador de Aroon. Es un indicador técnico diseñado para comprobar si una seguridad financiera está en tendencia. También comprueba si el precio de la seguridad está alcanzando nuevos mínimos o nuevos máximos en un período de tiempo determinado.

También puede utilizar este indicador técnico para descubrir el inicio de una nueva tendencia. Tiene dos líneas distintas que son la línea de bajada de Aroon y la línea de subida de Aroon. Se observa una tendencia cuando la línea ascendente de Aaron atraviesa la línea descendente de Aaron. Para confirmar la tendencia, la línea ascendente de Aaron llegará a la marca de los 100 puntos y se mantendrá allí.

El reverso también contiene agua. Cuando la línea descendente de Aroon corta por debajo de la línea ascendente de Aaron, entonces podemos presumir una tendencia descendente. Para confirmarlo, debemos notar que la línea se acerca a la marca de los 100 puntos y se queda ahí.

Esta popular herramienta de trading viene con una calculadora que puedes usar para determinar un número de cosas. Si la tendencia es alcista o bajista, entonces la calculadora te lo hará saber. Las fórmulas utilizadas para determinar esto se refieren a los máximos y mínimos más recientes. Cuando los valores de Aroon son altos, entonces se utilizaron valores recientes y cuando son bajos, los valores utilizados fueron menos recientes. Los valores típicos de Aroon varían entre 0 y 100. Las cifras cercanas a 0 indican una tendencia débil, mientras que las cercanas a 100 indican una tendencia fuerte.

Los indicadores alcistas y bajistas de Aroon pueden convertirse en un oscilador. Esto se hace haciendo que el bajista oscile entre 0 y -100 mientras que el alcista oscile entre 100 y 0. El indicador combinado oscilará entonces entre 100 y -100. 100 indicará una tendencia fuerte, o significa que no hay tendencia, mientras que -100 implica una tendencia negativa o a la baja.

# Capítulo 4: Herramientas avanzadas de trading

**Órdenes de Parada de Arrastre**

*Tipos de órdenes*

Hay diferentes tipos de órdenes cuando se trata de la bolsa de valores. Por ejemplo, tenemos órdenes de límite y órdenes de mercado. Una orden de mercado es cuando un cliente utiliza una plataforma online o da instrucciones a un corredor para vender o comprar acciones al mejor precio posible. Las órdenes de mercado nunca garantizan el precio que usted quiere, pero es casi seguro que obtendrá el número de acciones deseadas.

El orden límite simplemente significa un orden de todo o nada. En este caso, cuando haga un pedido, sólo se cumplirá si recibe la totalidad de las acciones que desea. Por ejemplo, si desea comprar 500 acciones de la empresa ABC, entonces este pedido de AON o de todo o nada sólo se cumplirá si las 500 acciones están disponibles. Si el suministro se queda corto, entonces el pedido no se cumplirá.

También tenemos lo que se conoce como órdenes de detención. En este caso, habrá una contingencia colocada en un precio o cantidad preferente. Es posible que desee vender o comprar acciones a un precio determinado. Una vez que se supere este precio, entonces toda compra o venta se detendrá. Por ejemplo, si está comprando acciones, puede que quiera comprarlas a un precio que no exceda los 50 dólares. Mientras el precio de las acciones se mantenga a este precio o por debajo de él, entonces el pedido se cumple. Pero una vez que el precio de las acciones supere los 50 dólares, la orden se detendrá.

*Introducciones a las órdenes de paro*

Una orden de stop es simplemente una orden que un comerciante da a un corredor para vender o comprar acciones cuando el precio excede una cantidad determinada. Esto es para asegurar que el comerciante entre de manera que se limiten sus pérdidas y se aseguren los beneficios. Más allá de los puntos predeterminados, los puntos de salida y entrada dejan de ser órdenes de parada y se convierten en órdenes de mercado.

En resumen, se dice que las órdenes de parada son órdenes que se activan cuando las acciones relacionadas se mueven más allá de un precio determinado. Sin embargo, cuando se supera ese precio, la orden de stop se convierte en una orden de mercado. Las órdenes de mercado son órdenes que se ejecutan al mejor precio. Cuando se vende una acción, ésta debe venderse al precio más alto, pero cuando se compra, las acciones deben comprarse al precio más bajo posible.

Esto implica, por lo tanto, que hay dos tipos de órdenes de detención. Estas son órdenes de venta y de compra. Se utilizan para prevenir y frenar las pérdidas potenciales y para fijar los beneficios acumulados hasta cierto punto.

**Órdenes de Parada de Arrastre**

*¿Qué son las órdenes de detención de seguimiento?*

La orden de parada de arrastre es una orden de stop que es fijada por los operadores a ciertos niveles de precios que son diferentes del precio actual del mercado. Esto significa que una orden de "parada de arrastre" es una orden de parada situada a una corta distancia del precio de mercado prevaleciente de un valor.

Los operadores pueden asumir una posición corta o larga cuando entran en los mercados. Un trader que asume una posición larga debe ubicar una orden de "trailing stop" en un punto que esté por debajo del precio de la acción prevaleciente. Para los comerciantes que asumen una posición corta, la orden de trailing stop se coloca justo por encima del precio de mercado de la acción.

El propósito principal de la orden de "parada de arrastre" es proteger las ganancias obtenidas en los mercados. La orden de parada ayuda a asegurar los beneficios y asegura que el comercio permanezca abierto y siga obteniendo beneficios mientras el valor siga aumentando y siga beneficiando al comerciante. Sin embargo, en el momento en que la marea cambie y el comercio deje de ser rentable, entonces la orden se cerrará. El punto importante a tener en cuenta es que estos puntos de arrastre se colocan al mismo tiempo que se establece el comercio. Sin embargo, algunos se colocan poco después.

**Aplicando paradas de seguimiento a los comercios**

Tal como está, las paradas de arrastre viajan sólo en una dirección particular. Esto significa que son unidireccionales y están diseñados principalmente para limitar las pérdidas en la tendencia descendente o para fijar los beneficios en la tendencia ascendente. Digamos que un trader asume una posición larga en los mercados. Si colocan una pérdida de 0.1 trailing stop, entonces el corredor será instruido para vender si el precio cae por debajo de 0.1 o 10%. Sin embargo, si el precio sigue subiendo, entonces habrá movimiento tan pronto como se establezca otro pico.

Tanto los traders como los inversores pueden elegir usar órdenes de "parada de arrastre" con cualquier valor que estén operando. Podría ser acciones, bonos, divisas, o incluso opciones y así sucesivamente. Cuando se emiten, pueden ser órdenes de mercado u órdenes de límite. Además, las órdenes de detención de seguimiento son mucho más flexibles en su aplicación en comparación con las órdenes de detención fijas.

Esto se debe a que tienden a rastrear el precio de las acciones y no necesitan ser reajustadas de vez en cuando en comparación con las órdenes de parada fijas. Los operadores pueden utilizar las órdenes de seguimiento para establecer tanto órdenes de mercado como órdenes de límite. Pueden utilizarse en cualquier clase de activos y para todo tipo de valores, siempre que la plataforma de corretaje utilizada permita su uso.

*Operar con órdenes de parada de arrastre...*

Básicamente, el enfoque recomendado para la aplicación efectiva de los topes de arrastre es colocarlos a niveles que no sean demasiado amplios ni demasiado estrechos. Cuando un comerciante coloca un punto de "parada de menos arrastre" demasiado cerca del precio de las acciones significa que podría ser provocado por movimientos de precios regulares o generales. De esta manera, un comerciante no podrá progresar. El tope de pérdidas no debe ser demasiado estrecho, de lo contrario será imposible que las operaciones se lleven a cabo.

Por otro lado, los topes de arrastre no deben ser demasiado amplios. La razón es que cuando las paradas se establecen demasiado lejos del precio de las acciones, entonces se puede perder cualquier ganancia y el trader podría perder dinero cuando la tendencia cambia de dirección.

Las operaciones muy ajustadas pueden resultar en pérdidas aunque sean pequeñas. También existe el riesgo de grandes pérdidas si los puntos de pérdida de la parada de arrastre están demasiado lejos. Por eso es muy recomendable que los comerciantes aprendan a colocar y localizar sus órdenes de seguimiento de forma adecuada. Es la única manera de asegurar la maximización de las ganancias y al mismo tiempo minimizar las pérdidas.

*Breve resumen*

En resumen, podemos observar que las "paradas de arrastre" pueden aplicarse eficazmente para limitar las pérdidas y asegurar los beneficios. Sin embargo, el establecimiento adecuado de estos puntos en lugares apropiados puede ser un desafío. Las paradas de arrastre se activan cuando los precios de las acciones son favorables para el comercio. Una vez que una orden de detención de arrastre se mueve en su lugar para asegurar las ganancias o protegerse de las pérdidas, nunca se mueve hacia atrás. Las órdenes de parada de arrastre son simplemente órdenes de stop flexibles que pueden convertirse en órdenes de límite u órdenes de mercado.

**Colocando órdenes de detención**

Cuando se ordena la detención de la cola, hay ciertos factores que deben tenerse en cuenta. El punto de parada de la compra debe estar situado en un punto fijo o en una cantidad establecida por encima de los precios de mercado vigentes. Si la tendencia del mercado se invierte a una tendencia descendente, entonces debería haber un ajuste automático del precio de activación para que se mantenga equidistante al precio de las acciones. Sin embargo, cuando el precio de mercado sube, el precio de activación se mantiene en posición.

Los traders deben localizar o colocar topes de venta a la baja un par de puntos por debajo del precio de mercado prevaleciente. Luego, cuando el precio de las acciones comienza a subir, el precio de activación establecido sigue el mismo camino y se ajusta en consecuencia para que se mantenga equidistante al movimiento de los precios. Sin embargo, no cae cuando el movimiento del precio hace un giro hacia abajo.

En la práctica, la pérdida de la parada de arrastre más adecuada es dinámica y cambia con el tiempo. Por ejemplo, en los mercados volátiles, es necesario que sea más amplio para que el comercio sea eficaz. Sin embargo, en los mercados tranquilos o cuando se comercia con acciones estables, la brecha puede acortarse para aumentar la eficacia.

Además, en el momento en que se establece una parada de arrastre, debe mantenerse a toda costa. El problema de la mayoría de los comerciantes es que ajustan sus niveles de riesgo en el curso de una operación. Esto siempre se hace para evitar riesgos y se denomina aversión al riesgo. No es una buena práctica, ya que puede paralizar el comercio y perder el dinero de los comerciantes.

## Estrategias para los traders

Hay varias estrategias de swing trading que son utilizadas popularmente por los traders. Estas tienen diferentes variaciones y configuraciones de características que han sido probadas a lo largo de los años. Es aconsejable aprender más sobre las estrategias de comercio de swing y luego aprender dos o tres antes de eventualmente encontrar una que se adapte perfectamente.

### 1. Estrategia de rupturas

Una de las estrategias de comercio más populares son las fugas. Esta estrategia ocurre cuando un operador asume una posición muy pronto durante la tendencia alcista. Como comerciante, debes estar extremadamente alerta a cualquier acontecimiento, cambio y movimiento en los mercados. Por lo tanto, si va a aplicar esta estrategia, entonces debe ser extremadamente rápido e identificar la tendencia lo antes posible.

Como trader, primero monitoreará estas acciones y tendrá cuidado con la volatilidad y el impulso necesarios. También debería romper cualquier punto significativo de resistencia o apoyo. Esto significa que encaja perfectamente dentro de un rango de precio preferido. Esto hace que sea fácil entrar en un oficio. Usando este enfoque, el soporte, el volumen y la resistencia serán cruciales. Sin embargo, podría haber otros factores a tener en cuenta, como cualquier catalizador, etc.

Un breakout suele ser un precio que se extiende fuera de los niveles de apoyo y resistencia predefinidos en volúmenes elevados. En tal situación, el operador del día entra en el mercado en una posición corta si la acción cae por debajo del nivel de soporte o entra en una posición larga si el precio de la acción sube por encima de la resistencia.

Este tipo de estrategia es a menudo el punto de partida de las expansiones de la volatilidad y de los grandes movimientos de precios. Si un comerciante es capaz de gestionar adecuadamente esta estrategia, los riesgos suelen ser muy limitados, pero los beneficios se maximizan.

### *Dos tipos de brotes*

Antes de seguir adelante, debe entender que hay dos tipos de brotes. Estos son los;

- Columna alta y columpio bajo.
- Las rupturas de apoyo y resistencia

Como trader del dia, si buscas entrar en un mercado después de que el precio se haya movido más allá de un rango pre-definido, entonces estarás rompiendo. Todo brote que se produzca debe ir acompañado de volumen.

Además, una verdadera ruptura siempre va acompañada de una audaz y enorme formación de velas que se cierra muy por encima del nivel de resistencia del soporte. Por lo tanto, como regla general, cuanto más grande sea la vela de la fuga, mejor será la fuga.

### *1. Estrategia de desglose*

Esta estrategia es en realidad lo opuesto a la estrategia de escape. En este caso, el precio de las acciones se mueve por debajo de un nivel de soporte establecido. Usando la estrategia de desglose, usted seguirá monitoreando todos los fundamentos aún cuando el gráfico indique una inminente tendencia descendente hacia la acción de los precios más bajos.

Tienes que hacer un gráfico de operaciones de swing. Si este gráfico va a ser rentable, entonces debería contener un par de cosas. Uno de ellos es el promedio móvil o MA. Hay diferentes tipos de medias móviles como la media móvil simple, SMA, y la media móvil exponencial, EMA. Otros factores cruciales que deberían constituir el gráfico son la volatilidad, el interés a corto plazo y la flotación.

## 2. Estrategia de expansión del rango

*¿Qué es la expansión del rango?*

La expansión del rango puede definirse como un alargamiento o expansión gradual de las barras de precio de una acción con el tiempo. En este caso, las gamas alta y baja se amplían, lo que suele ser un indicio de una pauta de continuación.

*Cómo comerciar una expansión del rango*

Es un hecho comprobado que las existencias pasan una cantidad significativa de tiempo dentro de un cierto rango. Sin embargo, ocasionalmente se mueven fuera de rango en lo que se conoce como un estallido de impulso. Los estallidos de impulso suelen durar entre 3 y 5 días antes de volver al rango. Este es un fenómeno muy común en la mayoría de las poblaciones.

La explosión de impulso de 3 a 5 días típicamente tiene una magnitud de 8 a 40%. Las acciones con un precio más bajo a veces tienen los movimientos de precio más espectaculares que se hayan visto. Los estallidos de esta naturaleza comienzan con una expansión del rango. Si escudriñas los gráficos diariamente, es probable que te encuentres con numerosas ráfagas de impulso. Sin embargo, hay que tener en cuenta que no vale la pena comprar cada vez que hay un impulso.

Ahora está bastante claro que el factor más importante es entender los estallidos de impulso. Todas las acciones progresan con ráfagas de impulso regulares que se producen sobre todo durante una corrida alcista. Las existencias pueden aumentar entre el 8% y el 20% durante tales explosiones que a veces pueden no tener un conductor claro. Esta carrera tiende a durar sólo de 3 a 5 días. Las acciones de menor precio tienden a ganar porcentajes aún más altos.

Este no es un fenómeno nuevo y se ha observado durante las corridas del mercado alcista durante más de 100 años. Los comerciantes han desarrollado configuraciones de ruptura principalmente porque son predecibles y ofrecen resultados muy atractivos de riesgo versus recompensa.

## 3. La estrategia de retirada

*Bajo riesgo y alta recompensa*

Como trader, sabes que sólo hay dos maneras de entrar en un comercio. Sólo se puede entrar en una fuga o en una retirada. Entender este hecho es crucial, especialmente para los comerciantes del día.

*¿Cómo se define un retroceso?*

Un retroceso puede definirse como una situación en la que el precio se mueve temporalmente en contra de una tendencia subyacente. Cuando una acción está en una tendencia alcista, entonces un retroceso es un movimiento que es más bajo que la tendencia. Sin embargo, cuando la tendencia es a la baja, entonces el retroceso tiende a ser mayor.

En esencia, un retroceso describe la caída del precio de una seguridad después de haber alcanzado un pico. Los comerciantes suelen considerar estos movimientos de precios como inversiones a corto plazo de la tendencia actual, lo que indica una pausa temporal en el impulso ascendente.

*Retiradas*

Por su propia naturaleza, los retrocesos siempre generan una variedad de oportunidades comerciales diferentes después de que una tendencia se mueve más o menos. Sacar provecho de esta estrategia clásica no es tan fácil como parece. Por ejemplo, puede invertir en un valor o venderlo al descubierto en una resistencia y estas tendencias pueden continuar de modo que sus pérdidas sean considerables. Alternativamente, su seguridad o acciones podrían quedarse ahí y desperdiciarse incluso cuando se pierdan muchas otras oportunidades.

Hay ciertas habilidades que necesitas si quieres obtener beneficios decentes con la estrategia de retirada. Por ejemplo, ¿qué tan agresivo debe ser un comerciante y en qué punto deben tomarse las ganancias? ¿Cuándo es el momento de retirarse? Básicamente, estos y todos los demás aspectos importantes deben ser considerados.

Para empezar, se requiere una fuerte tendencia en los mercados de tal manera que otros comerciantes que se están retirando puedan alinearse justo detrás de ti. Cuando lo hagan, harán que tu idea se convierta en una idea rentable. Los valores que ascienden a nuevas alturas o caen a nuevos mínimos son capaces de alcanzar este requisito, especialmente después de que los valores se adelanten mucho más al nivel de ruptura.

También necesitará una acción vertical persistente en un punto mínimo o máximo para obtener beneficios regulares, especialmente si los volúmenes son más altos de lo habitual, principalmente porque esto da lugar a un rápido movimiento de los precios una vez que se alcanza la posición. Es imperativo que las acciones en cuestión generen beneficios rápidamente después de tocar fondo o de rellenarlas, pero sin un alcance o consolidación comercial considerable. También es crucial que esto ocurra, pues de lo contrario es probable que el rango intermedio se oponga a la rentabilidad durante el subsiguiente vuelco o rebote.

*Una mirada a las configuraciones de retroceso*

Los traders a menudo ven los retiros como excelentes oportunidades de compra una vez que una acción en particular ha pasado por un movimiento de precios importante. Por ejemplo, una acción puede experimentar una subida impresionante después de un informe de ganancias positivo, sólo para experimentar un retroceso cuando los comerciantes empiezan a obtener beneficios. El buen informe de ganancias implica en gran medida que las acciones continuarán la tendencia al alza.

Los retrocesos a menudo implican que el precio de las acciones se desplace a una región de apoyo técnico antes de volver a la tendencia ascendente. Entre los ejemplos de apoyo técnico se encuentran el punto de giro y el promedio móvil. Como trader, debe ser muy cuidadoso y observar estas áreas de apoyo porque cualquier ruptura que resulte de ellas podría indicar una inversión de los precios y no un retroceso. Los retrocesos se suelen denominar consolidaciones o retrocesos por parte de algunos comerciantes.

*Retrocesos vs retrocesos de precios*

Como trader, tienes que ser capaz de distinguir entre un retroceso del precio y un retroceso. Tanto las reversiones como los retrocesos implican el desplazamiento del precio de una acción desde un máximo inicial. La diferencia es que los retrocesos son a largo plazo mientras que los retrocesos suelen ser a corto plazo.

Ahora, la mayoría de las reversiones de precios implicarán los fundamentos subyacentes de una acción que hacen que el mercado reevalúe su valor. Tomemos por ejemplo una empresa que informa de sus pobres ingresos. Es probable que esto haga que los inversores recalculen el precio de las acciones de la empresa. En algunos mercados, la menor demanda de automóviles podría dar lugar a una reducción de la demanda de petróleo, acero y productos básicos conexos, y cabe esperar que esto continúe a largo plazo. Esta es una típica situación de inversión de precios.

Sin embargo, cuando los fundamentos de una acción no se ven afectados por el precio, entonces esta situación se denomina simplemente un retroceso del precio que siempre es temporal. Los traders suelen tener la oportunidad de recoger beneficios en estos casos después de que las acciones se recuperen con fuerza. Tomemos por ejemplo una empresa que anuncia un gran aumento de los beneficios, haciendo que las acciones suban un 50%. Las acciones pueden experimentar un breve retroceso al día siguiente debido a que los comerciantes del día bloquean sus beneficios. Sin embargo, el informe sobre las fuertes ganancias indica que las acciones seguirán aumentando a largo plazo.

En resumen, las situaciones de retirada se consideran a menudo como oportunidades para comprar acciones después de que experimentan un enorme aumento de precio. El retroceso no debe confundirse con una inversión de los precios, que suele ser a largo plazo, con tendencia a la baja y que afecta a los fundamentos de las acciones. Es importante utilizar el análisis técnico para determinar que el retroceso se mantendrá muy por encima de los niveles de apoyo clave a fin de evitar pérdidas.

*El mejor enfoque para dominar la técnica de retroceso*

Los retrocesos ofrecen a los traders todo tipo de oportunidades comerciales una vez que una tendencia activa asciende o desciende. Sin embargo, sacar provecho de las configuraciones de retroceso no es tan fácil como puede parecer. Por ejemplo, si se compra una acción cuyo precio está bajando, o se vende una acción con pérdidas, entonces la tendencia podría continuar de tal manera que se terminaría sufriendo aún más pérdidas. Alternativamente, la acción podría acumular polvo esperando su próximo paso. Afortunadamente, hay algunas condiciones técnicas favorables que pueden permitir que un retroceso se convierta en positivo una vez que se arriesga en dirección contraria.

**Gráficos**

Los analistas técnicos utilizan varias herramientas y sistemas al analizar las existencias. Algunas de estas herramientas incluyen tablas de precios. Un gráfico de precios es simplemente una presentación de una secuencia de precios de las acciones que se trazan dentro de un período de tiempo específico. Casi cualquier seguridad financiera con un historial de precios y datos puede ser trazada. Los analistas técnicos dependen casi exclusivamente de los gráficos de precios para su análisis. Sin embargo, no son los únicos expertos que usan tablas.

Las tablas de precios son documentos muy visuales. Indican claramente el precio de las existencias pertinentes en un período determinado. También proporcionan información sobre los niveles que la cotización de las acciones alcanzó en el pasado reciente. La información adicional de los gráficos de precios incluye el interés que atraen las acciones, la volatilidad del movimiento de los precios y la dirección del precio de las acciones.

Toda esta información es esencial para los comerciantes, inversores y analistas. Los gráficos son excelentes herramientas de visualización que presentan una imagen clara del movimiento del precio de una acción específica en un gráfico relativo al tiempo. La presentación visual hace que sea bastante fácil para los usuarios observar y anotar cualquier patrón raro y común. Los analistas y los traders que utilizan los gráficos buscan información sobre las posiciones de apoyo y resistencia. También tratan de entender la dirección de la tendencia, ya que apunta a la dirección de la acción. Una vez que los comerciantes, analistas e inversores puedan responder a estas preguntas, entonces podrán determinar si una operación vale la pena, cuáles son los puntos de entrada y salida y mucho más.

*Los traders, analistas e inversores necesitan gráficos*

Muchos expertos financieros opinan que cuando se trata del comercio de valores, la historia tiende a repetirse. Esto significa que los eventos pasados tienden a ocurrir de manera similar. Los traders lo saben y es la razón por la que se basan en datos históricos relativos a valores específicos. Los gráficos son las fuentes de los datos históricos requeridos por los traders. Utilizan datos históricos para planificar sus operaciones y casi siempre son exactos.

La mejor parte de usar los gráficos es que se puede confiar totalmente en la precisión. Sin embargo, se exige a los comerciantes que aprovechen la correcta interpretación de los gráficos a tiempo o de lo contrario las cosas se desarrollarán. Además, la mayoría de los traders utilizan los gráficos de las acciones de manera personalizada y con métodos preferidos. Sin embargo, el resultado final es siempre el mismo. Los traders, inversionistas y analistas y todos los demás expertos financieros tratan de predecir los futuros movimientos de las acciones en el mercado. De esta manera, podrán capitalizar el movimiento y obtener un beneficio.

Tenemos traders del día que usan los gráficos como su principal fuente de información. Utilizan los gráficos para identificar patrones de gráficos, buscar áreas de precios de importancia, así como para el análisis de volumen. El análisis gráfico les proporciona las mejores oportunidades de rentabilidad. Sin los gráficos, los comerciantes del día probablemente no podrían entrar y salir de las operaciones.

El análisis técnico depende enormemente de los patrones de los gráficos. Las figuras geométricas desarrolladas a través de los gráficos son el resultado de la acción de los precios en el pasado de una seguridad particular. La seguridad podría ser acciones, bonos, productos básicos, moneda y mucho más. Los gráficos proporcionan información fiable sobre un activo y su dirección, así como sobre el movimiento de los precios, los volúmenes y la magnitud. Estos patrones de gráficos son cruciales para el trabajo de los analistas y comerciantes.

## Lectura de gráficos

Los expertos aconsejan que los traders examinen detenidamente el gráfico de las acciones que pretenden comprar como parte del análisis técnico. Cuando examinen los gráficos, buscarán detectar el fondo e identificar los mejores puntos de entrada. También examinará el techo para identificar los puntos de salida ideales. Todos los inversores compran acciones esperando que el precio suba casi inmediatamente. Por lo tanto, es crucial observar y comprender las pautas gráficas históricas de la reserva particular.

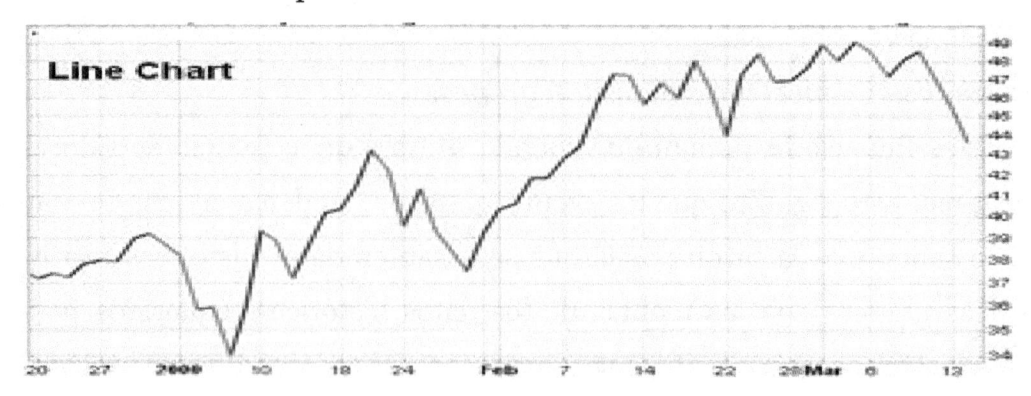

El punto de compra puede ser visto como la planta baja de un edificio donde un ascensor está a punto de subir a nuevas alturas. No sólo compras las acciones correctas al precio correcto, sino también en el momento adecuado.

*Taza con patrón de mango*

Uno de los patrones más poderosos que permiten la consistencia con la compra de acciones es el patrón de la taza *con mango*. Este es el punto en el que compras una acción a su precio más bajo y es probable que suba muy rápido. La naturaleza humana sigue siendo la misma, donde los traders y otros actores de los mercados exhiben ya sea la codicia o el miedo.

*¿Qué es el Buy Point?*

Se define como el nivel de precios en el que es muy probable que las acciones aumenten significativamente. El punto de compra, también conocido como punto de entrada, es un punto en el gráfico que ofrece la menor resistencia al aumento de los precios.

**Ejemplo**

*La taza sin asa* es un enfoque que ha funcionado durante siglos. Se sigue creyendo que, entre las estrategias más exitosas, para determinar los puntos de entrada. Hagamos un balance que ha visto disminuir su precio hasta en un 33%. Esto es después de una exitosa tendencia al alza que mostró un máximo histórico.

Sin embargo, durante 6 semanas, las existencias empiezan a disminuir. Sin embargo, una vez que la disminución ha terminado y comienza la tendencia al alza, no hay señales de un retroceso importante. En este nivel, el punto de entrada es bastante simple de determinar. Se identifica como 10 centavos en la parte superior del pico hacia el lado izquierdo. Tan pronto como las acciones se recuperan y ganan 10 centavos por encima del nivel más alto anterior, es en este punto en el que se entra en el comercio.

*El precio pasado es un indicador fiable de los resultados futuros*

Los traders entienden básicamente que la acción del precio pasado de una acción y la mayoría de los demás valores puede ayudar a predecir con precisión el rendimiento futuro de la misma acción. Por eso los comerciantes siempre están investigando y analizando el rendimiento pasado de varios valores.

Hay muchos otros expertos en finanzas que se basan en el análisis técnico y no sólo en los swing traders. Tenemos analistas, inversores, administradores de fondos de inversión, empresas financieras y otros que utilizan el análisis fundamental seguido del análisis técnico. El análisis técnico permite a todos estos expertos reducir a niveles de precios de entrada fiables y de mínimo riesgo.

*Gráficos de diferentes marcos de tiempo*

El movimiento futuro de los precios se predice con precisión mediante gráficos. Hay diferentes tipos de gráficos disponibles con respecto a una sola seguridad. Está el gráfico de 5 minutos y el de 15 minutos, luego están los gráficos de 1 hora y de 4 horas y finalmente el gráfico diario.

Hay principalmente dos variables en juego cuando se trata de gráficos y análisis técnicos. Estos son los indicadores técnicos particulares y los plazos mencionados anteriormente. El marco temporal elegido por los traders a menudo refleja sus preferencias personales en cuanto a estilo de negociación. Tenemos diferentes tipos de traders, desde los traders del día,, los swing traders, los traders a largo plazo y los inversores, entre otros.

**Cómo leer los gráficos**

Hay numerosos tipos de gráficos de acciones. Ejemplos de estos gráficos son los gráficos de velas, los gráficos de líneas, los gráficos de puntos y cifras, los gráficos de apertura-alta-baja-cerrada, los gráficos de barras y muchos otros. Estos gráficos se pueden ver en diferentes marcos de tiempo. Por ejemplo, tenemos gráficos semanales, diarios, intradía e incluso mensuales.

Hay ventajas y desventajas de cada tipo de gráfico y marco temporal. Encuentran aplicación en diferentes situaciones. Lo que revelan incluye la acción del precio y el volumen que son extremadamente importantes para los comerciantes e inversores.

**¿Por qué son valiosas las tablas de valores?**

Cuando encuentras una acción que crees que tiene fundamentos fuertes, el siguiente paso es su gráfico. El gráfico de acciones le proporcionará información útil que le guiará sobre el mejor momento para entrar en una operación, cuánto tiempo debe permanecer en la operación y cuándo debe salir. Los gráficos a menudo trazan tanto los datos de volumen como los de precio en un formato que es fácil de leer. De esta manera, puedes detectar fácilmente los puntos de entrada y salida. Por lo tanto, las métricas clave a tener en cuenta son el volumen y el precio.

**Interpretación de la carta de valores**

*Precio*

En el gráfico de acciones de arriba, hay marcas de color magenta y azul. Estas marcas representan el historial de precios de las acciones. Los volúmenes también están representados en el gráfico. Las barras representan el precio. La longitud de las barras verticales de los gráficos indica el rango de precio de una acción. Por lo tanto, la parte superior de la barra indica el precio más alto pagado en ese período de tiempo específico, mientras que la parte inferior de la barra indica el precio más bajo pagado por las acciones.

Las diminutas líneas que se intersectan horizontalmente apuntan al precio de cierre al final del período de comercio en particular. Cuando la barra está en azul, esto implica que el precio de las acciones es igual o mayor que el precio anterior. Sin embargo, será representado por el color magenta si es menor que el precio anterior.

*Volúmenes*

En la parte inferior del gráfico hay líneas verticales. Estas líneas verticales representan el volumen de transacciones de acciones en el período de tiempo indicado. La altura de las barras de volumen representa un valor similar al indicado en la escala del lado derecho.

El color de las barras está determinado por la barra de precios anterior. El color de la barra es azul si el precio es mayor o igual que el precio del último período anterior. El color es magenta si el precio es más bajo que el precio final del período anterior.

*Promedios móviles*

Los promedios móviles se indican en los gráficos de las acciones para suavizar los datos de los precios mediante la creación de una línea de flujo. Esta línea representa básicamente el precio promedio dentro de un marco de tiempo determinado. La volatilidad se suaviza con la línea de promedio móvil. Esto facilita la detección de puntos de convergencia y divergencia en una tendencia de precios bien establecida.

Los traders e inversores prefieren ver los promedios móviles de esa tendencia al alza. También prefieren que el precio actual de las acciones cierre más alto que el promedio de entrenamiento. De esta manera, un trader o inversor estará seguro de que las acciones se dirigen en la dirección correcta.

Hay una línea roja clara que atraviesa las barras de volumen. Esta es otra línea de promedio móvil, específicamente el promedio móvil de 50 días. La línea se obtiene sumando el total de los volúmenes comercializados en los últimos 50 días y luego dividiéndolo por 50.

# Capítulo 5: Evaluación y gestión de riesgos

**Una introducción a la gestión de riesgos**

La gestión de riesgos se refiere básicamente a todo el proceso de gestión de riesgos. Los riesgos son inherentes cuando se comercia e invierte en los mercados. Implica actividades de evaluación, gestión y prevención de pérdidas. La gestión de riesgos es básicamente cualquier medida adoptada por un inversor o incluso un comerciante para evitar pérdidas. Por ejemplo, un comerciante puede comprar bonos emitidos por el gobierno que se consideran extremadamente seguros.

Se trata de un enfoque de gestión de riesgos para invertir, ya que el comerciante reduce en gran medida cualquier posibilidad de pérdidas. Si el trader hubiera invertido el fondo en valores como opciones de compraventa de acciones o futuros, la inversión habría sido muy arriesgada. La gestión del riesgo tiene lugar casi todo el tiempo, como cuando un inversor o gestor de fondos o un inversionista analiza un riesgo y decide hacer ajustes para minimizar o prevenir cualquier riesgo inherente.

La gestión del riesgo puede ser tan simple como comprar un valor en lugar de otro o puede ser un proceso bastante complejo. Piense en los comerciantes que se aventuran en valores complejos como los futuros y los derivados. Esos instrumentos requieren técnicas de gestión de riesgos graves, ya que esos complejos valores son muy arriesgados, aunque también son muy gratificantes cuando tienen éxito.

Básicamente, la gestión de riesgos se produce cuando los comerciantes se esfuerzan por medir las posibles pérdidas y luego adoptan medidas específicas para mitigar los riesgos. Esto también dependerá de su apetito por el riesgo. Los comerciantes nuevos y novatos deben evitar las empresas de riesgo y sólo deben perseguir las empresas que estén dentro de su apetito de riesgo.

*Una mirada más cercana a la gestión de riesgos*

Es extremadamente crucial que todo comerciante considere la gestión de riesgos para evitar posibles pérdidas en sus operaciones. Sin la gestión de riesgos, los comerciantes e inversores también recurrirían a los juegos de azar. La evaluación y la gestión de riesgos garantizan que se adopten medidas suficientes para evitar las pérdidas.

En la historia reciente hay grandes ejemplos de un enfoque deficiente de la gestión del riesgo que ha dado lugar a cientos de miles de millones de pérdidas sufridas por los inversores. Aquí estamos hablando del colapso del sector de la vivienda en 2007 / 2008 en los Estados Unidos.

Al parecer, muchos propietarios de viviendas y titulares de hipotecas en todo el país perdieron sus inversiones debido al colapso de las hipotecas de alto riesgo.

Este colapso llevó a la gran recesión que siguió después. A los Estados Unidos le llevó un par de años recuperarse de esta catástrofe que también afectó a otros sectores. Todo el problema fue resultado de inversiones sin soluciones adecuadas de gestión de riesgos.

En aquel entonces, a cualquiera que quisiera una casa se le vendía una aunque no pudiera pagarla. Los compradores de casas tomaron préstamos hipotecarios y compraron casas que estaban fuera de su alcance. Estas hipotecas fueron luego empaquetadas en una forma de seguridad (MBS o Mortgage-Backed Securities) y vendidas en los mercados de valores. Las consecuencias fueron muy grandes con el colapso de los grandes bancos como Lehman Brothers.

*El riesgo no es necesariamente algo negativo*

Muchas veces la gente tiende a pensar que el riesgo es algo malo. Lo ven de forma negativa y piensan en formas de evitarlo. El riesgo no tiene que ser visto en términos negativos o despectivos. En realidad es algo bueno y puede salvar a los inversores y traders de perder sus recursos.

Muchos inversores tienden a definir el riesgo de inversión simplemente como una desviación o variación de un resultado esperado. Sin embargo, algunos de los traders más exitosos se dedican a inversiones muy arriesgadas. El resultado es que se toman el tiempo necesario para sopesar los riesgos e incluso toman medidas para proteger sus inversiones.

Buenos ejemplos de ello son los traders de opciones y futures. Las opciones y los futures se consideran inversiones de alto riesgo pero de gran rentabilidad. Si estas estrategias de inversión y comercio fueran extremadamente riesgosas, nadie las tocaría. Sin embargo, hay quienes se centran únicamente en estas empresas de alto riesgo, pero en su mayoría son exitosas y muy rentables. Todo se reduce básicamente a las técnicas adecuadas de gestión de riesgos. Como comerciante avanzado, debe ser capaz de aplicar técnicas adecuadas de gestión de riesgos para que sus operaciones sean seguras.

Un factor crucial que los traders deben tener en cuenta es su apetito por el riesgo. ¿Cuánto riesgo puede uno correr? Siempre existe un riesgo al aventurarse en los mercados financieros. Sin embargo, el apetito de riesgo de un inversor determinará su estrategia, así como las medidas de mitigación de riesgos pertinentes. De esta manera, será posible invertir con seguridad y sin preocupaciones si las cosas no salen como se desea.

**Intrigas de la gestión de riesgos**

La gestión del riesgo es una acción deliberada que realiza un comerciante o inversor. El propósito es mantener las pérdidas al mínimo. Como trader, estás expuesto a muchos peligros. Puedes perder dinero si no tienes cuidado o si tu estrategia no tuvo éxito. Si pierdes dinero en un comercio, entonces el riesgo puede ser manejado. Todo lo que necesitas hacer es abrirte a ser rentable en el mercado.

La mayoría de los traders desconocen la gestión de riesgos, pero es un aspecto crucial para cualquier comerciante serio. Si se desea ganar dinero en los mercados a largo plazo, la gestión del riesgo es absolutamente esencial. Incluso si eres un gran comerciante y rentable la mayor parte del tiempo, tus ganancias pueden ser eliminadas en cuestión de segundos sin una adecuada gestión de riesgos.

La evaluación del riesgo puede definirse como un término general que mide las posibilidades de que se produzcan pérdidas en el comercio. También es aplicable en otras áreas como las inversiones, la propiedad de un activo y mucho más. La gestión del riesgo también ayuda a lograr la tasa de rendimiento requerida para que una estrategia tenga éxito.

Como comerciante, realmente necesitas incorporar la gestión de riesgos como parte de tu estrategia comercial. Hay varios enfoques diferentes de la gestión de riesgos, por lo que es aconsejable considerar el enfoque que mejor funcione para usted.

**Enfoque recomendado para la gestión de riesgos**

*1. Planifique sus oficios*

El aspecto más crucial de su comercio debe ser la gestión del riesgo. Sin ella, toda tu vida comercial estará en peligro. Por lo tanto, empiece todas sus empresas comerciales con un plan que tenga la intención de seguir. Los traders tienen un dicho que dice que debes planear tus operaciones y luego negociar tu plan. Esto significa que hay que idear el mejor plan posible y luego implementarlo y seguirlo. El comercio es muy similar a la guerra. Cuando está bien planeado, puede ser ganado antes de ser ejecutado.

Algunas de las mejores herramientas que necesitará como parte de su plan de gestión de riesgos son la toma de ganancias y la detención de pérdidas. Usando estas dos herramientas puedes planear tus operaciones por adelantado. Tendrá que utilizar el análisis técnico para determinar estos dos puntos. Con esta información debería ser capaz de determinar el precio que está dispuesto a pagar, así como las pérdidas en las que puede incurrir.

*2. La regla del uno por ciento*

Los traders suelen aplicar lo que se conoce como la regla del uno por ciento. Esta regla dicta que no se deben arriesgar cantidades superiores al uno por ciento del total de su capital comercial en una sola operación. Por ejemplo, si tiene 15.000 dólares como capital de operaciones, nunca debe arriesgar más de 150 dólares en una sola operación. Este es un gran enfoque de gestión de riesgos que puede utilizar como parte de su estrategia comercial. La mayoría de los operadores que adaptan esta estrategia suelen tener cantidades inferiores a 100.000 dólares en sus cuentas de operaciones. Hay algunos que son tan confiados, que eligen trabajar con el 2% en su lugar.

*3. Fijar el objetivo y las paradas*

Podemos definir un stop-loss como la cantidad total de pérdida que un comerciante está dispuesto a incurrir en un solo comercio. Más allá del punto de detención de pérdidas, el comerciante sale del comercio. Esto es básicamente para prevenir más pérdidas al pensar que el comercio eventualmente tendrá algún impulso. También tenemos lo que se conoce como un punto de toma de ganancias. Es en este punto donde usted recogerá cualquier ganancia obtenida y posiblemente saldrá de un comercio. En este punto, una acción u otra seguridad está a menudo muy cerca de un punto de resistencia.

Más allá de este punto, es probable que se produzca una inversión en el precio. En lugar de perder dinero, deberías salir del negocio. Los comerciantes a veces sacan provecho y dejan que un comercio continúe si todavía está haciendo dinero. Luego se traza otro punto de toma de ganancias. Si tienes una buena racha, se te permite fijar las ganancias y dejar que la buena racha continúe.

*4. Uso de los promedios móviles*

La mejor manera de identificar estos dos puntos cruciales es usar promedios móviles. La razón por la que preferimos los promedios móviles para determinar los puntos de stop-loss y take-profit. Estos son seguidos de cerca por los mercados y son muy simples de determinar. Algunos de los promedios móviles populares incluyen los promedios de 5, 20, 50, 100 y 200 días. Simplemente aplique esto a su tabla de seguridad y luego determine los mejores puntos.

También puedes usar las líneas de apoyo y resistencia para determinar los puntos de ganancia y pérdida. Este también es un proceso bastante simple. Simplemente conecte las bajas y altas pasadas que ocurrieron en el pasado reciente en los niveles de volumen clave, más altos de lo normal. Trabajan con el mismo principio que los promedios móviles. Lo único que hay que hacer es encontrar niveles en los que la acción de los precios responda a la línea de tendencia en las zonas de alto volumen.

**Evaluación del riesgo frente a la recompensa**

Muchos traders pierden mucho dinero en los mercados por una razón muy simple. No saben sobre la gestión de riesgos o cómo hacerlo. Esto sucede principalmente a los principiantes o comerciantes novatos. La mayoría de ellos simplemente aprenden a comerciar y luego se apresuran a los mercados con la esperanza de hacer una matanza. Lamentablemente, así es como funcionan ahora las cosas porque no se tienen en cuenta la consideración y la gestión de los riesgos.

Gestionar el riesgo es tan importante como aprender a comerciar de forma rentable. Es una habilidad que todo comerciante necesita aprender, incluyendo a los principiantes y a los comerciantes novatos. Tal como está, invertir fondos ganados con esfuerzo en los mercados puede ser una aventura arriesgada. Incluso con las mejores técnicas y los últimos programas de software, todavía puedes perder dinero. Los expertos también pierden dinero en los mercados ocasionalmente. El aspecto crucial es que ganan mucho más de lo que pierden, así que la ecuación neta es la rentabilidad.

Dado que el comercio es un asunto arriesgado, los comerciantes deben ser compensados generosamente por los riesgos que asumen. Aquí es donde entra el término de la relación riesgo vs. recompensa. Si va a invertir su dinero en una empresa que conlleva algún riesgo, entonces es bueno entender la naturaleza del riesgo. Si es demasiado arriesgado, entonces puede que quieras mantenerte alejado, pero si no, entonces tal vez el riesgo vale la pena.

Piénsalo de esta manera. Supongamos que alguien en quien no confías mucho, se acerca a ti para pedirte un préstamo de 1.000 dólares con la promesa de pagarte con 100 dólares de interés después de un mes. Puede dudar porque el riesgo es mayor comparado con el beneficio. Sin embargo, si promete devolverte el dinero después de un mes con un interés de 2.000 dólares, entonces el riesgo vale la pena. La proporción de riesgo versus recompensa en este caso es de 2:1. Muchos inversores creen que es una excelente relación y muchos la tomarían porque tienen la oportunidad de duplicar su dinero. Si el prestatario se ofreció a devolver 3.000 dólares, entonces la relación riesgo vs. recompensa aumenta a 3:1.

Este mismo proceso se aplica también al mercado de valores y a otros mercados financieros. Supongamos que ha seleccionado la bolsa ABC para comerciar en el mercado de valores. El precio de las acciones ha bajado a 20 dólares desde un reciente máximo de 25 dólares. De acuerdo con su evaluación informada, este precio debería subir a los anteriores máximos de 25 dólares en un futuro próximo.

Usted decide invertir alrededor de 500 dólares de sus fondos en este comercio. Esta cantidad te compra 25 acciones de ABC. Si hizo su evaluación y análisis correctamente, entonces tiene la posibilidad de ganar dinero y con capacidad para limitar las pérdidas. En este caso, puede elegir el valor de 25 dólares como límite superior en el que deja de operar y primero toma beneficios. Esto también se conoce como el punto de toma de beneficios.

Entonces puedes elegir el valor de 17 dólares como tope de pérdidas. Esto significa que si el precio cae a 17 dólares, entonces saldrá automáticamente de la operación y contará sus pérdidas. La máxima pérdida que puedes sufrir en esta operación es de 3 dólares (20-17 dólares) * 20 acciones = 60 dólares. Por otro lado, la máxima rentabilidad en nuestro caso sería de 5 dólares (25 - 20 dólares) * 20 = 100 dólares. Así que, con esta operación, ganarás 100 dólares o perderás 60 dólares. Como tal, la relación riesgo versus recompensa es de 100:60 o 1:0.6 que está cerca de 2:1. Esta relación se considera aceptable aunque es la mínima relación aceptable entre riesgo y recompensa.

*Pasos para determinar la proporción adecuada entre riesgo y recompensa*

1. En primer lugar, identificar las acciones u otros valores más apropiados para el comercio. Asegúrese de realizar una investigación exhaustiva y minuciosa para identificar la seguridad más apropiada.
2. A continuación, determine los puntos positivos y negativos. El lado positivo es cuando se obtiene un beneficio antes de una inversión, mientras que el lado negativo es cuando se sale de una operación para evitar más pérdidas. Utilice el precio actual para hacer estas determinaciones.
3. Ahora determina la relación riesgo versus recompensa. Tengan un umbral para esto y no tomen nada por debajo de su umbral. La mayoría de los comerciantes prefieren ratios que empiecen en 4:1 aunque 2:1 se considera el ratio mínimo para cualquier comercio. Si su proporción es insuficiente, entonces aumente sus niveles de pérdida a niveles aceptables.

Asegúrate siempre de aplicar la relación riesgo versus recompensa para todas tus operaciones. Tenga en cuenta los niveles aceptables indicados. Si no puede encontrar proporciones aceptables después de intentarlo varias veces, busque otra seguridad. Una vez que aprendas a incorporar la gestión de riesgos en tus operaciones, te sentirás más seguro al comerciar sin incurrir en grandes pérdidas.

**Introducción a la Beta**

Como trader, inversor, administrador de fondos, analista o cualquier otro participante en los mercados de valores, necesitas aprender más sobre la beta. Cuando oímos hablar de beta, lo primero que nos viene a la mente es que es la segunda letra del alfabeto griego. Sin embargo, en el mundo de las finanzas, beta significa mucho más.

Ya hemos hablado de la importancia de la gestión de riesgos y de cómo es un aspecto esencial del comercio de los mercados. Todo trader o inversor debe tener un plan de gestión de riesgos adecuado que proteja sus inversiones de los riesgos inherentes. La razón es que los mercados de valores son impredecibles y están llenos de riesgos.

Como trader, es necesario evaluar los riesgos inherentes a cada comercio porque no hay ningún comercio que no esté expuesto a los riesgos. A veces esto puede ser una tarea difícil de lograr, principalmente debido a la dificultad que plantea el factor de riesgos en la valoración y el análisis de las existencias.

Afortunadamente, tenemos el beta que es un excelente indicador de riesgo. Numerosos analistas e incluso comerciantes e inversores suelen utilizar la beta para conocer los detalles sobre los riesgos inherentes a un valor. Aunque puede tener sus limitaciones, la beta proporciona mucha información útil en la que se puede confiar para calibrar el riesgo en un perfil de seguridad.

**¿Qué es Beta?**

Beta se define como la medida de la volatilidad de una acción o cualquier otro valor. La beta de una acción es simplemente la volatilidad de la acción en relación con todo el mercado. Se cree que el mercado tiene un beta de 1.0. Todas las demás acciones se miden en relación con su desviación de todo el mercado. La desviación en este caso se refiere a la volatilidad de una acción. Beta es un producto del CAPM o modelo de fijación de precios de activos de capital y se utiliza generalmente para medir la volatilidad o el perfil de riesgo de un valor. Una acción que se mueva o se desvíe por valores inferiores a los del mercado tendrá un valor beta inferior a 1,0. Por otro lado, una acción que se desvíe por valores superiores a los del mercado tendrá valores beta superiores a 1,0.

El modelo de precios de activos de capital, o CAPM, calcula el posible rendimiento de un valor utilizando tanto los rendimientos de mercado esperados como la beta. Beta, en términos de estadísticas, es similar a la pendiente que atraviesa numerosos puntos de datos de los retornos de una seguridad frente a los puntos de datos del mercado.

El CAPM o modelo de precios de activos de capital se utiliza generalmente para determinar el costo del capital. En general, cuanto más alto sea el valor beta, mayor será el valor de la tasa de descuento del capital. En resumen, podemos concluir que el beta tiene un efecto importante en la valoración de las acciones de una empresa.

## Cómo calcular el Beta

El beta representa las actividades de retorno de una acción en relación con la volatilidad o las oscilaciones que prevalecen en el mercado. La mejor manera de entrenar a los beta es mediante un análisis de regresión. Beta indica la probabilidad de que una acción reaccione a las oscilaciones y a la volatilidad del mercado. Existe una fórmula estándar que se utiliza para determinar el valor de la beta.

Esta fórmula para determinar el valor de la beta es básicamente la covarianza de los ingresos recibidos de las acciones con los ingresos debidos a un dividendo de referencia, dividido por la variación de los ingresos del dividendo de referencia.

- **Beta = Covarianza** (Re, Rm) **/ Variación** (Rm)

Re significa rendimientos basados en una acción

Rm representa los rendimientos del mercado en general

La varianza se refiere a la extensión de los datos del mercado difundidos a partir del valor medio. La covarianza es el cambio en los rendimientos de un valor en relación con los cambios que se observan en los rendimientos del mercado.

*Calculando Beta*

Ya hemos determinado que la beta define las acciones de los rendimientos de un valor en relación con las oscilaciones o la volatilidad del mercado. La beta de una acción o de cualquier otro valor se determina cuando se divide la covarianza del valor junto con los rendimientos del mismo por la varianza de los rendimientos del mercado.

Los inversores necesitan esta información para poder comprender si una acción se mueve en una dirección similar a la de los mercados y su volatilidad con respecto al mercado. Para que la beta pueda aportar conocimientos útiles, el mercado de referencia al que se hace referencia debe estar relacionado con la acción específica. Como ejemplo, si estamos calculando la beta del ETF de un bono, entonces no podemos usar el Dow Jones DJIA ya que representa acciones en lugar de bonos.

Es importante que el rendimiento del mercado o el punto de referencia aplicado a los cálculos de la beta sean del mismo tipo o estén relacionados con la acción. La razón es que un trader o inversor tratará de medir el riesgo que las acciones representan para su cartera. Cuando se comprueba que las acciones se desvían en gran variación, se considera que son arriesgadas y no muy esenciales para una cartera. Por otra parte, cuando tenemos una acción que no se desvía mucho del valor de mercado, se considera que es adecuada para la cartera.

*Deducciones de Beta*

Hay un par de cosas que los comerciantes pueden aprender de Beta. Uno de ellos es el enfoque del riesgo. Un comerciante debe primero dividir el riesgo en dos categorías distintas. Tenemos lo que se conoce como el riesgo sistemático y luego tenemos el riesgo diversificable o no sistemático.

El riesgo sistemático es el tipo de riesgo capaz de afectar a todo el mercado. Tomemos por ejemplo las hipotecas de alto riesgo para la vivienda que dieron lugar a la crisis financiera de 2007. Cuando se producen tales riesgos, no hay ninguna medida que pueda ayudar a evitar los problemas que se derivan de ellos. Lo más probable es que los clientes pierdan sus inversiones y que su valor sea eliminado. Esos riesgos se conocen también como riesgos no diversificables o riesgos sistemáticos.

El otro tipo de riesgo es el riesgo diversificable o no sistemático. Esos riesgos corresponden a una acción individual y no a todo un mercado. Hay ciertos incidentes que ocurren pero que sólo afectan a la empresa en cuestión, así como a sus existencias. Un buen ejemplo es la empresa conocida como Lumber Liquidators. Se descubrió que LL o Lumber Liquidators estaba vendiendo a su cliente material para suelos que contenía altos niveles de formaldehído. Este riesgo sólo afectaba a la compañía específica, pero todos los demás estaban a salvo en lo que respecta al incidente.

También puedes usar el RSI para identificar condiciones de sobreventa y sobrecompra. Es crucial que usted pueda identificar estas condiciones a medida que comercia, porque identificará fácilmente las correcciones y los cambios de rumbo. A veces los valores se compran en exceso en los mercados, cuando se produce esta situación, significa que hay una posible inversión de la tendencia y por lo general la tendencia emergente es bajista. Esto es a menudo una corrección del mercado. Básicamente, cuando un valor se vende en exceso, indica una corrección o una inversión de tendencia alcista, pero cuando se compra en exceso, introduce una inversión de tendencia bajista. Este es un factor crucial a tener en cuenta.

Una acción cuyo valor beta es 1.0 tiene su valor principalmente interconectado a la actividad del mercado. También se dice que esas acciones poseen un riesgo sistémico. Sin embargo, los cálculos realizados con la fórmula dada no pueden señalar ningún posible riesgo diversificable o no sistemático. Por lo tanto, el hecho de comerciar con esas acciones no añade ningún riesgo adicional a la cartera del trader. Tampoco eleva las posibilidades de que se reciba una devolución excesiva.

Un beta con un valor inferior a 1,0 implica que la acción específica no es, en teoría, tan volátil como el mercado. Por lo tanto, es menos volátil en comparación con la actividad del mercado. Como tal, las acciones no aumentarán los niveles de riesgo de la cartera de un trader. Esto significa básicamente que el riesgo de la cartera se reduce cuando se incluye la seguridad en comparación con su exclusión.

También podemos traducir esto en que un beta cuyo valor es superior a 1,0 implica que el precio de la acción es, en teoría, mucho más volátil en comparación con el mercado. Por ejemplo, se puede decir que una acción cuyo valor beta es de alrededor de 1,2 es por lo menos un 20% más volátil en comparación con el mercado general. Esto es común en las pequeñas empresas y en las existencias de tecnología. Como tal, la adición de estas acciones a una cartera hará que toda la cartera sea mucho más riesgosa. Sin embargo, el aumento de los riesgos también puede implicar un aumento de los beneficios.

Es posible encontrar existencias que tengan un beta negativo. Esto implica que el valor tiene una correlación inversa con el valor de referencia del mercado como si fuera una imagen opuesta que refleja el valor de referencia del mercado. Algunos de los valores que se supone que tienen un valor beta negativo son los fondos de comercio electrónico inverso y las opciones de venta. Otros incluyen compañías que extraen oro.

Beta es un parámetro especialmente útil para aquellos que creen en el CAPM. Al evaluar el precio de una acción, es aconsejable comprobar su volatilidad de precio. También ofrece un valor seguro, cuantificable y claro con el que los comerciantes encuentran fácil trabajar. Aunque existen algunas variaciones, en general proporciona una medida fiable con la que se puede contar para determinar el valor de la equidad.

**La proporción de Sharpe**

El Ratio de Sharpe es un ratio o índice que fue desarrollado por un economista estadounidense llamado William Sharpe en 1966. Desde entonces, se ha convertido en una de las medidas más populares de riesgo frente a rendimiento utilizadas por los expertos en finanzas. Esta proporción es popular sobre todo por su simplicidad. El profesor William Sharpe fue honrado por su trabajo al ganar el Premio Nobel de Economía en 1990. El panel lo seleccionó específicamente por su trabajo en el desarrollo del CAPM o modelo de precios de activos de capital.

El ratio de Sharpe permite a los inversores apreciar y comprender los rendimientos de sus inversiones en relación con la exposición al riesgo. La relación en sí misma representa el rendimiento medio obtenido por una seguridad en comparación con el riesgo. Se puede decir que es el rendimiento medio que se obtiene por una seguridad superior a la tasa de riesgo libre de riesgo total. La fórmula para llegar a esta proporción se indica a continuación.

- **Ratio de Sharpe = $\underline{R_p - R_f}$ *p**

En nuestro caso, Rp significa la rentabilidad de la cartera, Rf es la tasa libre de riesgo mientras que *p significa la desviación estándar del exceso de rentabilidad de la cartera. Calcular la proporción de Sharpe desde aquí va a ser fácil. Para llegar a la relación, hay que tomar el valor del rendimiento de la cartera menos la tasa libre de riesgo y luego dividirlo por la desviación estándar del exceso de rendimiento de la cartera.

Como trader, es necesario evaluar los riesgos inherentes a cada comercio porque no hay ningún comercio que no esté expuesto a los riesgos. A veces esto puede ser una tarea difícil de lograr, principalmente debido a la dificultad que plantea el factor de riesgos en la valoración y el análisis de las existencias.

La cifra que se deriva de este cálculo, o el ratio de Sharpe, simplemente nos informa de que un comerciante o inversor puede aumentar o disminuir los riesgos de su cartera en función de las acciones que elija. Algunas acciones conllevan algunos riesgos inherentes y pueden aumentar el riesgo general de la cartera, mientras que otras son muy seguras y en realidad reducen todo el riesgo al que está expuesta la cartera.

Los traders e inversores que desean conocer los rendimientos ajustados al riesgo de sus carteras utilizan el ratio de Sharpe más que ningún otro. Hay una teoría conocida como la Teoría Moderna de la Cartera, por la que pasan muchos inversores. Esta teoría dicta que los inversores pueden añadir acciones a sus carteras para aumentar sus rendimientos pero sin aumentar los niveles de riesgo.

Gestionar el riesgo es tan importante como aprender a comerciar de forma rentable. Es una habilidad que todo comerciante necesita aprender, incluyendo a los principiantes y a los traders novatos. Tal como está, invertir fondos ganados con esfuerzo en los mercados puede ser una aventura arriesgada. Incluso con las mejores técnicas y los últimos programas de software, todavía puedes perder dinero. Los expertos también pierden dinero en los mercados ocasionalmente. El aspecto crucial es que ganan mucho más de lo que pierden, así que la ecuación neta es la rentabilidad.

Dado que el comercio es un asunto arriesgado, los comerciantes deben ser compensados generosamente por los riesgos que asumen. Aquí es donde entra el término de la relación riesgo vs. recompensa. Si va a invertir su dinero en una empresa que conlleva algún riesgo, entonces es bueno entender la naturaleza del riesgo. Si es demasiado arriesgado, entonces puede que quieras mantenerte alejado, pero si no, entonces tal vez el riesgo vale la pena.

Es importante diversificar una cartera para aumentar las posibilidades de rentabilidad y reducir al mínimo los riesgos. Como tal, los inversores deben aceptar la idea de que la volatilidad y el riesgo son iguales o al menos equivalentes. Esto puede no ser exactamente exacto pero no es irrazonable ya que los dos están estrechamente relacionados. Es posible utilizar la relación de Sharpe para realizar una evaluación sobre el rendimiento anterior de una cartera. Esto es fácil porque las cifras reales de la actuación se utilizarán en la fórmula. Además, los traders e inversores podrían determinar la relación de Sharpe de una cartera utilizando la fórmula dada.

Hay otras grandes aplicaciones de la relación de Sharpe. Otro uso es para determinar la causa del exceso de rentabilidad de una cartera. ¿Los beneficios se deben a un exceso de riesgos o a decisiones inteligentes? Una cartera puede tener un rendimiento superior al de otras carteras no por los niveles de riesgo que plantea, sino más bien por las decisiones inteligentes del inversor. Los riesgos adicionales no aumentan necesariamente la rentabilidad, pero las decisiones inteligentes sí pueden hacerlo.

Los traders e inversores que desean conocer los rendimientos ajustados al riesgo de sus carteras utilizan el ratio de Sharpe más que ningún otro. Hay una teoría conocida como la Teoría Moderna de la Cartera, por la que pasan muchos inversores. Esta teoría dicta que los inversores pueden añadir acciones a sus carteras para aumentar sus rendimientos pero sin aumentar los niveles de riesgo.

# Capítulo 6: Estrategias y configuraciones comerciales avanzadas

**Estrategia de rupturas de comercio**

Los traders activos suelen adaptar las estrategias de comercio de ruptura asumiendo posiciones en las primeras etapas de una tendencia. Tal estrategia puede convertirse fácilmente en el comienzo de grandes movimientos de precios. También puede crecer y aumentar la volatilidad o tal vez incluso ofrecer un riesgo reducido a la baja si se gestiona bien.

*Definir una ruptura*

Cuando el precio de una acción comienza a ir más allá de determinados niveles de soporte y resistencia con volúmenes más grandes, entonces podemos definir este precio de la acción como la ruptura. Hay comerciantes que se centran únicamente en las fugas comerciales. Estos operadores suelen asumir una posición larga en el mercado una vez que el precio de las acciones sube por encima de un cierto nivel de resistencia. Por otra parte, un comerciante puede asumir una posición corta cuando el precio de las acciones cae por debajo de un cierto nivel de soporte. Cuando el precio se mueve más allá del nivel de soporte o de resistencia, se dice que ha sufrido una ruptura y de ahí el término. Tan pronto como la operación rompe los puntos de soporte o resistencia, se vuelve mucho más volátil y como tal, el precio entonces se dirige en la misma dirección que la ruptura.

Los traders consideran que las rupturas son sumamente importantes, sobre todo porque marcan el comienzo de grandes oscilaciones de los precios, de la volatilidad futura, así como de grandes tendencias de los precios.

Los brotes pueden ocurrir en cualquier tipo de entorno de mercado. Sin embargo, los movimientos de precios más volátiles suelen deberse a las rupturas de los patrones de precios y a las rupturas de los canales. Ejemplos de esto incluyen patrones de cabeza y hombros o banderas e incluso triángulos.

Sin embargo, incluso sin considerar los plazos, las estrategias de fuga son excelentes estrategias para los comerciantes que buscan oportunidades. Realmente no importa si estás usando gráficos diarios, intradía o semanales. Las estrategias básicas de comercio de ruptura son universales. Pueden ser utilizados por los traders del día, inversores, swing traders, y todos los demás.

*Identificar un candidato adecuado para una estrategia de ruptura*

Uno de los puntos más cruciales que hay que considerar cuando se negocia una ruptura es el nivel tanto de apoyo como de resistencia. Las acciones que han alcanzado estos niveles varias veces son mucho más importantes y califican como grandes candidatos para esta estrategia. Además, las acciones que han alcanzado los niveles de resistencia y apoyo durante mucho más tiempo son candidatos mucho mejores que otras.

A veces los inversionistas observan los patrones de precios para determinar si una acción es adecuada para una estrategia de ruptura. Hay ciertas formaciones como triángulos, canales y banderas que son extremadamente valiosas a la hora de buscar acciones adecuadas en las que invertir. Otra característica importante a la que hay que estar atento es la consistencia. La consistencia y la cantidad de tiempo que una población ha estado dentro de sus niveles de resistencia y apoyo son las características adicionales que hay que tener en cuenta. Utilizando estas características, un inversor podrá identificar fácilmente una acción adecuada para utilizarla con esta estrategia específica.

*Identificar los puntos de entrada apropiados*

Una vez que un trader identifica un punto de entrada adecuado, debe seguir de cerca la planificación de todo el comercio. Uno de los mejores enfoques para desarrollar un buen plan es identificar los puntos de entrada más apropiados o adecuados. Los puntos de entrada son bastante fáciles de identificar y no plantean un problema grave a los traders, especialmente en las estrategias de fuga.

Por lo tanto, una vez que el punto de entrada se determina en base a los niveles de soporte y resistencia, el operador está listo para comenzar a ejecutar las órdenes. Esencialmente, los precios deben establecerse de manera que se cierren por encima de los niveles de resistencia en una situación alcista. Cuando se asume una posición bajista, los precios deben fijarse de manera que se cierren muy por debajo de los niveles de soporte.

*Fakeouts*

Los traders deberían ser capaces de diferenciar entre una fuga y una falsificación. El mejor y más simple enfoque es simplemente esperar una confirmación definitiva. Una falsa ruptura se producirá cuando el precio comience a pasar los niveles de resistencia y soporte y luego, al final del día, vuelva a estar dentro de un rango de operación anterior. Estos escapes no se consideran escapes reales sino falsos.

Los operadores no deben entrar en los mercados demasiado rápido y empezar a ejecutar estrategias sin antes confirmar que van por el buen camino. Esto se debe a que se arriesgan a perder dinero cuando invierten en lo que creen que es una fuga sólo para que resulte ser una falsificación. Nunca hay una garantía y el mejor enfoque, por lo tanto, es sentarse y confirmar una estrategia antes de comprometerse plenamente con ella.

Muchos traders prefieren esperar la confirmación y esto viene en varias formas. Algunos esperan el cierre del período de comercio, mientras que otros buscan volúmenes superiores a la media. Estos son excelentes indicadores que pueden confirmar la estrategia. La mejor manera es simplemente esperar hasta el final del día de negociación para observar los niveles de precios y si estos mantendrán los nuevos niveles.

*Salir de los oficios*

Después de comerciar con éxito y aprovechar las grandes fortunas que trae la estrategia de escape, un comerciante tendrá que salir eventualmente de los mercados. Para que los resultados sean satisfactorios, es aconsejable tener siempre una salida predeterminada. Cuando se trata de estrategias de ruptura, generalmente hay tres rupturas distintas que se pueden utilizar. Un trader podría salir con una ganancia, salir después de incurrir en pérdidas y también establecer órdenes de parada.

En la mayoría de los casos, se supone que los intercambios son rentables. Por lo tanto, el mejor enfoque para salir de un comercio es llegar a un buen objetivo. Por lo general, una estrategia determinará el punto de salida, por ejemplo, los patrones de precios llevan a la utilización de la acción de los precios que luego proporcionará un objetivo de precio razonable. Esto significa que después de alcanzar un cierto margen de beneficio, un comerciante debe salir de los mercados. Cuando se aplica la estrategia de ruptura, entonces se deben adoptar los niveles de resistencia anteriores como los nuevos niveles de apoyo. Entonces los antiguos niveles de apoyo asumieron ser los nuevos niveles de resistencia. De esta manera, se podrá determinar si un comercio de fuga será rentable o no. También prevé la colocación de una orden de stop-loss. Los niveles de precios son, en la mayoría de los casos, los mejores indicadores de los puntos de parada de pérdida, así como los mejores indicadores de cuándo salir de una operación.

*Localizar las órdenes de detención*

Como trader, debes tener mucho cuidado de no sufrir pérdidas innecesarias. Aquí es donde la gestión de riesgos es útil. La gestión adecuada del riesgo requiere órdenes de parada para limitar cualquier pérdida en la parte baja. Ahora bien, cuando se planifica la salida de una operación debido a pérdidas, el mejor enfoque, en este caso, es remitirse a los niveles de resistencia y apoyo anteriores.

Es aconsejable colocar los topes dentro de estos parámetros para proteger las posiciones. Esto también protege contra los altos riesgos de la tendencia a la baja. Cuando los puntos de stop-loss y los puntos de salida se fijan más altos que los niveles de soporte o resistencia, esto suele desencadenar una salida prematura ya que, en numerosas ocasiones, los precios suelen llegar a los niveles de precios de los que acaban de salir.

*Resumen*

Las fugas pueden ser montajes extremadamente lucrativos para los traders que buscan altos beneficios. Sin embargo, debe elaborarse un plan adecuado para beneficiarse de esta estrategia. El primer paso debería ser identificar un candidato adecuado para la estrategia. Esto significa encontrar una cepa que muestre una fuerte resistencia o niveles de soporte y luego observar la cepa por un tiempo. Los mejores candidatos para esta estrategia exhiben los niveles más fuertes de resistencia y apoyo y proporcionan al comerciante las mejores oportunidades para el éxito de sus operaciones. Por lo tanto, los operadores siempre deben estar atentos a los niveles de resistencia y apoyo más fuertes.

Los traders también deben esperar un tiempo antes de entrar en una operación, sólo para confirmar que lo que han observado o identificado es realmente un brote. Con demasiada frecuencia los traders se apresuran a entrar en una operación creyendo que es una fuga y se dan cuenta de que es una falsificación. Es importante poder distinguir entre los dos.

La paciencia es crucial y los traders deben aprender a ser pacientes. Para confirmar que un movimiento de precios es un rompimiento, es aconsejable esperar hasta que el precio de las acciones empiece a cotizar fuera de sus niveles de resistencia y soporte. La espera debería continuar hasta casi el final del día de negociación. Cuando se trata de comercio, entonces la paciencia es una virtud.

Como trader, debe ser paciente y sólo después de la confirmación de una ruptura debe entrar en el comercio. Otro aspecto crucial de esta estrategia es que los traders deben permitir que las acciones se vuelvan a probar. Una vez que una acción pasa un nivel de resistencia y de ruptura, el nivel de resistencia anterior se convierte en el nivel de apoyo actual. También cuando una acción sube más allá de un nivel de apoyo, entonces los niveles de apoyo anteriores se convierten en los niveles de resistencia. En la mayoría de los casos, la seguridad probablemente probará su nivel anterior después de unos días. Es bueno estar preparado para esto.

A veces la estrategia o el montaje puede no tener éxito. Los comerciantes deben ser extremadamente entusiastas en sus estrategias para poder detectar tales ocurrencias. Siempre que las acciones traten de probar los niveles de resistencia o apoyo pasados y lo hagan con éxito, se considerará que la estrategia de ruptura ha fracasado. Cuando el comercio llega a estos niveles, lo mejor es contar las pérdidas y salir. No hay necesidad de tratar de esperar y dejar que funcione mucho más tiempo. Esto sólo resultará en pérdidas adicionales.

Durante una estrategia de fuga, un operador debe planificar sus salidas más cerca del cierre de los mercados. No es posible saber durante la apertura si los precios de las acciones se mantendrán iguales o cambiarán con grandes márgenes. Por eso es aconsejable esperar hasta el cierre del día de negociación para salir de las operaciones, especialmente cuando están perdiendo dinero.

Los traders deben aprender a ser pacientes con la estrategia. Requiere cierto nivel de paciencia. De esta manera, un trader se centrará más en el comercio y no permitirá que las emociones se hagan cargo. Un trader objetivo tiene más éxito que uno emocional.

Además, no salir de un comercio significa que es rentable. Un comerciante debe permanecer en un comercio mientras sea rentable. Si este es el caso, entonces un comerciante debe permanecer en el comercio mientras sea rentable. Esto significa permanecer en el comercio hasta que se alcancen ciertos niveles de precios que fueron originalmente planeados. Es aconsejable tener objetivos y trabajar hacia ellos. Si le das a tus objetivos, es mejor que salgas del negocio.

Además, una buena estrategia de ruptura prospera en presencia de la volatilidad. En algunos casos, esta volatilidad puede causar nerviosismo en los operadores que pueden permitir que las emociones tomen el control. Esto no es aconsejable en absoluto. Dado que se espera que los precios se muevan rápida y erráticamente después de una ruptura, es aconsejable ser paciente y dejar que el comercio siga su curso. De lo contrario, el comercio fracasa y entonces se deben seguir los pasos para reclamar el comercio como se ha aconsejado anteriormente.

# Capítulo 7: Estrategias de alto riesgo y alta recompensa

Los inversores son conscientes de que cualquier estrategia de alta recompensa, como las inversiones que prometen rendimientos atractivos, son casi siempre empresas de alto riesgo. Con el tiempo, la mayoría de las inversiones son capaces de duplicar el monto de la inversión inicial. Sin embargo, la mayoría de los comerciantes e inversionistas prefieren obtener altos rendimientos en un período corto. El alto riesgo con estrategias de alto rendimiento es la preferencia de numerosos inversores a pesar de los riesgos a los que están expuestos.

No hay un método garantizado para duplicar una inversión. Sin embargo, hay numerosos casos en que las inversiones se han duplicado con creces en un breve período. Sin embargo, por cada inversión exitosa que se duplicó en un tiempo relativamente corto, hay posiblemente cientos de otras que no tuvieron éxito. Este hecho, por sí solo, debería servir de advertencia a todos los posibles inversores para que tomen precauciones cuando piensen en un riesgo elevado con inversiones de alto rendimiento.

## ¿Qué es la regla del 72?

En algunos casos es posible determinar el tiempo que tardará una inversión en doblar su tamaño. Esto es posible cuando hay una tasa fija de retorno por año también se conoce. La regla del 72 es un método probado y comprobado para determinar el tiempo que tarda una inversión en duplicar su valor.

El proceso es bastante simple y directo. Un trader simplemente necesita dividir la tasa de rendimiento anual por 72. La cifra resultante es una aproximación del número de años que una inversión requiere para doblar su valor o tamaño. La mejor manera de explicarlo es con un ejemplo.

*Ejemplo*

De acuerdo con la Regla del 72, cualquier dólar que se invierta a un ritmo del 10% anual tardará aproximadamente 7,2 años en doblar su valor. Esto significa que toma aproximadamente 7.2 años para que un dólar crezca a dos dólares. Sin embargo, en la vida real, tomará una inversión de 1.10 dólares 7.3 años para doblar su tamaño. Esto es fácil usando la Regla del 72 o incluso la fórmula de interés compuesto.

## 1. Invertir en opciones de compra de acciones

Todos sabemos que las opciones son vehículos de inversión de alto riesgo y alta recompensa. El inversor que opte por este instrumento de inversión comprará un producto básico o una acción a un precio indicado que tiene un rango de fechas futuras. Estos suelen venir en forma de contrato entre el comprador y el vendedor. Por lo tanto, una opción es un contrato que contiene un valor subyacente como las acciones. El precio del contrato dependerá del valor de la garantía subyacente.

Para obtener un beneficio, el comprador esperará que el precio del título subyacente se mueva a su favor. Sin embargo, en caso de que el inversor no esté contento con el precio al vencimiento, no tiene que vender o comprar el valor. Puede decidir conservarlo. Sin embargo, el contrato expirará.

Hay un problema con este tipo de inversión porque es muy arriesgada. Las posibilidades de perder dinero son altas, especialmente para los principiantes y los comerciantes novatos. Sin embargo, los traders experimentados con opciones comerciales pueden diversificar sus fondos en opciones para obtener mejores recompensas. Saber cómo negociar opciones y cómo manejar las pérdidas puede ser una habilidad verdaderamente deseable de poseer.

El riesgo asociado con el comercio de opciones se deriva del hecho de que existe una limitación temporal en los contratos. Este requisito de tiempo en lo que respecta a la compra o venta de los instrumentos subyacentes aumenta drásticamente los riesgos. La mayoría de los contratos oscilan entre unas pocas semanas y un par de meses, aunque algunos pueden ser un poco más largos que eso.

Los traders profesionales suelen desaconsejar la práctica de la sincronización del mercado. Es uno de los factores que contribuyen a los altos riesgos que plantean las opciones. El asunto es que las opciones pueden ser extremadamente gratificantes si el contrato funciona como se ha planeado. Por ejemplo, un inversor puede invertir tan poco como 10.000 dólares y ganar más de 100 veces su inversión. Sin embargo, los resultados son siempre impredecibles y por eso a menudo se dejan en manos de traders experimentados y profesionales.

Algunos de los traders más ricos y exitosos del mundo son traders de opciones. El trading de opciones es en la mayoría de los casos una compensación porque para las empresas de alto riesgo, los inversores esperan altos rendimientos. El problema es que las estrategias fallan muchas veces. Por eso es aconsejable adoptar estrategias de opciones menos arriesgadas que tengan una mayor probabilidad de obtener grandes ingresos. El trading de opciones necesita práctica, práctica y más práctica antes de que se pueda considerar seriamente un nivel de comercio serio.

## 2. Oferta Pública Inicial

Otra excelente estrategia de inversión que es altamente rentable es la OPI. El término IPO significa oferta pública inicial y se refiere a la cotización de acciones en el mercado de valores por una empresa por primera vez. Durante una OPI, se invita al público a comprar las acciones de la compañía a un precio que se considera asequible.

Tomemos el ejemplo de la Oferta Pública Inicial de Acciones de 2017. Esta oferta pública inicial excitó a los mercados y atrajo un gran interés, de tal manera que las valoraciones se desviaron. Otra oferta pública inicial destacada es la de Alibaba de China que fue capaz de realizar más de 1.700 millones de dólares. Esta fue una de las más lucrativas y gratificantes ofertas públicas iniciales. En otros casos, las ofertas públicas iniciales pueden ser lucrativas cuando una empresa está infravalorada. Los inversores que compren en tales ofertas disfrutarán de grandes beneficios a corto y largo plazo, especialmente después de que los mercados hagan las correcciones necesarias.

En general, las OPI son oportunidades de inversión extremadamente lucrativas. Un inversor puede triplicar su dinero en un par de semanas. Hay dos formas principales de beneficiarse de una oferta pública inicial. La primera es comprar acciones en la oferta inicial y luego venderlas en el curso tan pronto como se coticen. El período entre la salida a bolsa y la cotización suele ser de entre tres y seis semanas, dependiendo del mercado. Una vez más, en el mercado, los inversores pueden adquirir acciones a precios relativamente asequibles y luego conservarlas. Estos dos enfoques son a corto plazo, ya que los beneficios pueden obtenerse en un mes o en un año.

Muchos inversionistas individuales o minoristas compran en IPOs, especialmente aquellos que son altamente comercializados y anunciados a través de diferentes medios. La esencia de esta inversión es que una OPI ofrece el precio más barato de las acciones y los precios están destinados a aumentar drásticamente una vez que las acciones se cotizan en bolsa. Esto es al menos lo que se espera que ocurra. El problema, en este caso, es que lo más frecuente es que exista una limitación en cuanto al número de acciones que un inversor individual puede adquirir. Lamentablemente, hay numerosos casos en que las OPI no logran atraer el tipo de interés que esperaban y generan el tipo de interés que los patrocinadores, partidarios, suscriptores y otros esperaban. Tomemos por ejemplo el IPO de SNAP. No atrajo ningún interés serio y no generó beneficios significativos. Afortunadamente, tales OPI no son la norma y son más bien la excepción.

Hay requisitos estrictos establecidos por los reguladores que las empresas tienen que cumplir antes de que se les permita emitir una oferta pública inicial y una lista en el curso. Algunos de estos requisitos incluyen cuentas auditadas de los últimos tres a cinco años, rentabilidad comprobada en los últimos cinco a ocho años, empresas bien dirigidas y bien administradas, etc. Por lo tanto, las empresas deben someterse a rigurosos controles antes de que se les permita inscribirse en el curso. Estos estrictos requisitos y controles rigurosos dan a los inversores la esperanza de que están invirtiendo en empresas rentables, bien gestionadas y sólidas.

En junio de 2016, la empresa de tecnología Twilio emitió una oferta pública inicial que tuvo un gran éxito. La compañía logró recaudar un total de 150 millones de dólares aunque no era muy conocida. El precio de la oferta entonces era de 15 dólares por acción. Sorprendentemente, a los dos días de la cotización, las acciones habían aumentado más del 90% en valor. A finales del mismo año, el precio de las acciones subió más de un 100%. Este es un ejemplo de cuán lucrativa puede ser una OPI, especialmente si la empresa tiene una buena reputación y está bien administrada.

Muchos inversionistas individuales o minoristas compran en IPOs, especialmente aquellos que son altamente comercializados y anunciados a través de diferentes medios. La esencia de esta inversión es que una OPI ofrece el precio más barato de las acciones y los precios están destinados a aumentar drásticamente una vez que las acciones se cotizan en bolsa. Esto es al menos lo que se espera que ocurra. El problema en este caso es que lo más frecuente es que exista una limitación en cuanto al número de acciones que un inversor individual puede adquirir.

Hay algunos desafíos que plantean las OPI. Los riesgos existen a pesar de los rigurosos esfuerzos del organismo regulador para que todas las empresas revelen información financiera y de gestión crucial. El problema es si la dirección de la empresa será capaz de mantener la alta calidad, la eficiencia y la solidez de la gestión que condujo al excelente rendimiento anterior. A veces la administración puede no tener la capacidad, el incentivo o la oportunidad de desempeñarse tan bien como lo hizo en años anteriores.

### 3. Capital de riesgo

Los capitalistas de riesgo a menudo proporcionan capital a las empresas, especialmente a las de nueva creación. Muchas empresas nuevas tienen excelentes ideas con conceptos que pueden ser monetizados. Basándose en estos conceptos, ideas innovadoras, y algunas cifras de ventas, personas ricas e inversores con fondos suficientes a menudo hacen cheques a estos negocios con la esperanza de ganar a lo grande con el tiempo.

Uno de los retos que plantean las empresas de nueva creación es que su futuro es siempre incierto y a veces incluso inestable. Sin embargo, hay muchos inversionistas que prefieren invertir su dinero en empresas nuevas. Sopesan los desafíos planteados y creen que si pueden formar parte de la dirección o del consejo de administración, pueden guiar a la empresa hacia la rentabilidad. Hay varios inicios que nunca lo logran. De hecho, la gran mayoría de las empresas nunca pasan del primer año de funcionamiento. Muchos otros nunca llegan a la marca de los cinco años. Sin embargo, los que lo hacen tienen una excelente oportunidad de crecer y expandirse, especialmente si la gestión está enfocada y organizada, pueden esperar un éxito a largo plazo.

A veces las empresas de nueva creación tienen productos excelentes como las últimas innovaciones o productos convenientes. Esas empresas siguen necesitando un fuerte liderazgo para tener éxito a largo plazo. Si sus esfuerzos de comercialización y gestión no están a la par, las posibilidades de éxito seguirán siendo bajas. Muchos inicios se equivocan en varios niveles. Hay quienes seleccionan las ubicaciones de manera equivocada, otros tienen una estrategia de comercialización deficiente mientras que otros carecen de capital o de un plan de negocios sólido. Todos estos son factores que pueden resultar en el éxito o el fracaso de una empresa.

Hay otros factores que pueden resultar en el fracaso o el colapso total de una puesta en marcha. Entre ellas se encuentran la falta de una estrategia comercial adecuada, el secreto, especialmente en las decisiones de gestión, la falta de un liderazgo adecuado y otros problemas conexos. La cosa es que las personas que son grandes en el desarrollo de grandes productos son a menudo pobres líderes de negocios. Muchos no tienen ni idea de cómo impulsar una idea de negocio.

Esta es la razón por la que los capitalistas de riesgo prefieren comprar acciones en empresas en las que pueden influir en las decisiones de gestión, especialmente cuando se trata de técnicas adecuadas de gestión empresarial, un plan de negocios sólido y los aspectos de mercado. Este es quizás el tipo de garantía que necesitan para asegurarse de que sus fondos no sólo serán bien utilizados sino que también obtendrán un rendimiento de su inversión en un plazo razonable.

Los inversionistas que buscan invertir como capitalistas de riesgo necesitan hacer mucha investigación antes de verter sus fondos en una empresa de arranque. Esta investigación debería revelar varios hechos, como la capacidad de gestión, las perspectivas, la competencia dentro del nicho y el plan de negocios actual. Sólo cuando la investigación revela un plan fiable, una gestión sólida, un buen plan de negocios y perspectivas que parecen prometedoras.

A veces las empresas de nueva creación tienen productos excelentes como las últimas innovaciones o productos convenientes. Esas empresas siguen necesitando un fuerte liderazgo para tener éxito a largo plazo. Si sus esfuerzos de comercialización y gestión no están a la par, las posibilidades de éxito seguirán siendo bajas. Muchos inicios se equivocan en varios niveles. Hay quienes seleccionan las ubicaciones de manera equivocada, otros tienen una estrategia de comercialización deficiente mientras que otros carecen de capital o de un plan de negocios sólido. Todos estos son factores que pueden resultar en el éxito o el fracaso de una empresa.

Uno de los retos que plantean las empresas de nueva creación es que su futuro es siempre incierto y a veces incluso inestable. Sin embargo, hay muchos inversionistas que prefieren invertir su dinero en empresas nuevas. Sopesan los desafíos planteados y creen que si pueden formar parte de la dirección o del consejo de administración, pueden guiar a la empresa hacia la rentabilidad. Además, los capitalistas de riesgo deben, cuando sea necesario, posicionarse en los niveles de toma de decisiones. Esto es aconsejable porque cualquier mala decisión en la que no tengan influencia puede hacerles perder dinero. La mayoría de los capitalistas de riesgo tienen un cierto número de requisitos mínimos. Muchos de ellos exigen autoridad para tomar decisiones, algún tipo de función de gestión y también una parte en la elaboración del producto o servicio ofrecido. También exigen unirse a cualquier junta directiva donde puedan hacer oír su voz. Por lo tanto, cualquiera que pretenda convertirse en un capitalista de riesgo debe asegurarse de hacer su debida diligencia para que la empresa sea rentable y tenga espacio para la prosperidad a largo plazo.

### 4. Invertir en los mercados emergentes

Numerosos países de todo el mundo se denominan ahora mercados emergentes. Van desde China hasta Sudáfrica, Argentina, Marruecos, India, Vietnam, Chile y Hong Kong entre muchos otros. Todos estos países tienen enormes economías que se están expandiendo rápidamente, así como gobiernos y sistemas políticos estables. Las economías emergentes pueden ofrecer excelentes oportunidades de inversión a los inversores. Se trata de países en crecimiento que tienen sectores e industrias bien establecidos.

Estas industrias y sectores ofrecen oportunidades a los inversores. Hay muchos activos de inversión diferentes para elegir. Tomemos por ejemplo los siempre populares bonos del gobierno. Los bonos del Estado son muy apreciados porque el pago está garantizado. Incluso si sólo tienes divisas, puedes comerciar en mercados emergentes y repatriar tus ganancias en dólares americanos.

Aparte de los bonos del estado, los inversores pueden optar por acciones atractivas y otros valores financieros disponibles. Algunas de las más lucrativas son las acciones de primera clase de grandes corporaciones y multinacionales, especialmente las empresas establecidas cuyos productos tienen una demanda constante. Piense en las empresas del sector de la alimentación, los bienes de consumo de rotación rápida o de gran consumo, las empresas de servicios públicos y las del sector tecnológico. Esas empresas se consideran estables y ofrecen excelentes oportunidades de inversión durante todo el año.

Algunas de estas economías emergentes también tienen sectores prósperos de turismo y hostelería. Piensa en lugares como Macao y Tailandia. Tailandia es un destino de vacaciones de playa muy popular, mientras que Macao es popular por sus hoteles y casinos. Todo esto proporciona excelentes oportunidades a los inversores tanto a corto como a largo plazo. También hay oportunidades en la industria minera y de extracción en países como Sudáfrica, Botswana, Indonesia y Chile. Algunos inversores prefieren invertir en países que experimentan un alto crecimiento o, a veces, incluso en ETF en sectores que están experimentando un crecimiento fenomenal.

Un buen ejemplo de un país que experimentó un crecimiento fenomenal en los últimos años es China. China experimentó un crecimiento de dos dígitos durante gran parte de la década entre 2010 y 2018. El surgimiento de oportunidades económicas incluso en naciones lejanas proporciona oportunidades lucrativas a los inversores que desean aventurarse fuera de sus zonas de confort comunes. Algunas de estas inversiones podrían conllevar un riesgo importante, pero los inversores pueden beneficiarse de estas oportunidades y reforzar no sólo sus carteras sino también sus ingresos.

Uno de los mayores retos de la inversión en los mercados emergentes es que los períodos de crecimiento, especialmente los de crecimiento extremo, a menudo no duran mucho tiempo. La mayoría de los inversores prefieren un período de crecimiento predecible y mucho más largo. Esto puede dar lugar a un desánimo y algunos inversionistas pueden contenerse. También está la siempre presente cuestión de la estabilidad política. Algunas de estas naciones emergentes experimentan algunos desafíos políticos importantes, especialmente cuando la democracia no está plenamente arraigada. Esto tiende a ser el caso en algunos países de Asia, África y América Latina.

Si un país está experimentando un auge económico pero la situación política no es tan estable como los inversores desearían que fuera, esto también plantea un desafío. Esta es la razón por la que algunos inversores forman empresas o vehículos de inversión. Muchos también recurren a las empresas de calificación económica y financiera para que les asesoren sobre las proyecciones de la actividad económica y política. A veces la inestabilidad política puede alterar en gran medida la situación económica de algunas de estas economías emergentes. Por lo tanto, es necesario tener cierta precaución al invertir en las emociones emergentes. Los inversionistas sabios siempre evaluarán la situación política y leerán los informes de las diferentes agencias antes de invertir.

**5. REITs - Fideicomisos de Inversión en Bienes Raíces**

Algunas de las oportunidades de inversión más lucrativas se encuentran en los REIT. Los fondos de inversión inmobiliaria son grandes porque los dividendos son bastante altos y se benefician de las ventajas fiscales del gobierno. Sin embargo, es importante entender exactamente lo que es un REIT.

Los REITs o fideicomisos de inversión inmobiliaria son fondos fiduciarios que invierten fondos en una variedad de bienes raíces residenciales y comerciales. Como tal, estos fideicomisos se jactan de ser propietarios de una amplia variedad de propiedades que van desde hospitales y hoteles hasta centros comerciales, edificios de oficinas, casas familiares, bloques de apartamentos e incluso cines.

Los REITs se especializan principalmente en diferentes sectores de la industria inmobiliaria. Sin embargo, muchos prefieren ahora diversificarse en diferentes tipos de propiedades con fines de diversificación. Hay numerosas razones por las que los inversores prefieren invertir sus fondos en este tipo de fondos. Para empezar, es un vehículo de inversión muy atractivo para los inversores centrados en los ingresos. Además, los REITs han demostrado a lo largo del tiempo ser unas de las inversiones más gratificantes que existen.

Una cuestión notable en relación con las REIT es que es probable que sufran oscilaciones basadas en una serie de factores. Entre ellas se incluye el rendimiento del sector inmobiliario en general, así como los tipos de interés vigentes. Los mercados inmobiliarios a veces prosperan y otras veces sufren una depresión. Esta es quizás la única desventaja de los REITs. Sin embargo, los posibles beneficios o dividendos pueden ser bastante atractivos. Algunos ofrecen rendimientos de entre el 10% y el 15% que, aunque atractivos, a veces pueden ser arriesgados.

*Cosas para buscar en un REIT*

Como inversionista, especialmente en la venta al por menor, hay varios beneficios que se pueden obtener. Una de las mejores cosas que hay que tener en cuenta es que el REIT debe ser líquido.

Una inversión líquida es aconsejable porque los inversores pueden entrar y salir fácilmente cuando sea conveniente. Los REITs son como otros valores. Se pueden negociar en los mercados y tienen requisitos mínimos muy bajos. Invertir en bienes raíces directamente es extremadamente costoso y está fuera del alcance de muchos inversionistas. Afortunadamente, los REIT permiten a cualquiera invertir indirectamente en el sector inmobiliario y disfrutar de los mismos beneficios que los propietarios de bienes raíces.

En general, los REIT generan ingresos por los arrendamientos y alquileres que pagan los inquilinos de las propiedades pertinentes. La mayor parte de los ingresos imponibles generados por los REIT deben ser pagados a los inversores en forma de dividendos. Esto los convierte en una seguridad atractiva que genera un flujo constante de dinero en efectivo.

Otra característica que hay que tener en cuenta cuando se invierte en los REIT es el crecimiento de las ganancias. Ese crecimiento suele ser el resultado de un aumento de los ingresos debido a una mayor ocupación y a un mayor número de alquileres y arrendamientos. Una buena confianza en el REIT también debería centrarse en la reducción de los costos y los gastos generales, así como en la creación de más oportunidades de negocio, incluidas las nuevas.

Además, un excelente equipo de gestión es capaz de supervisar las propiedades y administrarlas según se requiera para asegurar el crecimiento y la felicidad de los inquilinos. Los edificios infrautilizados deberían optimizarse mediante reparaciones y servicios, seguidos de nuevos inquilinos para aumentar los ingresos. Cuando las instalaciones se mejoren regularmente, más clientes o inquilinos se sentirán atraídos por las propiedades y los ingresos seguirán creciendo.

Incluso entonces, hay algunas advertencias que debes tener en cuenta cuando inviertas en los REITs. Por ejemplo, los REITs no son un activo de inversión completo como tal. Es importante examinar más de cerca el sector inmobiliario y las tendencias que prevalecen en un período determinado. Esto se debe a que la REIT confía en gran medida en el sector inmobiliario. Por lo tanto, primero, examinar las tendencias del sector inmobiliario antes de invertir en los REIT.

Considera el hecho de que el tráfico en los centros comerciales ha disminuido en los últimos dos años. Esta tendencia se ha atribuido principalmente a la disminución de los barrios suburbanos, así como a un fuerte aumento de las compras en línea. Por lo tanto, cuidado con los REIT que dependen en gran medida de los centros comerciales o están expuestos en gran medida a los ingresos de los centros comerciales planteará un mayor riesgo de inversión en comparación con otros REIT. Por eso es muy aconsejable realizar la debida diligencia antes de invertir.

También hay que tener cuidado con los hoteles, sobre todo porque son de temporada. Los hoteles a veces funcionan bien, especialmente durante las vacaciones. Sin embargo, a veces tienen pocos clientes, y esto afecta a los ingresos. Los hoteles también pueden verse gravemente afectados por la reducción de los viajes de negocios, ya que las empresas buscan medidas de reducción de costos. Hay muchas cosas que afectan a los hoteles y centros comerciales.

Para estar en el camino correcto, un inversionista de REITs debe enfocarse más en la siempre creciente población de milenios. Este grupo de individuos prefiere la vida en la ciudad y la vida urbana en lugar de la vida suburbana. Hay muchas razones que se atribuyen a este hecho, pero sobre todo se debe al fácil acceso a los servicios, la proximidad a instalaciones como gimnasios, clubes, etc. Además, las franjas de compras urbanas y las tiendas callejeras son populares en comparación con los centros comerciales y los grandes almacenes de los suburbios.

Todos estos factores son cruciales a la hora de tomar una decisión de inversión en los REITs. La conclusión es que la diligencia debida es necesaria. Añadir REITs a una cartera es una gran idea, especialmente porque los ingresos son fiables y consistentes y, en la mayoría de los casos, predecibles.

## 6. Bonos de alto rendimiento

También tenemos otra emocionante oportunidad de inversión en forma de un bono de alto rendimiento. Los expertos en finanzas definen los bonos de alto rendimiento como los bonos que tienen una calificación crediticia más baja en comparación con los bonos municipales, los bonos del tesoro y los bonos de las empresas, pero que, como resultado, pagan altos rendimientos.

La razón por la que estos bonos pagan altas recompensas es porque son valores de inversión de alto riesgo. El riesgo se debe principalmente a la probabilidad de incumplimiento. Los emisores de estos bonos de alto rendimiento suelen ser empresas de capital intensivo y empresas de nueva creación que necesitan capital pero que aún no pueden emitir acciones.

Los bonos de alto rendimiento suelen ser clasificados por las diferentes agencias de calificación. Cualquier bono que esté calificado por debajo de BAA por Moody's y por debajo de BBB por S&P se consideran bonos de alto rendimiento. Sin embargo, los que tienen mejor calificación se denominan bonos de grado de inversión. Algunos bonos tienen una calificación de C o inferior. Estos bonos tienen un alto riesgo de impago. Otras clasificadas en D o menos podrían estar ya en mora. Por lo tanto, los inversionistas siempre deben examinar las calificaciones y comprender lo que éstas representan y cuáles son las implicaciones de la inversión. Recuerde que estos bonos de alto riesgo compensan muy bien a los inversores por los riesgos inherentes.

Los bonos de alto rendimiento no sólo son emitidos por empresas sino también por gobiernos extranjeros. Los inversores pueden esperar a veces recibir cantidades escandalosas como dividendos de los bonos, que suelen ser de corto a medio plazo. Numerosos inversores de todo el mundo invierten en estos bonos de alto riesgo. Sin embargo, la mayoría de los inversores participan en estos bonos indirectamente, por lo general a través de ETF y fondos de inversión. Existe una diferencia entre los fondos de alto rendimiento y las inversiones conocidas como la diferencia de rendimiento.

Este diferencial que se encuentra entre los bonos de alto rendimiento y los bonos de grado de inversión fluctuará de vez en cuando. Sin embargo, la fluctuación depende de factores como el tipo de industria, la empresa y su estrategia, así como el estado general de la economía. Un inversor en estos bonos de alto rendimiento puede esperar recibir entre 160 y 300 puntos básicos más en términos de rendimiento en comparación con otros bonos como los bonos municipales y los bonos de grado de inversión.

En general, es muy probable que un bono de alto rendimiento con rendimientos del 16% al 20% sea un bono basura. Como tal, hay que tener cuidado porque aunque presentan una posibilidad de altos rendimientos, los riesgos de incumplimiento son también bastante altos. Por lo tanto, la mejor manera de beneficiarse de este tipo de inversiones es a través de fondos mutuos o fondos negociados en bolsa o ETFs.

Los bancos centrales o los bancos nacionales de reserva de todo el mundo tienden a liberar dinero en las respectivas economías para disponer de fondos y reducir los tipos de interés. Por ello, las actividades habituales en los mercados de valores pueden no ser tan lucrativas. Por lo tanto, algunos traders se dirigen a los mercados extranjeros en busca de oportunidades de inversión.

En los últimos años, los bonos de alto rendimiento han perdido muchos fondos de los inversores, ya que éstos buscan oportunidades más seguras en el extranjero. Por ejemplo, en diciembre de 2015, los mercados de bonos de los Estados Unidos perdieron hasta 2.500 millones de dólares, que fueron retirados por los inversores e invertidos en general en otros productos del mercado de valores. El resultado final es que estos bonos de alto rendimiento pueden ser lucrativos pero conllevan muchos riesgos, por lo que se debe tener el cuidado necesario.

## 7. El comercio de divisas

Los inversores también pueden invertir en diferentes monedas con la esperanza de obtener beneficios. Sin embargo, son los comerciantes los que invierten principalmente en divisas. El comercio puede ser difícil y desafiante, especialmente en los mercados de divisas. Sin embargo, es absolutamente crucial que los comerciantes reciban la formación necesaria para poder comerciar de forma rentable en el mercado de divisas. La razón es que los tipos de cambio son dinámicos y la volatilidad de estos mercados puede fácilmente resultar en grandes pérdidas. El comercio de divisas es, por lo tanto, una empresa de alto riesgo, aunque también puede ser muy gratificante.

El mercado de divisas se denomina a veces mercado Forex y es el mercado de inversiones más grande del mundo. Por ejemplo, el promedio de facturación diaria es de unos 5 billones de dólares, lo que es extremadamente grande comparado con la Bolsa de Nueva York, que tiene una facturación diaria de unos 25 billones de dólares. Sin embargo, aunque el mercado es enorme, muchos de los volúmenes y la liquidez provienen de traders profesionales.

Sin embargo, en la última década más o menos, el comercio en línea se ha vuelto mucho más popular entre numerosos pequeños y medianos traders de todo el mundo. Un punto a tener en cuenta sobre el mercado Forex es que nunca duerme. Siempre hay traders en los mercados ejecutando operaciones y obteniendo beneficios.

El comercio de divisas es hoy una aventura de 24 horas con mercados que sólo cierran los fines de semana desde el viernes por la tarde hasta el lunes por la mañana. La mayoría de las sesiones prácticas, sin embargo, son sólo tres. Estas son la sesión comercial europea, la sesión comercial americana y la sesión comercial asiática, aunque algunas de estas sesiones se superponen. Durante estos tiempos de comercio, hay ciertos pares de divisas de comercio popular. Como tal, los diferentes pares de divisas son más frecuentes durante ciertos momentos del día. Por ejemplo, los operadores cuyo par de divisas presenta al yen japonés encontrarán los mayores volúmenes durante la sesión comercial asiática. Lo mismo se aplica al euro durante las sesiones de negociación europeas y al dólar estadounidense en la sesión de negociación de los Estados Unidos.

Los traders de divisas compran divisas y las venden en lotes. Estos lotes varían en tamaño pero el más común es el micro-lot. El microplote equivale a 1.000 unidades. Si un trader tiene una cuenta con 1.000 dólares, esto equivaldría a 1.000 unidades. Por lo tanto, un micromontaje equivale a 1.000 dólares. También tenemos un mini lote que equivale a 10.000 unidades o 10.000 dólares. Un lote estándar equivale a 100.000 o 100.000 unidades.

*Aspectos cruciales del comercio de divisas*

Las monedas siempre se negocian en pares. Cada vez que se hace una cotización, se hace en una moneda en relación con otra. Estos dos pares de divisas son el sello distintivo del comercio de divisas, porque todo lo que hacen los comerciantes es comprar una moneda usando la moneda local con la esperanza de vender cuando hay una diferencia de precio. Esto es diferente del mercado de valores, en el que valores como las acciones se venden individualmente. Sin embargo, en el mercado de divisas, puedes vender una moneda y comprar otra.

Las monedas apenas se venden en cantidades enteras sino en cantidades diminutas llamadas pepitas. Un solo punto equivale aproximadamente a 1/100 del 1%. En otras palabras, un pip se valora hasta el $^{cuarto\ decimal}$. Son cantidades tan pequeñas que han facilitado a los traders, especialmente a los traders minoristas, la entrada en los mercados de divisas y su conversión en traders frecuentes. Los pequeños traders o minoristas se encuentran en todo el mundo.

Introducen una liquidez crucial en los mercados y han ayudado a expandir las operaciones de modo que el comercio de divisas es ahora un fenómeno global. Además, las diminutas denominaciones de las monedas, como los pips, aseguran que se puedan gestionar las pérdidas y obtener beneficios de forma consistente a lo largo del día en cantidades. En los mercados se negocian más comúnmente ocho monedas. Estos son el yen japonés, el dólar neozelandés, los dólares australianos y canadienses, la libra esterlina, el dólar estadounidense, el franco suizo y el euro.

Aunque hay millones de traders minoristas en todo el mundo que se dedican al comercio de divisas cada día, esta es una tarea que realmente debería dejarse a los profesionales. Sólo los profesionales pueden comerciar con éxito y ser consistentemente rentables. Esto se debe a que el entorno del comercio de divisas se mueve a un ritmo muy rápido y el entorno general es de alto riesgo. Los traders novatos y los principiantes deben ser muy cautelosos y probablemente deberían pasar más tiempo entrenando y practicando sus habilidades.

Los inversores experimentados y los traders profesionales que comercian con divisas necesitan prepararse bien para las sesiones de comercio y buscar patrones de comercio de ciertas divisas que les interesen. Muchos operadores bursátiles se están diversificando cada vez más en el comercio de divisas porque los factores que afectan al mercado bursátil también influyen fuertemente en los mercados de divisas. Algunos factores que afectan a los mercados de divisas son las fuerzas de la demanda y la oferta. Cuando la oferta de una moneda en particular es alta, entonces la demanda caerá y viceversa. Otros factores son la geopolítica, los datos económicos de las economías mundiales e incluso los tipos de interés.

En resumen, el comercio de divisas y las inversiones en los mercados de divisas proporcionan a los traders una corriente adicional de generación de ingresos. No es fácil encontrar estrategias ganadoras, pero es posible cuando las lleva a cabo un profesional experimentado. El mejor punto de partida para los traders principiantes debería ser una cuenta virtual junto con mucha, mucha práctica. Operar regularmente en plataformas virtuales usando monedas virtuales es el mejor enfoque hasta que las estrategias ganadoras sean aprendidas, entendidas y dominadas.

# Conclusión

Gracias por llegar hasta el final de este libro. Esperemos que haya sido informativo y capaz de proporcionarle todas las herramientas que necesita para alcanzar sus objetivos, sean cuales sean. El siguiente paso es poner en práctica algunas de estas estrategias y empezar a obtener beneficios. Sin embargo, antes de poner en práctica cualquier estrategia de generación de riqueza, debe ser bien entendida y practicada hasta que se alcance el objetivo. Por ejemplo, los mercados monetarios son inversiones de alto riesgo y los comerciantes sin experiencia pueden perder mucho dinero.

Los traders e inversionistas profesionales tienen una amplia variedad de vehículos de inversión para elegir. Estos van desde el trading de opciones hasta el trading de acciones, bonos y divisas. También tenemos REITs, IPOs, y todos los demás. Una buena cartera es aquella que está bien diversificada, de modo que los riesgos se reducen al mínimo mientras se maximizan los beneficios. Algunos traders pueden optar por invertir a través de fondos como los fondos mutuos y los fondos comercializados electrónicamente. De esta manera, los inversores pueden beneficiarse sin tener que hacer todo el trabajo ellos mismo

# Guía Definitiva del Day Trading 2020

*¡De principiante a avanzado en semanas! Las mejores estrategias para obtener beneficios en acciones únicas. Explicación del análisis fundamental y técnico*

**Por**

**Flavio Bosque**

# Introducción

Felicitaciones por descargar este libro y gracias por hacerlo.

En los siguientes capítulos se discutirán las estrategias y configuraciones intermedias que le ayudarán a avanzar desde el nivel de principiante hasta el de trader intermedio. Como trader, tienes que seguir mejorando y no puedes quedarte estancado en lo básico para siempre.

Los traders básicos o novatos suelen esforzarse por practicar las pocas cosas que han aprendido, probablemente en una clase, a través de un tutor, y a veces aprendiendo online. Todos estos son excelentes métodos de aprendizaje. Al aprender y aumentar con frecuencia sus habilidades y conocimientos, se convierte en un mejor y más eficaz comerciante o inversor.

Este libro te enseña a convertirte en un gran trader con algunas de las habilidades avanzadas que enseña. Lea este libro metódicamente y estudie cada uno de los capítulos cuidadosamente. Si se esfuerza y practica más a menudo, se convertirá en un trader extremadamente hábil en un par de semanas.

Hay muchos libros sobre este tema en el mercado, ¡gracias de nuevo por elegir este! Se ha hecho todo lo posible para asegurar que esté lleno de tanta información útil como sea posible, ¡por favor disfrútelo!

# Capítulo 1: Fundamentos de las estrategias intermedias

Es crucial aprender también algunas estrategias comerciales adicionales para obtener una mayor rentabilidad. Si a estas alturas se siente cómodo aplicando algunas estrategias básicas de comercio y ha sido rentable, entonces es hora de aprender algunas estrategias de trading intermedias.

Hay ciertas estrategias que son adecuadas para ser utilizadas cuando se desea aumentar los ingresos y ser aún más rentable. Si se adoptan algunas de estas estrategias, así como las reglas e instrucciones que las guían, entonces se mejorarán enormemente las posibilidades de ejecutar operaciones exitosas a largo plazo. Si bien algunas de estas estrategias no son necesariamente emocionantes o extravagantes, la historia demuestra que son muy rentables y que es probable que se beneficien aprendiéndolas y aplicándolas.

**Estrategias de negociación de acciones**

Hay un par de estrategias de negociación de acciones disponibles para los traders que buscan sacar provecho de los mercados de valores. En la mayoría de los casos, es la personalidad del trader la que determina su elección de estrategia. Algunos comerciantes prefieren el trading intradiario y otros prefieren el swing trading, mientras que otros pueden comerciar con la tendencia. Todo depende de la preferencia, la personalidad, etc.

Como trading experimentado, puede que quiera probar cada método para descubrir el que se le da bien y que se adapta a su personalidad. Practique tan a menudo como sea posible y luego proceda a implementarlos en una plataforma real. De esta manera, podrá identificar los estilos de comercio más efectivos, así como el más apropiado y adecuado para usted.

**Técnicas**

Uno de los numerosos enfoques que se pueden utilizar para comerciar con éxito es el transporte de dinero en efectivo. Como comerciante experto, a veces tendrá que aplicar una técnica especial conocida como "cash carry". Se trata de una técnica comúnmente utilizada por los traders de valores que comercian con frecuencia. El transporte de efectivo es útil porque permite comprar más acciones de las que podría permitirse de otra manera. Usted es capaz de negociar más acciones utilizando este enfoque y por lo tanto generar más beneficios con sus operaciones ganadoras.

Otra técnica que tal vez quiera usar como comerciante intermedio es aprender a bajar el costo por acción. Cuando compramos acciones, a menudo tenemos que pagar las tarifas de mercado vigentes. Sin embargo, una vez que aprendas algunas de las técnicas utilizadas por los comerciantes de temporada, aprenderás a pagar menos por las acciones que comercias.

Una de estas estrategias se conoce como la estrategia "Buy-Write". Usando este método, podrás básicamente pagar menos. Su corredor le adelantará algo de dinero y podrá beneficiarse de precios más bajos. Sin embargo, en este caso, es posible que tenga que utilizar opciones. Venderá opciones cuyos valores subyacentes son acciones que usted posee. Este enfoque es muy similar a recibir un gran reembolso en efectivo por los valores que se compran.

## Estrategias de comercio activo vs estrategias de compra y venta

Todos los traders suelen participar en el comercio activo. El comercio activo significa simplemente la venta y compra de valores de forma regular basada en el movimiento de los precios para obtener beneficios rápidos y fáciles. Esto es lo opuesto a comprar y luego mantener como lo hacen los inversores. La estrategia de compra y retención es una estrategia a largo plazo en la que los inversores esperan capitalizar la eventual ganancia del precio de las acciones.

Como trader, participará activamente en el comercio en los mercados de gran liquidez buscando oportunidades rentables basadas en los movimientos de los precios de ciertas acciones y participaciones. Los valores que se negocian con más frecuencia son las acciones, aunque existe una opción más amplia disponible.

Como trader, tendrá que ser mucho más especulativo en comparación con el inversor medio, lo que nos lleva a utilizar el análisis fundamental y técnico. El análisis técnico será útil cuando planifiquen sus operaciones. También necesitará herramientas adicionales, incluyendo gráficos de precios que son herramientas cruciales para cualquier trader activo.

Tendrás que hacer muchos intercambios si quieres ser rentable. Se recomiendan altos volúmenes de comercio con volatilidad. Como trader, usted debe encontrar acciones volátiles con grandes volúmenes y mucho movimiento de precios. La razón por la que se debe negociar con acciones de gran volumen es que los movimientos de los precios suelen ser pequeños, por lo que para maximizar los beneficios se necesitan grandes volúmenes.

Otro aspecto importante del comercio activo es la aplicación regular de las órdenes de límite. Estas órdenes le permiten al comerciante determinar y establecer los precios de las acciones ideales para vender sus acciones. Como comerciante, necesitas planear tus operaciones para saber cuándo tomar beneficios y qué puntos salir de una operación. Para salir de una operación en incumplimiento, tendrá que definir puntos de stop-loss.

Una orden de stop-loss es una orden que viene con el fin de evitar que sus operaciones pierdan su dinero. Una orden típica de stop-loss identifica un punto de precio situado en una posición más baja de la tendencia. Si el precio cae hasta el punto de "stop-loss", entonces saldrá automáticamente de la operación y evitará más pérdidas de fondos. Este punto se considera la máxima pérdida que se puede tomar por comercio. Es aconsejable tomar este enfoque ya que se arriesga a dejar que sus emociones saquen lo mejor de usted.

A veces los traders, especialmente los inexpertos y los principiantes, dejan que las emociones se lleven la palma de sus oficios. En algunos casos, tienen miedo de perder dinero y por lo tanto salen de los negocios al menor precio tirado. Otros permiten que el precio caiga astronómicamente pensando que recuperarán su dinero más tarde. Terminan perdiendo grandes cantidades de su capital comercial. Este es el enfoque equivocado que debe evitarse a toda costa.

Sus operaciones deben basarse en su análisis y no en las emociones. Necesitas sentarte y tomarte el tiempo para planear y trabajar tus oficios. Utiliza todas las herramientas a tu disposición para trazar tu camino. A lo largo del camino, tendrás que identificar un punto de toma de ganancias así como un punto de parada de pérdidas. Si haces tu análisis correctamente y aprendes a ejecutar las operaciones de la manera correcta, entonces no necesitarás dejar que las emociones se hagan cargo. En cambio, permitirá que sus operaciones se ejecuten según el plan hasta su conclusión. Es más estable, más rentable y el único enfoque recomendado para el comercio activo.

De esta forma, podrá comerciar sin tener que vigilar sus operaciones de cerca. En casos raros, es posible que desee intervenir. Por ejemplo, si recoges las ganancias y el mercado continúa en una corrida alcista, no es necesario que salgas de inmediato. Primero puedes recoger beneficios y dejar que tu comercio continúe con la tendencia ganadora. Sin embargo, deberías trabajar y definir nuevos puntos de salida y ganancias. Esto asegurará que sus operaciones sigan siendo rentables hasta que la tendencia cambie de dirección.

## Introducción a las estrategias de comercio activo

Como trader activo, tienes muchas estrategias para elegir. Cada estrategia tiene un enfoque diferente y proporciona un método excitante de comercio y beneficios. Estos enfoques o estrategias se diferencian en gran medida por la cantidad de tiempo que se mantiene la seguridad antes de la enajenación. A continuación se presentan algunas de las estrategias más significativas.

## 1. Trading Intradiario

Esta estrategia implica el comercio de valores y el cierre de las operaciones o la salida en el mismo día. Esto significa que primero se identifica un stock adecuado utilizando el análisis fundamental, así como todas las herramientas en su posesión, incluyendo gráficos.

Primero entrarás en una operación y luego estarás atento a pequeños pero significativos movimientos de precios. El comercio diurno trata de aprovechar los acontecimientos particulares que probablemente tengan un impacto en el movimiento de los precios de una acción en particular. Por ejemplo, las acciones se vuelven volátiles y por lo general experimentan una dirección ascendente durante los anuncios de ganancias. Otro acontecimiento importante son los anuncios financieros del organismo regulador, ya que esos anuncios pueden repercutir directamente en las acciones y los valores.

## 2. Swing Trading

Otra estrategia de comercio activa y popular es el swing trading. Esta estrategia implica entrar en una posición y mantenerla durante un tiempo. La variable de tiempo en este caso varía de un par de horas a un par de semanas. Sin embargo, en promedio, esta cantidad suele ser entre un día y dos semanas.

Este enfoque es menos estresante y permite a los traders obtener más beneficios con movimientos de precios más largos. Por ejemplo, como trader, comprará acciones y luego dejará que el comercio siga su curso. Podrías como tal trabajar para una compañía pero también comerciar en tu tiempo libre. Los swing traders también obtienen grandes beneficios, especialmente cuando aprovechan el impulso y comercian en grandes volúmenes. La mayoría de los comerciantes prefieren esta estrategia debido a su enfoque del comercio.

## 3. Scalping

El scalping es la estrategia de trading menos popular, pero sigue siendo genial para comerciar de forma rentable. Esta estrategia particular utiliza pequeños movimientos de precios en los mercados para obtener un beneficio. Nunca mantendrás una posición por mucho tiempo, ya que la estrategia aquí requiere una entrada rápida y una existencia rápida.

Muchas veces el raspado ocurre en el mercado de valores cuando hay mucho apalancamiento disponible. Por ejemplo, podría haber una acción o stock que se espera que aumente drásticamente. Si aplica este tipo de trading, entonces tendrá que hacer un balance de todas las acciones antes de comprarlas realmente para determinar las condiciones del mercado, así como los precios indicados en los gráficos de minutos y los gráficos de ticks.

## El comercio activo comparado con la inversión activa

El comercio y la inversión tienen muchas similitudes. Tanto un comerciante como un inversor tienen el objetivo común de generar un ingreso y luego invertir lo mismo que se requiere. Los inversores a menudo compran posiciones largas y luego las mantienen por un tiempo. Por lo tanto, la inversión activa se refiere a todas las actividades relacionadas con el futuro de las acciones.

Los traders prefieren tomar posiciones de mercado a corto plazo para poder salir rápidamente cuando llegue el momento. Esto se opone a los inversores que aman las posiciones a largo plazo y pueden permanecer en una posición por períodos más largos de tiempo. Como un inversor activo, usted buscará principalmente el alfa. El término alfa se utiliza en las finanzas para indicar una estrategia en la que un trader gana en el mercado y obtiene un beneficio. También puede considerarse como una medida del rendimiento.

En el caso anterior, podemos deducir el alfa para implicar la diferencia entre los rendimientos recibidos de una cartera de valores y un punto de referencia o índice. Básicamente, se considera que las carteras de comercio activo tienen un mejor rendimiento en algunos casos que las carteras de comercio pasivo.

## Costos inherentes asociados con el comercio activo

Hay ciertos costos inherentes a las estrategias comerciales activas. Estos costos incluyen las comisiones, los honorarios y otros gastos cobrados por las empresas de corretaje. También hay requisitos de software y hardware necesarios para la aplicación de estas configuraciones y estrategias. Aparte de eso, tenemos otras necesidades como el acceso a los datos del mercado en tiempo real y a información comercial similar. Sin embargo, estos costos se consideran un aspecto necesario del comercio y son facilitadores del éxito del comercio en los mercados de valores. La aplicación correcta de las estrategias de comercio asegurará que usted sea rentable, lo que implica que estos costos se recuperarán fácilmente.

# Capítulo 2: Ratios de PE, IPOs y rendimiento de dividendos

Las herramientas de análisis financiero ofrecen a los comerciantes la oportunidad de optimizar los beneficios mediante el análisis de las diferentes condiciones del mercado, los valores y mucho más. Esto presenta a los traders mejores oportunidades y le abre los ojos a la mejor dirección a seguir.

Hay diferentes tipos de herramientas disponibles. El propósito se puede resumir en un análisis de SWOT o fuerza, debilidad, oportunidades e hilos. Una de esas herramientas que hay que conocer es la relación PE o la relación precio-beneficio.

## Una introducción a la relación P.E.

A veces los traders necesitan saber el rendimiento de la cotización de una acción en el mercado de valores en relación con otra acción que les interesa. A veces es necesario comparar las acciones, especialmente cuando se trata de una negociación activa. Sin embargo, la simple observación del precio de las acciones no proporciona información suficiente porque las acciones son muy diferentes. La simple comparación de diferentes acciones dará un resultado engañoso, ya que las diferentes empresas tienen un número variable de acciones en circulación. Además, diferentes empresas operan en diferentes sectores y en condiciones económicas diferentes. Como tal, los comerciantes e inversores necesitan una forma de compararlas para poder comerciar. Aquí es donde el PE o la relación precio-beneficio es útil.

La proporción de PE es bastante difícil de interpretar aunque es fácil de calcular. Como trader, puedes esperar recibir mucha información útil de esta proporción, pero a veces esto podría ser bastante difícil de hacer. Esta es la razón por la que a veces los comerciantes tienden a hacer un mal uso de esta herramienta financiera. La mayoría de las veces le conceden más capacidad de evaluación de la necesaria.

## La relación precio/beneficios

Los expertos consideran que es la proporción más utilizada en el campo de las finanzas. En casi todos los sitios financieros se muestra claramente la relación PE, ya que resulta ser la medida más popular utilizada para la evaluación de las existencias. También es una medida de valoración crucial para el precio de las acciones de una organización.

Dos inversores famosos se acreditan por hacer famosa esta relación. Son Warren Buffet y Benjamin Graham. Ambos utilizan regularmente esta relación para determinar si un valor se negocia sobre la base de la especulación o de una inversión que vale la pena.

## Medir la proporción de PE

Como hemos establecido, el ratio PE es una medida del precio de las acciones de una empresa en comparación con sus ganancias. Cuando se obtiene esta proporción, puede entonces compararse con la de otras empresas. La relación en sí misma proporciona a los inversores y traders información sobre el rendimiento de una empresa y si vale la pena invertir en sus acciones. Básicamente, según los analistas, un beneficio de 1$ para la empresa B debería valorarse igual que un beneficio de 1$ para la empresa A. Si esto es cierto, entonces las acciones de las dos empresas deberían cotizar al mismo precio en la bolsa de valores. Sin embargo, en realidad, esto casi nunca es así y a menudo se observan enormes disparidades.

Por ejemplo, cuando la compañía A comercia a 4 dólares mientras que la compañía B lo hace a 7 dólares, entonces esto implica una disparidad. Significa que los mercados valoran a la empresa B mucho más que a la empresa A. También podría implicar que la empresa B tiene una mejor gestión, un modelo de negocio superior, o que merece una prima.

En resumen, cuando una empresa tiene un alto valor de PE, significa que está infravalorada por los mercados. Por otro lado, una empresa con un alto valor de PE podría implicar que las acciones de la empresa están sobrevaloradas. Como trader, usted debe hacer uso de este indicador antes de entrar en cualquier operación. Es un indicador crucial que le dirá qué tan bien se está desempeñando una empresa en comparación con otras empresas del mismo sector.

## Determinar la proporción de PE

La EP es básicamente una relación entre el precio de mercado de una acción y sus ganancias por acción. Para llegar a esta cifra, los analistas, traders e inversores a menudo se centran en los últimos trimestres de una empresa y luego calculan el EPS o las ganancias por acción. Cuando hacen esto, entonces este PE se conoce como la relación precio/beneficio de arrastre.

Consideremos la compañía XYZ cuyas acciones se negocian actualmente a un precio de 40 dólares en el mercado de valores. El año pasado, los ingresos por acción fueron de 2 dólares. Por lo tanto, podemos calcular que el PE es de 20 veces. Esta cifra no se expresa en cantidades en dólares porque es una proporción. Es fácil llegar a esta cifra.

- **Trailing PE = precio de la acción/beneficios por acción**

Utilizando esta cifra podemos comparar el rendimiento de una empresa con el de otra porque estaremos comparando entidades similares. Supongamos que hay una segunda compañía con un PE de 16X. Como comerciante o analista, debe determinar cuál de las dos acciones está sobrevalorada por los mercados en relación con la otra.

Algunos analistas están más preocupados por el rendimiento a largo plazo de las acciones en los mercados. Como tal, prefieren ratios de PE que se extienden mucho más atrás, como 10, 20 o incluso 30 años. Todo esto es un intento de determinar el verdadero valor de un índice bursátil y así sucesivamente. Las mediciones a largo plazo tienden a compensar cualquier interrupción y cambio en el ciclo comercial. Si observamos el S&P 500 a lo largo de los años, observamos que tiene una relación PE de 15, lo que significa que todas las acciones que constituyen este índice tienen una prima que es aproximadamente 15 veces mayor que la media ponderada de las ganancias.

## Ratios de PE de arrastre frente a los de arrastre

Lo ideal es que las ganancias de la empresa se publiquen o anuncien cada trimestre. Sin embargo, las acciones se compran y venden todos los días en los mercados de valores. Por esta razón, algunos comerciantes, analistas e inversores prefieren lo que se conoce como PE líder en comparación con el PE de seguimiento. Estas dos relaciones son muy similares, siendo la principal diferencia que una utiliza datos del pasado mientras que la otra proyecta el futuro.

El coeficiente de EP futuro se basa en las estimaciones futuras de las ganancias previstas, a menudo para el próximo año. Si el ratio de PE de arrastre es mayor que el ratio de PE de arrastre, entonces podemos esperar un aumento de los beneficios de la empresa. Sin embargo, cuando el ratio de PE líder es más alto que el ratio de PE de arrastre, entonces podemos esperar una reducción de los beneficios de la empresa en el próximo año fiscal.

A menudo es un gran reto determinar la relación de relaciones públicas de las empresas que no son rentables y las que tienen ganancias negativas por acción. Los expertos están divididos en cuanto a la forma de abordar esas situaciones. Algunos creen que es necesario llegar a una relación PE negativa, mientras que otros le dan un valor cero o determinan que es inexistente.

También tenemos una variación adicional a esta proporción. Es la relación precio/beneficios/crecimiento, abreviada PEG. Para hallar esta relación, dividimos la relación de PE de una empresa con la tasa de crecimiento de los beneficios de un período de beneficios determinado. Esta cifra, a diferencia de los demás ratios, se utiliza principalmente para medir el valor de las acciones de una empresa en función de las ganancias acumuladas. Muchos expertos confían en que esta proporción proporcione una imagen más precisa de la situación en comparación con la proporción de PE.

**Ejemplo**

Las acciones de Microsoft se cotizan a 500 dólares por acción. Sus ganancias por acción eran de 50 dólares. Usando esta información, podemos deducir que la proporción de PE de Apple es 10X. Esta cifra es crucial, ya que ayuda a los comerciantes y a otros a saber más sobre el rendimiento de una empresa en comparación con sólo el PE.

Se dará cuenta de que la mayoría de los sistemas como Yahoo Finance y Google Finance que cotizan acciones e incluso los corredores en línea proporcionan ratios de PE cuando cotizan los precios de las acciones o la métrica de las acciones. Por ejemplo, si visita la página de Yahoo Finanzas y busca una cotización de acciones, encontrará entre otras cifras, el ratio PE de una acción en particular.

En teoría, la relación PE de una acción nos informa cuánto está dispuesto a pagar un comerciante o inversor por una empresa determinada. En términos más sencillos, cuando tenemos una relación PE de 30, significa que los traders e inversores están dispuestos a desembolsar 30 dólares por cada dólar ganado por una empresa en un año financiero. Incluso entonces, este enfoque tiene algunas deficiencias porque no se centra en el potencial de crecimiento de una empresa.

Además, la relación PE se considera más bien una medida del rendimiento pasado de una empresa, aunque sólo toma en consideración los acontecimientos del año pasado. La razón es que las cotizaciones de las acciones predominantes son un reflejo de lo que expertos como los analistas creen que será el valor de una organización en el futuro en lo que respecta a los beneficios y las corrientes de efectivo futuros.

A veces una empresa puede tener coeficientes de PE que son superiores a la media de la industria o incluso de los mercados. Cuando esto sucede, significa que el mercado tiene la esperanza de que la compañía experimente buenas noticias. La compañía tendrá que cumplir con estas expectativas o de lo contrario podría ver su proporción de PE degradada a un nivel más apropiado y preciso.

**Ejemplo**

Tomemos el caso de Apple Inc. Hace unos años, cuando las existencias de tecnología prosperaban y crecían rápidamente, su proporción de PE en ese momento era muy superior a 100. Esto implicaba que un inversor colocaba el valor de cada dólar ganado en un año como el equivalente a 100 dólares en base al precio de las acciones. Sin embargo, eso fue durante la fase de crecimiento. Este crecimiento se ha estancado a lo largo de los años y no se espera mucho crecimiento global. Hoy en día, la proporción de PE de Apple está en unos 30. Esa reducción de la relación de EP es común en los sectores de los mercados de valores y financieros.

La implicación aquí no es que Apple estaba sobrevalorada antes y subvalorada ahora. No es así en absoluto. Sólo implica que la empresa, y otras similares, tienen un potencial de crecimiento muy alto. Hay muchos otros que están pasando por el mismo proceso y tienen proporciones de PE relativamente altas. Estas empresas se encuentran en los sectores de la tecnología y la biotecnología.

*Costoso o asequible*

Los analistas consideran que la relación PE es una medida más fiable del valor de una acción en comparación con sólo el precio de mercado. Esto se debe a que permite a los inversores comparar diferentes acciones dentro de la misma industria al mismo nivel. Por ejemplo, cuando se consideran todos los factores, entonces una acción de 5 dólares con una relación de PE de 40 se valora mucho más que una acción de 50 dólares cuya relación de PE es sólo de 8.

*Factores a considerar en relación con las relaciones PE*

Hay dos factores principales que entran en juego cuando se consideran las proporciones de PE. Se trata de las tasas de crecimiento de las empresas y del sector del mercado o la industria. En primer lugar, tenemos que mirar la tasa de crecimiento de la empresa en el pasado y pensar si esas tasas de crecimiento son posibles o irracionales. Si una compañía tiene un alto ratio de PE pero ha experimentado sólo un 5% de crecimiento en el último año o así, entonces probablemente algo no está bien. Se considera que una acción está sobrevalorada cuando las tasas de crecimiento proyectadas no coinciden con la proporción actual de PE. Afortunadamente, esta es una situación que puede ser corregida. Un comerciante puede calcular el ratio PE correcto utilizando los valores EPS y después vender las acciones en corto. Con el tiempo, el precio se ajustará y las acciones se negociarán a precios que van de la mano con las relaciones PE.

Cuando consideramos el valor de una empresa, es mejor comparar empresas de los mismos sectores o industria. Por ejemplo, es más fácil comparar a Microsoft con Apple porque ambas son empresas de la industria tecnológica. Algunas industrias se consideran de bajo crecimiento mientras que otras son en realidad de alto crecimiento. Tomemos como ejemplo el sector de la energía; sus tasas de crecimiento son extremadamente lentas simplemente porque no hay nuevos mercados. Por otro lado, tenemos el sector tecnológico que está creciendo extremadamente rápido. También experimenta cambios de manera regular. Como tal, hay un enorme potencial de crecimiento. Es más lógico que comparar una empresa del sector tecnológico con otra del sector energético. Por lo tanto, sólo compare las empresas de los sectores de alto crecimiento o las de industrias similares para obtener una opinión justa e imparcial.

## Introducción a la IPO

Las empresas son propiedad de personas o entidades. Las unidades de propiedad se conocen como acciones. Estas acciones son en su mayoría propiedad privada de los fundadores de la empresa y de quienes contribuyeron financieramente a la empresa. A veces una empresa que busca fondos vende sus acciones al público. Cuando el público compra las acciones, la empresa recibe fondos que puede utilizar para sus operaciones o expansión.

Cuando una empresa privada ofrece sus acciones a la venta al público por primera vez, esto se conoce como una oferta pública inicial o IPO. Una oferta pública inicial representa la primera venta al público de las acciones de una compañía. Sin embargo, antes de que se produzca una OPI, la empresa no es pública y sus acciones no se negocian en el mercado de valores. Las empresas privadas suelen tener muy pocas acciones en manos de los primeros inversores, incluidos amigos y familiares. Otros pueden ser inversores ángeles y capitalistas de riesgo.

Las empresas necesitan grandes cantidades de capital para crecer y expandir sus operaciones. Necesitan formas de recaudar dinero y una oferta pública inicial es una buena forma de acceder a los fondos. El público incluye a cualquiera que esté interesado en invertir en una oferta pública. Sin embargo, el público no puede invertir de otra manera en una empresa privada. Es posible acercarse a una empresa e intentar comprar sus acciones, pero la empresa no estará obligada por ley a hacerlo.

Las empresas emiten OPIs en gran parte por dos razones principales. El primero es recaudar los fondos que necesitan para el crecimiento y la expansión. La otra razón es permitir que los propietarios de la empresa salgan de ella mediante la venta de sus propias acciones a los inversores.

## El proceso de IPO

Cuando una empresa decide emitir una oferta pública inicial, el primer paso suele ser invitar a los bancos de inversión y a las empresas de seguros a ayudar en el proceso. Los expertos de estas empresas proporcionan asesoramiento profesional sobre todo el proceso. Ayudan, por ejemplo, a determinar el tipo de valores que deben emitirse. Las empresas de suscripción y los banqueros de inversión ayudarán a asesorar sobre otros asuntos, como la cantidad o el número de acciones a emitir, el precio de oferta y el tipo de valor que debe emitirse. También indica el plazo y todos los demás detalles esenciales para un proceso exitoso de IPO.

## Terminología de la OPI

*Emisor:* Esta es la empresa que vende sus acciones al público a través de la OPI

*Suscriptor:* Esta es una firma que provee servicios profesionales sobre la oferta pública. La empresa asesorará sobre el tipo de acciones, la cantidad, etc.

*Seguridad:* Se trata de un tipo de instrumento financiero. Podrían ser acciones ordinarias, acciones, bonos, etc.

*Precio de oferta:* Este es el precio al que las acciones se pondrán primero a disposición del público antes de que empiecen a cotizar en la bolsa de valores.

*Acciones:* Una unidad de propiedad de una empresa. Las acciones se suelen comercializar en grupos de 100 y esa unidad se denomina "stock".

*Breve resumen*

Las compañías emiten OPIs principalmente para recaudar capital para la expansión y el crecimiento. Hay ciertos beneficios de emitir una oferta pública inicial. Esto incluye la recaudación de grandes cantidades de fondos en un corto período de tiempo. Estos fondos pueden ser utilizados según los deseos de la empresa, pero de acuerdo con la reglamentación.

Hay ciertos desafíos asociados con las OPI. Una de ellas es que son rigurosas y costosas. Requieren de la aportación de expertos como banqueros de inversión y aseguradores. Las OPI a veces desvían a las empresas de sus objetivos principales.

## El proceso de IPO

Antes de que se emita una oferta pública inicial, normalmente hay un proceso a seguir. La primera es identificar un asegurador. El suscriptor trabajará a menudo conjuntamente con un equipo de expertos que incluye contables, abogados y expertos en valores del organismo regulador.

Este equipo recopilará información útil sobre la empresa, incluyendo a sus propietarios, el rendimiento en los últimos dos años, las operaciones futuras previstas, etc. Esta información será recopilada en un documento conocido como el prospecto de la compañía. Este documento se pondrá a disposición para su revisión, de modo que los posibles inversores entiendan más sobre la empresa en la que van a invertir.

La empresa que salga a bolsa por primera vez tendrá que someterse a una auditoría de todos sus estados financieros, seguida de una opinión de los auditores. Los directores presentarán entonces el prospecto junto con otros formularios esenciales al regulador, como la SEC o la Comisión de Valores y Bolsa. Una vez aprobada, se fijará una fecha para la oferta pública inicial.

## Ir al público...

En los EE.UU. una típica oferta pública inicial es capaz de recaudar entre 100 y 150 millones de dólares. Esos fondos son capaces de cambiar la fortuna de una compañía y sus dueños. La empresa tendrá opciones en lo que respecta a la financiación y podrá encontrar nuevos mercados, atraer trabajadores cualificados, producir más y muchas otras empresas interesantes. Las OPI ofrecen una forma mucho más asequible de atraer financiación en comparación con otras fuentes como los préstamos comerciales. Los préstamos pueden ser caros y vienen con muchas condiciones, incluyendo la garantía. Este no es el caso cuando se trata de IPOs. Según los expertos en finanzas, una OPI también puede ser vista como una oportunidad financiera o una toma de dinero para los inversionistas iniciales y directores de empresas. Pueden recibir grandes cantidades de dinero en efectivo por sus acciones.

Las empresas que han emitido OPIs pueden volver a los mercados financieros y obtener más dinero a través de ofertas secundarias. Esta es otra de las ventajas de hacer una oferta pública, ya que la oferta secundaria sólo está disponible para esas empresas.

Las empresas pueden utilizar los fondos procedentes de una oferta pública inicial para compensar a los empleados y a los ejecutivos de la empresa. Esto se hace a través de un proceso conocido como compensación de acciones. Los ejecutivos y trabajadores que contribuyen inmensamente al bienestar de una empresa también pueden ser compensados de esta manera. Las fusiones y adquisiciones, o AM, pueden realizarse muy fácilmente cuando las empresas cotizan en bolsa. Es evidente que una oferta pública inicial ofrece a las empresas muchos beneficios, incluido el acceso a grandes cantidades de fondos.

## Implicaciones de la emisión de una OPI

Antes de que se emita una OPI, la empresa emisora se considera una entidad privada y el público no puede invertir en ella. En raras ocasiones, los inversores individuales se han acercado a los propietarios de las empresas solicitando comprar algunas acciones. Esto es posible aunque no estén obligados a vender sus acciones al público. Las empresas que han vendido sus acciones al público se denominan empresas que cotizan en bolsa. Es la razón por la que las OPIs a veces se denominan como "salir al público".

Ahora los funcionarios, fundadores e inversores que poseen acciones de una empresa privada no se benefician mucho de estas acciones. No tienen mucho valor para sus dueños ya que no hay mucho que puedan hacer con ellos. La salida a bolsa hace que estas acciones sean más valiosas, ya que pueden ser fácilmente eliminadas en los mercados de valores. Esto es especialmente cierto ya que el precio de las acciones emitidas a través de una oferta pública tiende a dispararse una vez que empiezan a cotizar en los mercados de valores.

No cualquier empresa puede vender sus acciones a la empresa. Hay numerosos requisitos, cumplimiento y restricciones estrictas. Por ejemplo, una empresa debe tener cuentas auditadas y ser rentable durante varios años. Por lo tanto, cuando se autoriza a una empresa a vender una oferta pública inicial, significa que la empresa ha superado todos los requisitos establecidos y se ha ganado la confianza del regulador.

La empresa perderá ciertos beneficios. Por ejemplo, las empresas privadas no tienen que revelar sus ganancias al público o al regulador. También son fáciles de iniciar y manejar a largo plazo. Las empresas que cotizan en bolsa, por otro lado, tienen mucha responsabilidad. Hay muchas regulaciones y reglas estrictas que deben cumplir. Por ejemplo, deben preparar y publicar las cuentas auditadas, así como dar a conocer la información financiera y contable a los accionistas y al público en general. En general, las empresas que cotizan en bolsa están obligadas a cumplir todos los reglamentos, requisitos y normas establecidos por el organismo regulador de la jurisdicción en la que se encuentran.

Las empresas tienen varias formas de obtener crédito. Estos incluyen préstamos comerciales de prestamistas como bancos, obtención de fondos privados de inversores, etc. Sin embargo, las OPI siguen siendo la fuente de financiación más lucrativa para las empresas que desean expandirse. La historia muestra que las empresas han cosechado enormes beneficios financieros después de emitir ofertas públicas iniciales. Tomemos el ejemplo de Alibaba, que ganó 25.000 millones de dólares en su oferta pública inicial de acciones de 2014. Otros incluyen a AIG o al American Insurance Group que administró 20.500 millones de dólares, a General Motors 18.150 millones de dólares y a Facebook 16.000 millones de dólares.

También se permite a las empresas emitir más acciones cuando se cumplen ciertas condiciones. Esto se conoce como una oferta secundaria y proporciona otra gran opción para que las empresas recauden fondos. Hacerse público facilita mucho la planificación y la realización de fusiones y adquisiciones.

## Factores a considerar antes de hacerlo público

Hay una serie de factores diferentes que las empresas deben considerar antes de salir a bolsa. Una de ellas, que también resulta ser una de las más cruciales, es el rendimiento financiero durante un período de tiempo. Las empresas deben ser constantemente rentables para que se les permita cotizar en el mercado de valores. El organismo regulador suele exigir cuentas auditadas de los últimos tres a cinco años, aunque esto puede variar según la jurisdicción.

Los accionistas disfrutarán de la liquidez introducida por una oferta pública inicial. Esto se debe a que las acciones cotizadas en la bolsa son muy líquidas y pueden comprarse o venderse fácilmente por dinero en efectivo. Por lo tanto, los titulares de acciones y participaciones de la sociedad pueden venderlas en el mercado de valores para obtener un beneficio decente. A los accionistas de las empresas privadas les suele resultar muy difícil convertir sus acciones en dinero en efectivo, ya que son ilíquidas.

## Beneficios y desventajas de salir al público

Hay ciertos beneficios al hacerse público y emitir una oferta pública inicial. Para empezar, se invita al público en general a invertir en la empresa y contribuir a su éxito. Las OPI son una gran fuente de la necesidad de capital de bajo costo para la expansión y la aventura en nuevos mercados. No hay tantas fuentes de grandes fondos como las que se reciben a través de una lista pública inicial. Otras suelen ser costosas y los prestamistas cobran altos intereses.

Una empresa que cotiza en bolsa recibe suficiente publicidad y exposición a través de diferentes medios como plataformas impresas, electrónicas y digitales. Este tipo de exposición viene con una buena imagen pública y prestigio, todo lo cual contribuye a las ventas, la confianza, la moral, etc. Las empresas que cotizan en bolsa son capaces de atraer y retener a directivos muy motivados y eficaces, especialmente gracias a la oferta de opciones de compra de acciones como parte de la remuneración de los directivos.

### Contras de las OPI

Hay ciertas desventajas en la cotización de una empresa. El primer reto es que, en adelante, las empresas deberán hacer públicas sus ganancias y publicar informes periódicos de las mismas. Esto lleva tiempo, esfuerzo y mucho más. También requiere el gasto en términos de costos legales, de comercialización y de contabilidad. La mayoría de estos son desafíos continuos y no de una sola vez.

Existe un pequeño riesgo de que la oferta sea rechazada y que los clientes se nieguen a comprar en una oferta pública inicial. Podría ser el precio o la confianza en la empresa. Como tal, la compañía podría perder los ingresos previstos y sus acciones se volverán caras. A veces la información contenida en el prospecto revela información comercial crucial para los competidores y el público en general. Esto puede hacer que una empresa sea extremadamente vulnerable ya que sus secretos o técnicas serán expuestos. También aumentará el riesgo de las acciones colectivas, las acciones de los accionistas y todo tipo de demandas.

Sin embargo, estos desafíos son mínimos comparados con los beneficios que una empresa puede obtener. En resumen, cada vez que compres acciones de una empresa, no le entregarás los fondos de la empresa, sino que le pagarás a la persona que te compre la cantidad. Las acciones ofrecidas en una oferta pública inicial eran originalmente propiedad de inversores, fundadores y otros. Sin embargo, ninguna empresa vende todas sus acciones en el mercado de valores o en los mercados secundarios. Conservan algunos que pueden ser utilizados como incentivo para los empleados.

## Dividendos y rendimiento de los dividendos

*¿Qué es un dividendo?*
Un dividendo puede describirse como los rendimientos distribuidos a una determinada clase de accionistas. Las compañías enfocan sus energías, mano de obra y recursos para ser rentables. Al cierre del ejercicio, se declararán todos los beneficios y, por tanto, se distribuirá una parte de los mismos entre los accionistas. Sin embargo, son los directores de la empresa los que determinan cómo se distribuirán los beneficios o dividendos. Sin embargo, la resolución de los directores en relación con el pago de dividendos también debe ser examinada y aprobada por los accionistas. Los dividendos vienen en diferentes formas. Podemos hacer que se paguen dividendos en forma de dinero en efectivo y a veces en forma de acciones y participaciones. Sin embargo, el pago en efectivo es la forma más preferida y también la más común de pago de dividendos. La mayoría de las empresas son las que pagan dividendos a los accionistas. Sin embargo, hay otras entidades que también pagan dividendos, como los fondos cotizados en bolsa y algunos fondos mutuos.

*Detalles de los dividendos*
Cuando los accionistas invierten sus fondos en una empresa, son recompensados con el pago de dividendos. El pago de dividendos se considera simplemente como un pago simbólico hecho a los accionistas de una cierta clase. Se deriva de los beneficios netos de una empresa generados

en el curso de un año financiero. Sólo una pequeña parte de los beneficios se reserva para el pago de dividendos, mientras que la mayoría de los pagos son retenidos por la empresa como ganancias retenidas.

Las ganancias retenidas suelen destinarse a mejorar las operaciones de las empresas o a reducir sus gastos de responsabilidad civil. Un punto importante que hay que señalar es que en algunos casos hay que pagar dividendos incluso en los casos en que una empresa no obtuvo ningún beneficio. Esto se hace a veces para asegurar que una empresa mantenga su reputación de pagar siempre dividendos a los accionistas calificados.

*Pago de dividendos*

Como ya hemos visto anteriormente, es el consejo de administración de una empresa el que determina las cantidades que se pagarán como dividendos y cuándo se pagará el dividendo. A veces los pagos de dividendos se realizan de forma regular. Las grandes compañías a menudo hacen esto como Walmart, Unilever, etc. Otros pagan dividendos especiales, especialmente cuando tienen un rendimiento excepcional en un determinado ejercicio económico.

Hay ciertas empresas que en su mayoría pagan dividendos a los accionistas. Estas empresas suelen ser multinacionales bien establecidas con beneficios previsibles. Algunas de estas empresas tratan de beneficiar a sus accionistas en la medida de lo posible. Las empresas que operan en sectores como el farmacéutico, el financiero, el del petróleo y el gas, el de los materiales básicos y el de la atención de la salud tienden a aplicar este enfoque con regularidad. También tenemos empresas en el sector de la construcción. Se sabe que las empresas de todos estos sectores conceden regularmente dividendos.

Por otra parte, hay empresas de nueva creación y otras que todavía están en fase de crecimiento, especialmente empresas que operan en los sectores de la tecnología y la biotecnología. A menudo no pagan dividendos. Los propietarios y gerentes tienden a reinvertir la mayoría de los beneficios en las empresas para apoyar el crecimiento y el desarrollo. Incluso las empresas que son rentables en estos sectores evitan pagar dividendos durante varios años. Prefieren reinvertir sus ganancias en el negocio hasta que logren ciertos objetivos de crecimiento y rentabilidad.

*Fechas de pago de dividendos*

Suele haber un cierto orden de acontecimientos que el pago de dividendos tiende a seguir. Por ejemplo, tenemos fechas de anuncio, tasa ex-dividendo, fecha de registro y fechas de pago. Una empresa anunciará el pago de dividendos normalmente después del final de su ejercicio económico.

La fecha de anuncio es simplemente la fecha en que un director financiero anuncia la fecha de pago. Los pagos estarán sujetos a la aprobación de los accionistas. La fecha ex-dividendo se refiere a la fecha de vencimiento de la elegibilidad de los dividendos. Recuerde que los accionistas siempre están intercambiando manos mientras negocian regularmente en los mercados de valores. Por ello, los propietarios de acciones que reúnan los requisitos para el pago de dividendos deben estar atentos a esta fecha.

También hay una fecha de registro que indica los accionistas elegibles. Estos son los que reciben los dividendos. A partir de este momento, aunque las acciones cambien de manos, los receptores de los dividendos serán los que se registren. Por último, tenemos las fechas de pago cuando los pagos se harán finalmente.

*Efectos del pago de dividendos a las empresas*

Cuando las empresas pagan dividendos, significa que ciertas cantidades fijas de fondos salen de la empresa. Estos son fondos que podrían haber sido invertidos en otro lugar. Como tal, el pago de dividendos tiende a tener un impacto directo en el precio de las acciones de una empresa.

*Razones por las que las empresas pagan dividendos*

Hay varias razones por las que las empresas pagan dividendos a determinados accionistas. Estas razones son variadas y conllevan diferentes implicaciones. Básicamente, los inversores reciben pagos de dividendos basados en sus inversiones. Han depositado una inmensa confianza en la empresa y esperan ser recompensados a cambio.

Los dividendos son los pagos que se hacen, tanto si una empresa es rentable como si no. Los clientes consideran que el pago de dividendos es una fuente regular de ingresos libres de impuestos. Además, cuando la empresa paga dividendos a sus accionistas, especialmente en grandes cantidades, entonces parece tener éxito a los ojos del mundo de los negocios. Sin embargo, algunos consideran que esto significa que la empresa carece de proyectos en los que invertir. En resumen, el pago de dividendos pone dinero en los bolsillos de los inversores en lugar de invertirlo en proyectos que generen ingresos.

Un menor pago de dividendos en los años siguientes no significa necesariamente que la fortuna de una empresa esté disminuyendo. A veces las empresas encuentran un uso alternativo de los fondos. Podría tratarse de nuevos proyectos o del pago de pasivos, etc. La administración se reserva a menudo el derecho de determinar la utilización de los fondos.

Por ejemplo, cuando surgen oportunidades, la dirección de la empresa puede preferir invertir algunos de sus fondos en esa oportunidad a fin de generar más fondos e ingresos para sus accionistas. Esas decisiones que dan lugar a un aumento de los beneficios son el sello distintivo de una buena gestión. En resumen, el pago de dividendos permite que se paguen fondos a los accionistas como muestra de gratitud por parte de la empresa. Muchos inversionistas prefieren poner sus fondos en acciones de dividendos ya que éstas pagan sin falta y los pagos están libres de impuestos.

## Introducción al rendimiento de los dividendos

Podemos definir la rentabilidad de los dividendos como una relación entre el pago anual de dividendos de una empresa y el valor de sus acciones. Esta relación se expresa como un porcentaje y se obtiene mediante una fórmula estándar.

Existen diversas versiones del dividendo anual utilizado para llegar a la rentabilidad del dividendo. Estos podrían aumentar el pago de dividendos más reciente multiplicado por cuatro, el monto total de los dividendos pagados en los cuatro trimestres anteriores, o simplemente el monto total de los dividendos pagados a los accionistas en el ejercicio económico más reciente.

*El rendimiento de los dividendos en detalle*

Algunas inversiones en acciones reciben un rendimiento de sólo dividendo. Por lo tanto, podemos definir la rentabilidad de los dividendos como simplemente un valor estimado del pago de dividendos sobre el pago de las acciones. Cuando el monto del dividendo no se reduce o aumenta, entonces el rendimiento tiende a disminuir cuando el precio de las acciones aumenta, mientras que el rendimiento aumenta cuando el precio de las acciones cae. Debido a este hecho, es probable que el rendimiento de los dividendos parezca alarmantemente alto cuando los precios de las acciones empiecen a caer con extrema rapidez.

En la mayoría de los casos, la administración suele declarar dividendos para todas las acciones calificadas y en circulación. Por ejemplo, si la empresa ABC tiene alrededor de 1 millón de acciones en circulación y declara un dividendo trimestral de 1,00 dólares, entonces la empresa tendrá que pagar un total de 1 millón de dólares por trimestre y una cantidad total de 4 millones de dólares para el mismo año fiscal. En este caso, el pago de dividendos para el año por acción es de 4 dólares.

Como ya hemos establecido, la rentabilidad del dividendo es el dividendo anual de una empresa en relación con el precio de la acción. Esta cifra suele expresarse como un porcentaje. El rendimiento de los dividendos nos permite conocer el monto del retorno de los dividendos como un porcentaje del precio de la acción. El reto con los dividendos es que, aunque siguen siendo muy atractivos, afectan al crecimiento. Prácticamente cada dólar que se paga a los accionistas en forma de dividendos es dinero que no se utiliza para invertir en el negocio. Cuando el dinero se reinvierte de nuevo en un negocio, entonces habrá un posible crecimiento así como un aumento de las ganancias de capital.

- *Rendimiento de los dividendos = Dividendos anuales por acción / Precio de las acciones*

Tomemos el ejemplo de la compañía ABC. Ahora ABC toma la decisión de pagar a sus accionistas cualificados un dividendo trimestral de 1 dólar por acción. Esta cantidad se traduce en 4 dólares para todo el ejercicio económico. Si el precio actual de las acciones de ABC es de 160 dólares, entonces podemos calcular fácilmente el rendimiento de los dividendos.

- *Rendimiento de los dividendos = 4 / 160 = 2,5%*

Basándonos en la evidencia histórica, podemos decir que el aumento de la insistencia en los dividendos probablemente mejorará la rentabilidad de una empresa en lugar de ralentizarla. Esto ha sido probado una y otra vez. Hay ciertos sectores de la economía en los que los dividendos son bastante altos. Esto se ve sobre todo en las empresas más maduras que ya han pasado por la etapa de crecimiento rápido y se están desacelerando. Otros incluyen empresas de servicios públicos y firmas que comercializan artículos básicos o de primera necesidad.

Las empresas de crecimiento rápido prefieren reinvertir sus beneficios en el negocio para apoyar el crecimiento, la expansión y la entrada en nuevos mercados. Así, gastarán más dinero en crecimiento y expansión y menos fondos que paguen dividendos.

*Información sobre el rendimiento de los dividendos*

Cuando una empresa paga dividendos, no será fácil encontrar información sobre el tipo de dividendo que se está pagando. Algunas de las empresas con los mayores pagos de dividendos son los BDC o las empresas de desarrollo empresarial, los REIT o los fondos de inversión inmobiliaria, y los MLP o las sociedades limitadas master. La razón de ello es que están estructurados de tal manera que les obliga a transferir la mayor parte de sus beneficios a sus accionistas en forma de pago de dividendos. Esta estructura está en línea con los requisitos del regulador.

Es un error y una equivocación revisar una acción basándose únicamente en su rendimiento de dividendos. La razón es que los datos obtenidos de un dividendo pueden estar basados en información errónea o ser demasiado antiguos y, por lo tanto, poco fiables. Hay empresas con rendimientos de dividendos ridículamente altos incluso cuando sus acciones caen en valor. Esto es algo que tiende a ocurrir antes de un recorte de dividendos.

A veces es muy posible calcular el rendimiento de los dividendos en base a las cuentas financieras del año anterior. Esta es una práctica aceptable y es común sobre todo justo después de que una empresa anuncie sus resultados financieros. Estos datos son menos relevantes cuanto más tiempo se tarda en determinarlos después de la presentación de informes. Por ejemplo, dentro del mes siguiente a la presentación del informe, los datos siguen siendo pertinentes, pero tres meses más tarde pueden no ser tan significativos.

Otro enfoque que pueden utilizar los inversores es encontrar la suma total de las cifras de todo el último trimestre de un ejercicio económico determinado, a fin de captar la información relativa a los 12 meses de seguimiento de los datos. La cifra del dividendo de arrastre es una idea aceptable, pero a veces puede hacer que el rendimiento sea demasiado bajo o demasiado alto si la cifra se ha elevado recientemente.

Ahora los dividendos se emiten a menudo trimestralmente. Por ello, la mayoría de los inversores se centrarán en el dividendo anunciado en el último trimestre y luego lo multiplicarán por cuatro. El resultado se considera entonces válido para una buena parte. En países fuera de los Estados Unidos, como los de Europa y Asia, algunas empresas tienden a emitir un pequeño dividendo en el primer trimestre, seguido de otro mucho mayor en el último trimestre del año. Cuando se utiliza este enfoque, entonces se hace difícil o desafiante utilizar las cifras trimestrales de rendimiento de los dividendos. Es probable que termines con un rendimiento inflado o desinflado.

En raras ocasiones, una empresa pagará dividendos mensualmente. El uso de cifras de dividendos mensuales para calcular el rendimiento de los dividendos anuales daría lugar a cifras demasiado bajas. En resumen, es aconsejable identificar un enfoque fiable al calcular el rendimiento de los dividendos. En la ecuación del rendimiento de los dividendos, es el precio de las acciones el que es el denominador. Debido a esto, podemos esperar que un movimiento a la baja del precio de las acciones generalmente elevará la cifra final eventualmente.

# Capítulo 3: Diversificación, estrategia Dow y análisis

## Entendiendo la diversificación

*¿Qué es la diversificación?*

El término diversificación en el mundo de las finanzas se refiere a una estrategia de crecimiento. Esta estrategia aprovecha al máximo las oportunidades disponibles en el mercado y asigna el riesgo de la inversión a diversas clases de activos.

Es acertado decir que la diversificación es también un enfoque de gestión de riesgos para la inversión. La diversificación hace uso de una gran variedad de opciones en una cartera de inversiones. El razonamiento que sustenta este enfoque sostiene que una cartera que consta de diferentes clases de activos se traducirá básicamente en mayores rendimientos, al tiempo que se reducen los riesgos asociados a una sola clase de activos.

La diversificación se centra en la asignación de activos. Consiste en un plan que procura asignar fondos o activos de manera apropiada a una variedad de inversiones. Cuando un inversor diversifica su cartera, entonces hay un cierto nivel de riesgo que debe ser aceptado. Sin embargo, también es aconsejable diseñar una estrategia de salida para que el inversor pueda soltar el activo y recuperar sus fondos. Esto se hace necesario cuando una clase de activo específico no está rindiendo ningún rendimiento que valga la pena en comparación con otros.

Si un inversor es capaz de crear una cartera adecuadamente diversificada, su inversión estará adecuadamente cubierta. Una cartera adecuadamente diversificada también permite un margen de crecimiento. Se recomienda encarecidamente una asignación apropiada de los activos, ya que permite a los inversores aprovechar el riesgo y gestionar cualquier posible volatilidad de la cartera, ya que los distintos activos tienen reacciones diversas a las condiciones adversas del mercado.

*Opiniones de los inversores sobre las diversificaciones*

Los diferentes inversores tienen opiniones diversas sobre el tipo de escenarios de inversión que consideran ideales. Numerosos inversionistas creen que una cartera debidamente diversificada probablemente producirá un rendimiento de dos dígitos a pesar de las condiciones de mercado imperantes. También están de acuerdo en que en el peor de los casos será simplemente una disminución general del valor de los diferentes bienes. Sin embargo, con toda esta información, muy pocos inversores son capaces de lograr la diversificación de la cartera.

Entonces, ¿por qué los inversores no pueden simplemente diversificar sus carteras de forma adecuada? Las respuestas son variadas y diversas. Entre los problemas con que tropiezan los inversores en materia de diversificación figuran la ponderación del desequilibrio, la correlación oculta, la devaluación subyacente y los falsos rendimientos, entre otros. Aunque estos desafíos suenan más bien técnicos, pueden resolverse fácilmente. La solución también es bastante simple. Al piratear estos desafíos, un inversor podrá entonces beneficiarse de una plataforma adecuadamente diversificada.

## El proceso de asignación de clases de activos

Hay diferentes formas de asignar las inversiones a los activos. Según los estudios, la mayoría de los inversores, incluidos los inversores profesionales, los administradores de carteras y los comerciantes experimentados, en realidad rara vez superan los índices dentro de su clase de activos preferida. También es importante señalar que existe una correlación visible entre el rendimiento de una clase de activos subyacentes y los beneficios que recibe un inversor. En general, los inversionistas profesionales tienden a tener un rendimiento más o menos igual al de un índice dentro de un mismo activo de clase.

Por lo general, cabe esperar que los rendimientos de las inversiones de una cartera diversificada imiten de cerca la clase de activos conexos. Por lo tanto, la elección de la clase de activos se considera un aspecto extremadamente crucial de una inversión. De hecho, es el aspecto más crucial para el éxito de una clase particular de activos. Otros factores, como la selección de los activos individuales y el momento del mercado, sólo contribuyen en un 6% a la variación de los resultados de las inversiones.

*Amplias diversificaciones entre varias clases de activos*

La diversificación hacia numerosos inversores implica simplemente la distribución de sus fondos a través de una amplia variedad de acciones en diferentes sectores como el sanitario, el financiero, el energético, así como en empresas de mediana, pequeña y gran capitalización. Esta es la opinión del inversor medio. Sin embargo, un examen más detenido de este enfoque revela que los inversores simplemente están poniendo su dinero en diferentes sectores de la clase de acciones. Estas clases de activos pueden muy fácilmente caer y subir cuando los mercados lo hacen.

Una cartera diversificada de manera fiable es aquella en la que el inversor o incluso el gestor está atento y alerta debido a la correlación oculta que existe entre las diferentes clases de activos. Esta correlación puede cambiar fácilmente con el tiempo y hay varias razones para ello. Una de las razones son los mercados internacionales. Muchos inversores suelen optar por diversificar sus carteras con acciones internacionales. Sin embargo, también existe una correlación notable entre los diferentes mercados financieros mundiales. Esta correlación es claramente visible no sólo en los mercados europeos sino también en los mercados emergentes de todo el mundo. También existe una clara correlación entre los mercados de valores y los de renta fija, que suelen ser los distintivos de la diversificación.

Esta correlación es en realidad un desafío y es probablemente el resultado de la relación entre la financiación estructurada y la banca de inversión. Otro factor que contribuye a esta correlación es el rápido crecimiento y la popularidad de los fondos de cobertura. Tomemos el caso en que una gran organización internacional, como un fondo de cobertura, sufre pérdidas en una clase particular de activos.

En caso de que esto ocurra, la empresa podría tener que disponer de algunos activos de las diferentes clases de activos. Esto tendrá un efecto multiplicador, ya que muchas otras inversiones y otros inversores se verán afectados aunque hayan diversificado sus carteras adecuadamente. Se trata de un desafío que afecta a numerosos inversores que probablemente desconocen su existencia. También es probable que no sepan cómo debe rectificarse o evitarse.

*Reajuste de las clases de activos*

Uno de los mejores enfoques para resolver el desafío de la correlación es centrarse en la realineación de clases. Básicamente, la asignación de activos no debe considerarse un proceso estático. El desequilibrio de las clases de activos es un fenómeno que se produce cuando los mercados de valores se desarrollan y las diferentes clases de activos muestran un rendimiento variado.

Después de un tiempo, los inversores deben evaluar sus inversiones y luego diversificarlas para dejar de lado los activos de bajo rendimiento y en su lugar trasladar esta inversión a otras clases de activos de buen rendimiento y rentables a largo plazo. Aun así, es aconsejable estar atento para que no se sobreponga una sola clase de activos, ya que otros riesgos estándar siguen siendo inherentes. Además, un mercado alcista prolongado puede dar lugar a la sobreponderación de una de las diferentes clases de activos que podría estar lista para una corrección. Hay un par de enfoques en los que un inversor puede centrarse y que se examinan a continuación.

*La diversificación y el valor relativo*

Los inversores a veces encuentran que los rendimientos de los activos son engañosos, incluyendo a los inversores veteranos. Como tal, es aconsejable interpretar los rendimientos de los activos en relación con el rendimiento de la clase de activos específicos. La interpretación también debe tener en cuenta los riesgos a los que está expuesta esta clase de activos e incluso la moneda subyacente.

Cuando se diversifican las inversiones, es importante pensar en la diversificación en clases de activos que tienen diferentes perfiles de riesgo. Estos también deben mantenerse en una variedad de monedas. No se debe esperar disfrutar de los mismos resultados cuando se invierte en bonos del gobierno y acciones de tecnología. Sin embargo, se recomienda tratar de entender cómo cada uno se adapta al objetivo de inversión más grande.

Con este enfoque, será posible beneficiarse más de una pequeña ganancia de un activo en un mercado en el que la moneda está aumentando de valor. Esto se compara con una gran ganancia de un activo en un mercado donde la moneda está en declive. Como tal, las grandes ganancias pueden traducirse en pérdidas cuando las ganancias se revierten a la moneda más fuerte. Por ello, es aconsejable asegurarse de que se realicen investigaciones y evaluaciones adecuadas de las diferentes clases de activos.

*Consideraciones sobre la moneda*

Las consideraciones monetarias son cruciales a la hora de seleccionar las clases de activos en los que diversificar. Tomemos como ejemplo el franco suizo. Es una de las monedas más estables del mundo y ha sido así desde los años 40. Por esta razón, esta moneda en particular puede utilizarse de manera segura y fiable para medir el rendimiento de otras monedas.

Sin embargo, los inversores privados a veces tardan demasiado en elegir e intercambiar acciones. Esas actividades son abrumadoras y requieren mucho tiempo. Por ello, en tales casos es aconsejable enfocar esto de manera diferente y centrarse más en la clase de activos. Con este tipo de enfoque, es posible ser aún más rentable. La asignación adecuada de los activos es crucial para el éxito de la inversión. Permite a los inversores mitigar cualquier riesgo de inversión así como la volatilidad de la cartera. La razón es que las diferentes clases de activos tienen diferentes reacciones a todas las diferentes condiciones del mercado.

Construyendo una cartera bien pensada y adecuadamente diversificada, es posible tener una cartera estable y rentable que incluso supera el índice de activos. Los inversionistas también tienen la oportunidad de apalancarse contra cualquier riesgo potencial debido a las diferentes reacciones de las distintas condiciones del mercado.

*Ejemplo*

Un inversor tiene un total de 100.000 dólares para invertir. El mejor enfoque es colocar los fondos en una cartera diversificada, pero el reto es equilibrar la cartera de forma adecuada o correcta. El primer paso es comprobar las condiciones del mercado y luego realizar una evaluación de los posibles beneficios frente a los posibles riesgos. Como tal, el inversor puede elegir invertir en inversiones muy seguras que probablemente produzcan ingresos a largo plazo. Esa inversión puede incluir entre 10 y 12 acciones muy diversificadas. Por lo general, se trata de existencias de diferentes sectores, industrias y países. Este tipo de diversificación ayuda a apalancar los posibles riesgos y también asegura que la cartera esté completamente mezclada.

## Cómo diversificar su cartera

*1. Practicar la inversión disciplinada*

Todo el mundo está de acuerdo en que la diversificación es básicamente el enfoque correcto. Sin embargo, como inversor, es necesario ser disciplinado incluso cuando se invierte y se diversifican las inversiones. Invertir es una forma de arte. Ponga su dinero en acciones pero no todo su dinero. En lugar de eso, piense en usted como un administrador de fondos de inversión y luego haga una lista de empresas en las que invertir. También puedes invertir en fondos y fideicomisos como REIT o fondos de inversión inmobiliaria y fondos cotizados en bolsa. También es aconsejable ir más allá de las fronteras locales e invertir a nivel mundial. De esta manera, usted reparte su riesgo y tiene la oportunidad de disfrutar de un mejor rendimiento.

*2. Piense en invertir en fondos de bonos o índices*

Además de invertir en acciones de numerosos sectores, puede que también quiera invertir sus fondos en determinados fondos de renta fija o de índices. Cuando se invierte en valores que vigilan de cerca un índice importante es muy recomendable, ya que se podrá controlar el progreso y saber cuándo hacer ajustes y así sucesivamente. Estos fondos cobran honorarios muy bajos y usted podrá fácilmente rastrear sus inversiones.

*3. No dejes de construir tu cartera*

Intente siempre hacer crecer sus inversiones. Si recibe algún dinero en efectivo de algún lugar, puede considerar la posibilidad de invertir parte o la totalidad de la cantidad en su cartera de inversiones. Además, siga agregando cantidades regulares a su cartera. Puedes, por ejemplo, añadir unos 500 dólares cada mes a esta cartera para hacerla crecer a un ritmo mucho más rápido.

*4. Conocer el mejor momento para salir*

A veces tendemos a sentirnos cómodos con el enfoque de compra y retención. Esto es cierto especialmente cuando nuestras inversiones están en piloto automático. Sin embargo, un inversor inteligente que necesita seguir buscando eventos y momentos especiales. Manténgase siempre al tanto de los acontecimientos y esté preparado para actuar según la naturaleza del evento. De esta manera, estará preparado para el momento en que tenga que recortar sus pérdidas y salir de sus oficios.

*5. Tengan cuidado con las comisiones*

Como trader, debes recordar que hay comisiones que pagar, así como honorarios y cargos. Estos cargos pueden acumularse con el tiempo y convertirse en una cantidad significativa. Por lo tanto, manténgase atento a los cargos y asegúrese de que siempre se mantengan a niveles manejables. En general, la inversión debe ser informativa, divertida, gratificante y educativa. Sin embargo, hay que ser disciplinado como comerciante para ser rentable a largo plazo y posiblemente superar algunos de los principales índices. Aparte de la estrategia de compra y retención, debería diversificar su cartera, seguir aumentando su cartera y aprender a leer las señales y saber cuándo es el momento adecuado para salir de una operación. De esta manera, sus empresas comerciales se volverán extremadamente fructíferas a largo plazo.

## Perros de la estrategia Dow

Muchos inversores prefieren métodos de inversión sencillos que entiendan y puedan controlar fácilmente. Por ejemplo, casi todos los inversores estarán contentos de invertir sus fondos en acciones que constituyen el promedio industrial del Dow Jones. No hace falta ser un experto en cohetes para elegir entre una cesta de 30 acciones de primera clase, independientemente de la sofisticación de sus inversiones.

*Definiendo la estrategia de los perros de Dow*

Los Perros de Dow se refiere a una estrategia de inversión en la que un inversor se centrará en diez de los valores más altos y exitosos del promedio industrial del Dow Jones. Estas existencias se determinan y seleccionan anualmente. La razón por la que los inversores eligen Dow Jones es que es uno de los índices más rastreados, más conocidos y de mayor confianza en todo el mundo. El promedio industrial Dow Jones también se considera el principal índice y barómetro del mercado. Si este índice funciona bien, se espera que el mercado lo haga bien en general.

La estrategia de los Perros del Dow no es necesariamente una nueva estrategia. En realidad ha estado por aquí durante un tiempo. Sin embargo, se hizo popular tras el lanzamiento de los títulos del libro de Michael O'Higgins "Beating the Dow". Es en este libro donde Michael aparece con la frase "Perros de Guerra".

Esta estrategia representa uno de los enfoques más sencillos y a la vez más exitosos para invertir. Se trata de invertir fondos en las acciones de mayor dividendo del Índice Dow Jones. Lo ideal sería que todas las acciones contenidas en el índice Dow Jones pagaran un dividendo. Sin embargo, las cantidades varían por diversas razones. Por lo tanto, como inversionista, debe enfocarse en reducir su elección a las acciones más altas. Cuando haces esto, es probable que recibas un rendimiento superior a la media. Esta estrategia de los Perros de Guerra ha tenido bastante éxito en los últimos tiempos. Los comerciantes que siguen este enfoque tienden a disfrutar de un inmenso éxito si lo hacen de la manera correcta.

*Definiendo el Dow*

Para entender la estrategia de los Perros de Dow, necesitamos familiarizarnos con el término Dow. En este caso, podemos definir el Dow como simplemente el promedio industrial del Dow Jones. Es un índice que fue creado por un hombre llamado Charles Dow a finales del siglo XIX. Es ampliamente utilizado por comerciantes, inversores, asesores financieros, editores e incluso reporteros de negocios como punto de referencia del mercado de valores. La disminución comenzó lentamente con 12 existencias, pero luego creció lentamente hasta llegar al número actual de 30 existencias diferentes.

El alcance del promedio industrial del Dow Jones se ha ampliado y ahora incluye empresas de diversos sectores. Estos sectores incluyen los bienes de consumo, la tecnología, las finanzas, la energía, la salud y las existencias de materiales. Todas ellas incluyen las existencias en el sector técnico y las que están fuera del sector de la tecnología.

Una de las mejores formas de invertir en el Dow directamente es posible a través de ETFs o fondos negociados electrónicamente. El Dow consiste en 30 acciones de las principales empresas de primera línea. Sin embargo, estas acciones siguen cambiando en el transcurso del año. Incluso entonces el Dow sigue siendo uno de los puntos de referencia más estables del mercado de valores. Permite que muy pocas acciones cambien de este índice. De las treinta acciones, un trader puede elegir y determinar qué acciones se seleccionarán para fines de inversión. A continuación se presentan algunas de las principales acciones que constituyen este índice en 2019.

1. IBM - Máquinas de Negocios Internacionales
2. VZ - Comunicaciones de Verizon
3. JPM - JP Morgan Chase & Co.

4. KO - La compañía de coca cola
5. PFE - Pfizer
6. CSCO - Cisco Systems
7. MRK - Merck y Cía.
8. CVX - Corporación Chevron
9. XOM - Exxon Mobile Corporation
10. PG - Proctor y el juego

## Cómo funciona la estrategia de los Perros de Dow

La idea general que subyace a esta estrategia es identificar una o dos poblaciones que sean fáciles de ver y seguir. También se trata de existencias que son bastante seguras y también seguras. Por lo tanto, asegúrate de seleccionar las acciones de primera clase que sean valiosas y que probablemente se desarrollen bien en el curso del último año. Aquí hay una descripción de las tácticas utilizadas. Primero que nada, espera a que los mercados cierren en la negociación final. Tan pronto como los mercados cierren, eche un vistazo a los 10 dividendos más altos del índice. Las acciones son ahora lo primero que hay que hacer es seleccionar sus diez acciones y luego optimizarlas.

En esta coyuntura, quieres seleccionar tu agenda de 10 puntos. Al comenzar el nuevo ejercicio económico, dependerá de ciertos factores. Esto es sin importar que su posición esté en otro lugar. Ahora espera el primer día del año que viene y compra las acciones usando una cantidad igual. Ahora sigue añadiendo más y más de lo nuevo y proporcionando más oportunidades de inversión. Tan pronto como ponga su dinero en las diferentes acciones, siga agregando algo de dinero de forma regular en todos los grupos.

Hay algunas cosas que tendrás que hacer. Por ejemplo, debe entender y apreciar cuán largo es todo el proceso. Además, como inversionista, puedes esperar un mejor rendimiento de los favores usando este canal. En algunos años, le irá bastante bien, mientras que en otros años, las acciones podrían no rendir tan bien como se esperaba. Son los gerentes de fondos de cobertura y los inversores profesionales los que realmente se benefician de la implementación de este pozo. La razón es que a los individuos les encanta probar cosas nuevas. Como tal, un inversor debe tratar de invertir en esta empresa a largo plazo.

Las acciones en el promedio industrial del Dow Jones se consideran extremadamente seguras para todos los inversores. Sin embargo, hay casos en que las poblaciones sufren menos según las personas. Para invertir con éxito, tome su dinero y divídalo en 10 medidas iguales. A continuación, seleccione las acciones de mejor rendimiento e invierta los fondos en esas acciones. Debe evitar la venta pero mantener las acciones durante un período de un año. Después de un año, debería poder observar un aumento significativo de los rendimientos de sus acciones preferidas. Por lo tanto, no tendrá que comprobar de forma regular y conspicua la actuación.

## Aplicación de la estrategia "Dogs of Dow" (Perros de Dow)

Los Perros de Dow es una vieja estrategia de selección de acciones. Se basa en la idea de que su enfoque de inversión será más rentable si compra acciones más baratas en lugar de las costosas. El promedio industrial Dow Jones es un índice que ha existido por más de 122 años. Incluye acciones como Pfizer o PFE, IBM que es International Business Machines, y Verizon cuyo símbolo en el teletipo es VZ.

Esta estrategia representa uno de los enfoques más sencillos y a la vez más exitosos para invertir. Se trata de invertir fondos en las acciones de mayor dividendo del Índice Dow Jones. Lo ideal sería que todas las acciones contenidas en el índice Dow Jones pagaran un dividendo. Sin embargo, las cantidades varían por diversas razones. Por lo tanto, como inversionista, debe enfocarse en reducir su elección a las acciones más altas. Cuando haces esto, es probable que recibas un rendimiento superior a la media. Esta estrategia de los Perros de Guerra ha tenido bastante éxito en los últimos tiempos. Los traders que siguen este enfoque tienden a disfrutar de un inmenso éxito si lo hacen de la manera correcta.

La idea de comprar acciones baratas suena bastante simple y directa, pero funciona. Una acción barata es generalmente una acción con alto rendimiento de dividendos. Tomemos el ejemplo de la actuación de los Perros de Dow el año pasado. Las acciones que constituyen esta estrategia en realidad superaron a los mercados. Como inversionista, elegirá las 10 acciones de mejor rendimiento e invertirá sus fondos en ellas. Veamos la estrategia de Dogs of Dow para el 2018.

## Estrategia de Dogs of Dow para 2018

Ahora en 2018, las 10 acciones principales en la estrategia de Dogs for Dow eran Merck, Proctor & Gamble, Cisco Systems, IBM, Verizon, Chevron, Pfizer, General Electric, Coca Cola y Exxon Mobil. Estas son consideradas las mejores compañías de primera línea, y su rendimiento y estabilidad son las razones por las que llegaron al Dow.

Este año, 2019, GE o General Electric ha sido eliminada de esta lista porque perdió cerca del 55% de su valor en el transcurso de 2018. General Electric fue reemplazado por JP Morgan Chase. En junio de 2019, este índice está en 4,9%, lo que se considera un buen comienzo. El beneficio de la aplicación de esta estrategia es que es muy simple y directa. Ni siquiera es necesario ser un inversor experimentado para implementarlo. Incluso un trader o inversor novato puede aplicar con éxito esta estrategia.

# Capítulo 4: Análisis fundamental y técnico

Si quieres tener éxito como trader, analista o inversor, entonces tienes que aprender y entender el análisis fundamental. Constituye uno de los aspectos más cruciales de cualquier estrategia de inversión o comercio. Muchos dirán que un trader no está realmente realizado si no realiza un análisis fundamental.

El hecho es que el análisis fundamental es un tema tan amplio que lo que implica a veces difiere según el alcance y la estrategia. Implica un montón de cosas como presentaciones reglamentarias, estados financieros, técnicas de valoración, etc.

## Definición

El análisis fundamental puede definirse como el examen, la investigación y el estudio de los factores subyacentes que afectan de cerca a la salud financiera, el éxito y el bienestar de las empresas, las industrias y la economía en general.

También puede definirse como una técnica utilizada por traders e inversores para determinar el valor de una acción o cualquier otro instrumento financiero mediante el examen de los factores que afectan directa e indirectamente a las perspectivas comerciales, financieras y económicas actuales y futuras de una empresa o industria.

En su forma más genérica, el análisis fundamental procura predecir y conocer el valor intrínseco de valores como las acciones. Un examen y análisis a fondo de ciertos factores financieros, económicos, cuantitativos y cualitativos ayudará a dar la solución.

El análisis fundamental se realiza principalmente en una empresa para que un trader pueda determinar si debe o no negociar con sus acciones. Sin embargo, también puede realizarse en la economía general y en industrias particulares como la industria del automóvil, el sector energético, etc.

## Fundamentos del análisis fundamental

El principal objetivo del análisis fundamental es recibir una previsión y así beneficiarse de los futuros movimientos de los precios. Hay ciertas preguntas que el análisis fundamental busca responder. Por ejemplo, un analista o un comerciante de swing puede querer saber las respuestas a las siguientes preguntas;

- ¿Están creciendo los ingresos de la empresa?

- ¿Es rentable tanto a corto como a largo plazo?
- ¿Puede permitirse el lujo de liquidar sus responsabilidades?
- ¿Puede ser más listo que sus competidores?
- ¿La perspectiva de la empresa es genuina o fraudulenta?

Estos son sólo algunos ejemplos de las numerosas preguntas que el análisis fundamental busca responder. A veces los traders también quieren respuestas a preguntas no mencionadas anteriormente. Por lo tanto, en resumen, el propósito es obtener y aprovechar los movimientos de precios previstos en el futuro a corto plazo.

La mayor parte del análisis fundamental se lleva a cabo a nivel de empresa porque los traders e inversores se interesan sobre todo por la información que les permitirá tomar una decisión en los mercados. Quieren información que les guíe en la selección de las acciones más adecuadas para comerciar en los mercados. Por ello, los traders e inversores que busquen acciones para comerciar recurrirán a examinar la competencia, el concepto comercial de una empresa, su gestión y los datos financieros.

Para una previsión adecuada de los precios futuros de las acciones, el trader debe tener en cuenta el análisis de la empresa, el análisis de la industria e incluso las perspectivas económicas generales. De esta manera, un comerciante podrá determinar el precio más reciente de las acciones, así como el precio futuro previsto de las mismas. Cuando el resultado del análisis fundamental no es igual al precio actual del mercado, entonces significa que las acciones están sobrevaloradas o quizás incluso infravaloradas.

## Pasos para la evaluación fundamental

Básicamente, no hay una vía o método claro para realizar un análisis fundamental. Sin embargo, podemos desglosar todo el proceso para que sepas exactamente por dónde empezar. El enfoque preferido es el de arriba hacia abajo. Comenzamos examinando la economía general seguida por el grupo industrial antes de terminar con la empresa en cuestión. En algunos casos, sin embargo, también se utiliza el enfoque de abajo hacia arriba.

A menudo se comparan las empresas con otras. Por ejemplo, podríamos comparar las compañías energéticas Exxon Mobil y British Petroleum. Sin embargo, no podemos comparar empresas de diferentes industrias. Por ejemplo, no podemos comparar una empresa financiera como City Group con una empresa de tecnología como Google.

*Determinar las existencias o la seguridad*

Primero tienes que tener en cuenta las acciones o la seguridad. Hay muchos factores que determinan las existencias que se van a comercializar. Por ejemplo, tal vez desee dirigirse a las empresas de primera línea, que se caracterizan por un rendimiento, una rentabilidad y una estabilidad ejemplares en el mercado de valores. También quieres centrarte en las empresas que constituyen uno de los principales índices como el Dow Jones Industrial Average o el S&P 500. Las existencias deben tener grandes volúmenes de comercio a efectos de liquidez.

## Previsión económica

El desempeño general de la economía afecta básicamente a todas las empresas. Por lo tanto, cuando la economía va bien, entonces se deduce que la mayoría de las empresas tendrán éxito. Esto se debe a que la economía es como una marea mientras que las diversas empresas son buques dirigidos por la marea.

Existe una correlación general entre el rendimiento de las empresas y sus acciones y el rendimiento de la economía general. La economía también puede reducirse para centrarse en sectores específicos. Por ejemplo, tenemos el sector de la energía, el sector del transporte, la fabricación, la hostelería, etc. La reducción a sectores específicos es crucial para un análisis adecuado.

Hay ciertos factores que debemos considerar cuando observamos la economía general. Tenemos el tamaño del mercado, la tasa de crecimiento, etc. Básicamente, cuando las acciones se mueven en los mercados, tienden a moverse como un grupo. Esto se debe a que cuando a un sector le va bien, la mayoría de las empresas de ese sector también sobresalen.

## Análisis de la compañía

Uno de los pasos más cruciales en el análisis fundamental es el análisis de la empresa. En esta etapa, se hará una lista de empresas seleccionadas. Las distintas empresas tienen capacidades y recursos diferentes. El objetivo en nuestro caso es encontrar empresas que puedan desarrollar y mantener una ventaja competitiva sobre sus competidores y otros en el mismo mercado. Algunos de los factores que se examinan en esta etapa son los registros financieros sólidos, un equipo de gestión sólido y un plan de negocios creíble.

En lo que respecta a las empresas, el mejor enfoque es comprobar los aspectos cualitativos de una empresa, seguidos de los cuantitativos, antes de comprobar sus perspectivas financieras. Empezaremos con el aspecto cualitativo del análisis de la compañía. Uno de los más cruciales es el modelo de negocio de la compañía.

*Modelo de negocio*

Una de las preguntas más cruciales que los analistas y todos los demás se hacen sobre una empresa es exactamente lo que hace. Esta es una pregunta simple pero fundamental. El modelo de negocio de una empresa es simplemente lo que la empresa hace para ganar dinero. La mejor manera de conocer el modelo de negocio de una empresa es visitar su sitio web y aprender más sobre lo que hace. También puede consultar sus archivos 10-K para saber más.

Debes asegurarte de que entiendes a fondo el modelo de negocios de todas y cada una de las empresas en las que inviertes. La mayoría de las empresas tienen modelos de negocio muy simples. Por ejemplo, McDonald's. Venden hamburguesas y papas fritas. En otras ocasiones no es fácil entender lo que hace una empresa. Por ejemplo, el inversor más conocido del mundo, Warren Buffet, no invierte en empresas tecnológicas porque simplemente no entiende lo que hacen.

*Ventaja competitiva*

También tenemos que mirar más de cerca la ventaja competitiva de una empresa. Cualquier compañía que quiera sobrevivir a largo plazo necesita tener una ventaja competitiva sobre sus competidores. Una empresa con una de esas ventajas tiene que ser Coca Cola debido a la naturaleza única de sus productos. Otros son Microsoft, Toyota y Google. Sus modelos de negocio les proporcionan una ventaja competitiva que es difícil para los demás.

En general, una ventaja competitiva única es aquella en la que una empresa tiene claras compensaciones y opciones para los clientes en comparación con los competidores, un producto o servicio único, una eficacia operativa fiable y un gran encaje en todas las actividades.

*Gestión*

También es crucial para cualquier empresa seria su gestión. Cualquier empresa que valga la pena tiene que tener una gestión de alta calidad en los puestos más importantes. Los inversores y analistas suelen examinar el nivel y la calidad de la gestión para determinar sus competencias, experiencia, puntos fuertes y capacidades. Esto se debe a que tienen en sus manos el destino de una empresa. Incluso una gran empresa con excelentes ideas y planes puede fracasar si la gestión no es correcta.

Es aconsejable averiguar cuán calificado, experimentado, exitoso y comprometido es el liderazgo de una compañía. Por ejemplo, ¿tienen experiencia previa a nivel superior? ¿Existe un historial y puede la administración cumplir sus objetivos declarados? Estas son preguntas cruciales que deben ser respondidas apropiadamente para una conclusión positiva.

Hay muchas herramientas disponibles para el inversor ordinario para aprender más sobre la gestión de una empresa que cotiza en bolsa. Uno de estos es el sitio web de la compañía. Ese sitio es un tesoro de información sobre los altos directivos, como los oficiales jefes. También puede ver las llamadas en conferencia donde los ejecutivos de la compañía C-suite dan conferencias de prensa y presentan informes de ganancias trimestrales. Muchos analistas esperan esas oportunidades para hacer cualquier pregunta que puedan tener.

También tenemos las sesiones de discusión y análisis de la administración que tienen lugar al comienzo de los informes anuales. En estos casos, los altos directivos suelen hablar con franqueza sobre las perspectivas de futuro de la empresa y cosas por el estilo. También, cuidado con la gobernanza corporativa. Esto tiene que ver con las directrices y políticas de la empresa. Se refiere a la relación que una empresa tiene con la dirección, las partes interesadas y los directores. Puede encontrar estas directrices y políticas en los estatutos de la empresa.

La gobernanza empresarial efectiva se produce cuando las empresas pueden adherirse a sus estatutos y a todas las reglamentaciones federales y locales aplicables. Otros factores a los que debe prestarse atención son la estructura y constitución de la junta directiva, los derechos de todos los interesados, la transparencia y la información financiera, etc.

*Factores de la industria*

Al realizar el análisis de su empresa, hay otros factores que deberá considerar aquí. Estos factores incluyen los ciclos comerciales, la competencia, el crecimiento de la industria, la regulación gubernamental y otros. Es aconsejable también tener una comprensión del funcionamiento de una industria específica que le interese.

Deberías esforzarte en aprender más sobre el cliente atendido por dicha industria. Hay empresas que tienen millones de clientes mientras que otras sólo atienden a un puñado. Una empresa que depende únicamente de un número reducido de clientes para sus ingresos se considera una posición negativa y una bandera roja. Sin embargo, las empresas con una gran base de clientes tienen muchas más posibilidades de salir adelante si venden a millones de clientes en todo el mundo. Por lo tanto, una empresa con una gran base de clientes tiene una alta calificación en comparación con una que sólo vende a un puñado de compradores.

*La política del gobierno*

En países como los Estados Unidos, la política gubernamental es extremadamente crucial. Cuando se realiza un análisis fundamental, se debe tomar esto en perspectiva porque ciertas políticas pueden matar completamente a una industria. Las empresas proporcionan información relevante en sus formularios 10-K que siempre se puede consultar.

*Cuota de mercado*

Diferentes compañías dentro de la misma industria a veces tienen que trabajar duro para ganar cuota de mercado. A veces hay muchas empresas que luchan por una pequeña parte de los clientes, especialmente a nivel local. Si una empresa controla alrededor del 85% del mercado, significa que es una empresa sólida con fundamentos fuertes.

Una fuerte cuota de mercado también significa que una empresa posee esa ventaja competitiva sobre sus clientes. También significa que la compañía es más grande que sus rivales y por lo tanto tiene una gran perspectiva de futuro.

*El crecimiento de la industria*

Este es también otro aspecto que debe tenerse en cuenta. Algunas empresas pueden tener todo lo demás trabajando para ellas, pero las perspectivas de crecimiento futuro pueden no ser tan brillantes. Es importante evaluar una industria y confirmar si hay perspectivas de crecimiento futuro.

## Ejemplo de análisis fundamental

Uno de los más conocidos y exitosos analistas de acciones es el Sr. Warren Buffet. Utiliza el análisis fundamental para determinar qué acciones comprar y en qué empresas invertir. Su éxito como analista lo ha convertido en un multimillonario.

Además de analizar las empresas, también se puede analizar el mercado de valores. Hay algunos analistas que realizaron un análisis fundamental del S&P 500 durante un período de una semana. Esto fue del 4 al 8 de julio de 2016. En este período de tiempo, el índice S&P subió a 2129,90 tras la publicación de un impresionante informe de empleos en los EE.UU. Se trata de un rendimiento sin precedentes, superado sólo por el de mayo de 2015, que fue de 2132,80. El magnífico rendimiento se atribuyó al anuncio de 287.000 nuevos puestos de trabajo en todo el país.

### ¿A qué se refiere con "Fundamental"?

Cuando hablamos de fundamentos, en realidad nos referimos a los datos cuantitativos y cualitativos que contribuyen significativamente al éxito y a la valoración financiera de una empresa. También incluye una evaluación de los aspectos de macroeconomía y microeconomía. Se trata de aspectos esenciales para determinar el valor de una empresa u otros activos.

## Microeconomía y Macroeconomía

La macroeconomía representa todos los factores que afectan a la economía general. Se trata de factores como la inflación, la oferta y la demanda, el desempleo e incluso el crecimiento del PIB. También incluyen el comercio internacional y las políticas monetarias y fiscales vigentes propuestas por las autoridades. Las consideraciones macroeconómicas son útiles cuando se trata de cuestiones de análisis en gran escala de la economía y de la forma en que éstas se relacionan con las actividades comerciales.

Los factores microeconómicos son los que se centran en los elementos más pequeños de la economía. Estos incluyen elementos en ciertos sectores particulares de un mercado. Por ejemplo, cuestiones laborales en un mercado determinado, asuntos como la oferta y la demanda y otros como cuestiones laborales y de consumo relacionadas con dicha industria.

## Análisis de acciones

El análisis de acciones puede definirse como el proceso utilizado por los comerciantes e inversores para adquirir información detallada sobre una acción o empresa. El análisis se hace evaluando y estudiando los datos actuales y pasados sobre las acciones o incluso la empresa. De esta manera, los comerciantes e inversores pueden obtener una ventaja significativa en el mercado, ya que estarán en condiciones de tomar decisiones bien informadas.

## Análisis Técnico versus Análisis Fundamental

Cuando se analiza una acción, los analistas suelen realizar tanto análisis fundamentales como técnicos. El análisis fundamental se basa principalmente en diferentes fuentes de datos, como informes económicos, registros financieros, cuota de mercado y activos de empresas. En el caso de las empresas que cotizan en bolsa, los datos suelen proceder de estados financieros como los estados de flujo de caja, las declaraciones de ingresos, las notas a pie de página y el balance general.

Esa información está fácilmente disponible para el público a través de los informes 10-K y 10-Q. Puede acceder a los informes a través del sistema de base de datos EDGAR que es administrado por la SEC o la Comisión de Valores y Bolsa. Los datos también pueden obtenerse de los informes de ganancias de las empresas, que a menudo se publican trimestralmente.

*Intrigas del análisis fundamental*

Algunos de los parámetros que los analistas consideran dentro del estado financiero de una empresa incluyen una medida de solvencia, rentabilidad, liquidez, trayectoria de crecimiento, eficiencia y apalancamiento. Los analistas también utilizan las raciones para calcular la salud financiera de las empresas. Entre los ejemplos de esas relaciones figuran la relación rápida y la relación actual. Estas raciones son útiles para determinar la capacidad de una empresa de reembolsar las obligaciones a corto plazo sobre la base de sus activos corrientes.

Para hallar la proporción actual, se dividirá el activo corriente con el pasivo corriente. Estas cifras pueden ser fácilmente accesibles desde el balance de la compañía. Si bien no hay una proporción que se considere ideal, todo lo que esté por debajo de 1 se considera una situación financiera deficiente que es incapaz de satisfacer todas las deudas a corto plazo.

El balance también proporciona a los analistas información adicional, como las cantidades de deuda actuales que debe la empresa. En tal situación, el análisis se centrará en el ratio de deuda. Esto se calcula calculando todos los pasivos y dividiéndolos por el total de los activos. Cuando se calcula el ratio, un ratio superior a 1 punto para una empresa con mucha más deuda en comparación con sus activos. Esto significa que si los tipos de interés suben, la empresa puede incumplir sus deudas.

El análisis de las existencias no sólo incluye los informes financieros actuales, sino que también compara los estados financieros actuales con los de años anteriores. Esto le dará al trader o inversor una idea del rendimiento de la empresa y determinará si la empresa está estable, en retroceso o en crecimiento. También es común que un analista compare los estados financieros de una empresa con los de otras empresas del mismo sector. Esto se hace con el fin de comparar la rentabilidad y otros parámetros.

De gran importancia es el beneficio de explotación. Es una medida de los ingresos que le quedan a una empresa después de que se hayan liquidado otros gastos. Básicamente, una empresa con márgenes de operación de 0,27 es vista favorablemente cuando se compara con una cuyo margen es de 0,027, por ejemplo. Esto puede traducirse en que la empresa cuyo margen de operación es de 0,27 gasta 73 centavos por dólar ganado para sufragar sus gastos de operación.

*Estados Financieros*

El análisis fundamental a nivel de la empresa estaría incompleto con el análisis del rendimiento financiero de la empresa. A menudo se dispone de más de un documento financiero. De hecho, la mayoría de las empresas elaboran o generan numerosos estados financieros que resulta difícil comprender todos. La mayoría de las veces presentan a los inversores un gran desafío. Sin embargo, con un poco de información y exposición, se pueden entender estos documentos financieros. Esto es aconsejable porque contienen una gran cantidad de información.

*El balance*

Los estados financieros son en realidad documentos financieros que proporcionan información sobre el desempeño de una empresa. Uno de los principales documentos necesarios para el análisis financiero es el balance. El presente documento financiero se denomina balance general porque todos los activos consignados en él deben cuadrar con todos los pasivos.

Los activos incluyen todos los diferentes recursos, como la propiedad, la maquinaria y el dinero que una empresa posee o controla en un momento dado. Los pasivos son todos los elementos que una empresa debe a otros. Estos incluyen artículos como deudas, préstamos, etc. El pasivo se suele sumar al patrimonio. El capital social se refiere al total del capital reunido por los fundadores de la empresa así como por los accionistas. Una empresa debe ser capaz de liquidar sus pasivos, generar beneficios para los accionistas y seguir siendo rentable y viable a largo plazo.

*La declaración de ingresos*

Otro documento financiero crucial es el estado de resultados de la empresa. Esta es una declaración que pinta un cuadro claro del desempeño de una compañía en un cierto período de tiempo. Por lo general, tenemos declaraciones de ingresos trimestrales y anuales, pero es posible tener una cada mes.

La información contenida en los estados de ingresos ayuda a los analistas y a otras personas a conocer mejor los gastos, ingresos y beneficios generados en el curso de un determinado período comercial.

*Estados de flujo de efectivo*

También es de gran importancia para los inversores el estado de flujo de efectivo. Básicamente, un estado de flujo de caja nos informa del dinero que una empresa ganó y las cantidades que se gastaron. Las empresas suelen experimentar tanto entradas como salidas de efectivo. Es necesario que haya un equilibrio tal que el efectivo que llegue al alcance de una empresa sea más que el que se haga como pago a otros.

Los componentes de los estados de flujo de efectivo incluyen las corrientes de efectivo diarias o de explotación, el efectivo de las inversiones y el efectivo de la financiación. Los negocios difícilmente pueden manipular sus situaciones financieras, especialmente cuando se trata de dinero en efectivo. Como tal, esta es una declaración crucial cuando se examina o analiza la posición financiera de una empresa.

Los contadores inteligentes pueden lograr mucho y a veces se vuelven creativos en sus reportajes. Sin embargo, cuando se trata de dinero en efectivo, sobre todo dinero líquido, no pueden aplicar ninguna táctica solapada. No es posible, por ejemplo, falsificar dinero en el banco. Esta es una de las razones por las que la mayoría de los inversores y analistas prefieren mirar los estados de flujo de efectivo más que cualquier otra cosa.

Hemos hablado de tres documentos financieros diferentes. Estos son el balance, el estado de resultados y el estado de flujo de caja. Como trader, necesitas saber dónde encontrar esto. Hay varios lugares que se pueden encontrar. En los EE.UU., podemos encontrar esto en los archivos 10Q y 10K. A menudo se presentan ante la SEC con una periodicidad trimestral y anual respectivamente.

También puede encontrar estos documentos en los informes anuales publicados por las empresas. La mayoría de la gente se refiere a estos como informes 10-K. Estos documentos contienen toda la información necesaria que a menudo se encuentra en los informes financieros, incluidos los tres documentos mencionados anteriormente.

*Resumen*

Si está pensando en invertir en una empresa o en comerciar con sus acciones, entonces debe asegurarse de que entiende completamente todo lo posible sobre la empresa. Esto significa entender exactamente lo que hace, su desempeño actual, las perspectivas futuras, la política corporativa, la administración y mucho más. Se considera una mala práctica invertir a ciegas en una empresa cuyos fundamentos no conoces.

Hay muchas cosas a las que hay que prestar atención cuando se investiga una empresa. Sin embargo, el documento más crucial es el estado financiero. Es necesario examinar los estados financieros de una empresa para tener una imagen real de su rendimiento y sus perspectivas futuras. Asegúrese de que puede comprender e interpretar la información contenida en estas declaraciones.

La publicación de los estados financieros es un requisito legal para todas las empresas que cotizan en bolsa. Los documentos más comunes se publican trimestralmente y también anualmente. Para obtener una visión de los pensamientos de los altos directivos, incluidos los ejecutivos de la suite C, entonces las sesiones de MD&A o los debates de gestión y los analistas proporcionan una excelente plataforma. Puede escuchar a los ejecutivos discutir los temas pertinentes y proporcionar sus estrategias y planes en relación con las empresas que dirigen.

Es mucho mejor centrarse en los informes auditados que en los no auditados. El primero es mucho más creíble comparado con el segundo. Los balances constituyen un estado financiero que resume el activo, el pasivo y el patrimonio de una empresa. Los estados de ingresos, por otra parte, contienen cifras que indican los ingresos, los gastos, los ingresos y las ganancias por acción. Recuerde leer atentamente las notas contenidas en los informes financieros para comprender mejor las diversas cifras de los informes.

### Análisis técnico

Si quieres tener éxito como trader, analista o inversor, entonces tienes que aprender y entender el análisis fundamental. Constituye uno de los aspectos más cruciales de cualquier estrategia de inversión o comercio. Muchos dirán que un comerciante no está realmente realizado si no realiza un análisis fundamental.

El hecho es que el análisis fundamental es un tema tan amplio que lo que implica a veces difiere según el alcance y la estrategia. Implica un montón de cosas como presentaciones reglamentarias, estados financieros, técnicas de valoración, etc.

### Definición

El análisis fundamental puede definirse como el examen, la investigación y el estudio de los factores subyacentes que afectan de cerca a la salud financiera, el éxito y el bienestar de las empresas, las industrias y la economía en general.

También puede definirse como una técnica utilizada por comerciantes e inversores para determinar el valor de una acción o cualquier otro instrumento financiero mediante el examen de los factores que afectan directa e indirectamente a las perspectivas comerciales, financieras y económicas actuales y futuras de una empresa o industria.

En su forma más genérica, el análisis fundamental procura predecir y conocer el valor intrínseco de valores como las acciones. Un examen y análisis a fondo de ciertos factores financieros, económicos, cuantitativos y cualitativos ayudará a dar la solución.

El análisis fundamental se realiza principalmente en una empresa para que un comerciante pueda determinar si debe o no negociar con sus acciones. Sin embargo, también puede realizarse en la economía general y en industrias particulares como la industria del automóvil, el sector energético, etc.

*Fundamentos del análisis fundamental*

El principal objetivo del análisis fundamental es recibir una previsión y así beneficiarse de los futuros movimientos de los precios. Hay ciertas preguntas que el análisis fundamental busca responder. Por ejemplo, un analista o un swing trader puede querer saber las respuestas a las siguientes preguntas;

- ¿Están creciendo los ingresos de la empresa?
- ¿Es rentable tanto a corto como a largo plazo?
- ¿Puede permitirse el lujo de liquidar sus responsabilidades?
- ¿Puede ser más listo que sus competidores?
- ¿La perspectiva de la empresa es genuina o fraudulenta?

Estos son sólo algunos ejemplos de las numerosas preguntas que el análisis fundamental busca responder. A veces los comerciantes también quieren respuestas a preguntas no mencionadas anteriormente. Por lo tanto, en resumen, el propósito es obtener y aprovechar los movimientos de precios previstos en el futuro a corto plazo.

La mayor parte del análisis fundamental se lleva a cabo a nivel de empresa porque los comerciantes e inversores se interesan sobre todo por la información que les permitirá tomar una decisión en los mercados. Quieren información que les guíe en la selección de las acciones más adecuadas para comerciar en los mercados. Por ello, los comerciantes e inversores que busquen acciones para comerciar recurrirán a examinar la competencia, el concepto comercial de una empresa, su gestión y los datos financieros.

Para una previsión adecuada de los precios futuros de las acciones, el comerciante debe tener en cuenta el análisis de la empresa, el análisis de la industria e incluso las perspectivas económicas generales. De esta manera, un comerciante podrá determinar el precio más reciente de las acciones, así como el precio futuro previsto de las mismas. Cuando el resultado del análisis fundamental no es igual al precio actual del mercado, entonces significa que las acciones están sobrevaloradas o quizás incluso infravaloradas.

**Pasos para la evaluación fundamental**

Básicamente, no hay una vía o método claro para realizar un análisis fundamental. Sin embargo, podemos desglosar todo el proceso para que sepas exactamente por dónde empezar. El enfoque preferido es el de arriba hacia abajo. Comenzamos examinando la economía general seguida por el grupo industrial antes de terminar con la empresa en cuestión. En algunos casos, sin embargo, también se utiliza el enfoque de abajo hacia arriba.

A menudo se comparan las empresas con otras. Por ejemplo, podríamos comparar las compañías energéticas Exxon Mobil y British Petroleum. Sin embargo, no podemos comparar empresas de diferentes industrias. Por ejemplo, no podemos comparar una empresa financiera como City Group con una empresa de tecnología como Google.

*Determinar las existencias o la seguridad*

Primero tienes que tener en cuenta las acciones o la seguridad. Hay muchos factores que determinan las existencias que se van a comercializar. Por ejemplo, tal vez desee dirigirse a las empresas de primera línea, que se caracterizan por un rendimiento, una rentabilidad y una estabilidad ejemplares en el mercado de valores. También quieres centrarte en las empresas que constituyen uno de los principales índices como el Dow Jones Industrial Average o el S&P 500. Las existencias deben tener grandes volúmenes de comercio a efectos de liquidez.

**Previsión económica**

El desempeño general de la economía afecta básicamente a todas las empresas. Por lo tanto, cuando la economía va bien, entonces se deduce que la mayoría de las empresas tendrán éxito. Esto se debe a que la economía es como una marea mientras que las diversas empresas son buques dirigidos por la marea.

Existe una correlación general entre el rendimiento de las empresas y sus acciones y el rendimiento de la economía general. La economía también puede reducirse para centrarse en sectores específicos. Por ejemplo, tenemos el sector de la energía, el sector del transporte, la fabricación, la hostelería, etc. La reducción a sectores específicos es crucial para un análisis adecuado.

Hay ciertos factores que debemos considerar cuando observamos la economía general. Tenemos el tamaño del mercado, la tasa de crecimiento, etc. Básicamente, cuando las acciones se mueven en los mercados, tienden a moverse como un grupo. Esto se debe a que cuando a un sector le va bien, la mayoría de las empresas de ese sector también sobresalen.

**Análisis de la compañía**

Uno de los pasos más cruciales en el análisis fundamental es el análisis de la empresa. En esta etapa, se hará una lista de empresas seleccionadas. Las distintas empresas tienen capacidades y recursos diferentes. El objetivo en nuestro caso es encontrar empresas que puedan desarrollar y mantener una ventaja competitiva sobre sus competidores y otros en el mismo mercado. Algunos de los factores que se examinan en esta etapa son los registros financieros sólidos, un equipo de gestión sólido y un plan de negocios creíble.

En lo que respecta a las empresas, el mejor enfoque es comprobar los aspectos cualitativos de una empresa, seguidos de los cuantitativos, antes de comprobar sus perspectivas financieras. Empezaremos con el aspecto cualitativo del análisis de la compañía. Uno de los más cruciales es el modelo de negocio de la compañía.

*Modelo de negocio*

Una de las preguntas más cruciales que los analistas y todos los demás se hacen sobre una empresa es exactamente lo que hace. Esta es una pregunta simple pero fundamental. El modelo de negocio de una empresa es simplemente lo que la empresa hace para ganar dinero. La mejor manera de conocer el modelo de negocio de una empresa es visitar su sitio web y aprender más sobre lo que hace. También puede consultar sus archivos 10-K para saber más.

Debes asegurarte de que entiendes a fondo el modelo de negocios de todas y cada una de las empresas en las que inviertes. La mayoría de las empresas tienen modelos de negocio muy simples. Por ejemplo, McDonald's. Venden hamburguesas y papas fritas. En otras ocasiones no es fácil entender lo que hace una empresa. Por ejemplo, el inversor más conocido del mundo, Warren Buffet, no invierte en empresas tecnológicas porque simplemente no entiende lo que hacen.

*Ventaja competitiva*

También tenemos que mirar más de cerca la ventaja competitiva de una empresa. Cualquier compañía que quiera sobrevivir a largo plazo necesita tener una ventaja competitiva sobre sus competidores. Una empresa con una de esas ventajas tiene que ser Coca Cola debido a la naturaleza única de sus productos. Otros son Microsoft, Toyota y Google. Sus modelos de negocio les proporcionan una ventaja competitiva que es difícil para los demás.

En general, una ventaja competitiva única es aquella en la que una empresa tiene claras compensaciones y opciones para los clientes en comparación con los competidores, un producto o servicio único, una eficacia operativa fiable y un gran encaje en todas las actividades.

*Gestión*

También es crucial para cualquier empresa seria su gestión. Cualquier empresa que valga la pena tiene que tener una gestión de alta calidad en los puestos más importantes. Los inversores y analistas suelen examinar el nivel y la calidad de la gestión para determinar sus competencias, experiencia, puntos fuertes y capacidades. Esto se debe a que tienen en sus manos el destino de una empresa. Incluso una gran empresa con excelentes ideas y planes puede fracasar si la gestión no es correcta.

Es aconsejable averiguar cuán calificado, experimentado, exitoso y comprometido es el liderazgo de una compañía. Por ejemplo, ¿tienen experiencia previa a nivel superior? ¿Existe un historial y puede la administración cumplir sus objetivos declarados? Estas son preguntas cruciales que deben ser respondidas apropiadamente para una conclusión positiva.

Hay muchas herramientas disponibles para el inversor ordinario para aprender más sobre la gestión de una empresa que cotiza en bolsa. Uno de estos es el sitio web de la compañía. Ese sitio es un tesoro de información sobre los altos directivos, como los oficiales jefes. También puede ver las llamadas en conferencia donde los ejecutivos de la compañía C-suite dan conferencias de prensa y presentan informes de ganancias trimestrales. Muchos analistas esperan esas oportunidades para hacer cualquier pregunta que puedan tener.

También tenemos las sesiones de discusión y análisis de la administración que tienen lugar al comienzo de los informes anuales. En estos casos, los altos directivos suelen hablar con franqueza sobre las perspectivas de futuro de la empresa y cosas por el estilo. También, cuidado con la gobernanza corporativa. Esto tiene que ver con las directrices y políticas de la empresa. Se refiere a la relación que una empresa tiene con la dirección, las partes interesadas y los directores. Puede encontrar estas directrices y políticas en los estatutos de la empresa.

La gobernanza empresarial efectiva se produce cuando las empresas pueden adherirse a sus estatutos y a todas las reglamentaciones federales y locales aplicables. Otros factores a los que debe prestarse atención son la estructura y constitución de la junta directiva, los derechos de todos los interesados, la transparencia y la información financiera, etc.

*Factores de la industria*

Al realizar el análisis de su empresa, hay otros factores que deberá considerar aquí. Estos factores incluyen los ciclos comerciales, la competencia, el crecimiento de la industria, la regulación gubernamental y otros. Es aconsejable también tener una comprensión del funcionamiento de una industria específica que le interese.

Deberías esforzarte en aprender más sobre el cliente atendido por dicha industria. Hay compañías que tienen millones de clientes mientras que otras sólo sirven a un puñado. Una empresa que depende únicamente de un número reducido de clientes para sus ingresos se considera una posición negativa y una bandera roja. Sin embargo, las empresas con una gran base de clientes tienen muchas más posibilidades de salir adelante si venden a millones de clientes en todo el mundo. Por lo tanto, una empresa con una gran base de clientes tiene una alta calificación en comparación con una que sólo vende a un puñado de compradores.

*La política del gobierno*

En países como los Estados Unidos, la política gubernamental es extremadamente crucial. Cuando se realiza un análisis fundamental, se debe tomar esto en perspectiva porque ciertas políticas pueden matar completamente a una industria. Las empresas proporcionan información relevante en sus formularios 10-K que siempre se puede consultar.

*Cuota de mercado*

Diferentes compañías dentro de la misma industria a veces tienen que trabajar duro para ganar cuota de mercado. A veces hay muchas empresas que luchan por una pequeña parte de los clientes, especialmente a nivel local. Si una empresa controla alrededor del 85% del mercado, significa que es una empresa sólida con fundamentos fuertes.

Una fuerte cuota de mercado también significa que una empresa posee esa ventaja competitiva sobre sus clientes. También significa que la compañía es más grande que sus rivales y por lo tanto tiene una gran perspectiva de futuro. Este es también otro aspecto que debe tenerse en cuenta. Algunas empresas pueden tener todo lo demás trabajando para ellas, pero las perspectivas de crecimiento futuro pueden no ser tan brillantes. Es importante evaluar una industria y confirmar si hay perspectivas de crecimiento futuro.

**Ejemplo de análisis fundamental**

Uno de los más conocidos y exitosos analistas de acciones es el Sr. Warren Buffet. Utiliza el análisis fundamental para determinar qué acciones comprar y en qué empresas invertir. Su éxito como analista lo ha convertido en un multimillonario.

Además de analizar las empresas, también se puede analizar el mercado de valores. Hay algunos analistas que realizaron un análisis fundamental del S&P 500 durante un período de una semana. Esto fue del 4 al 8 de julio de 2016. En este período de tiempo, el índice S&P subió a 2129,90 tras la publicación de un impresionante informe de empleos en los EE.UU. Se trata de un rendimiento sin precedentes, superado sólo por el de mayo de 2015, que fue de 2132,80. El magnífico rendimiento se atribuyó al anuncio de 287.000 nuevos puestos de trabajo en todo el país.

Cuando hablamos de fundamentos, en realidad nos referimos a los datos cuantitativos y cualitativos que contribuyen significativamente al éxito y a la valoración financiera de una empresa. También incluye una evaluación de los aspectos de macroeconomía y microeconomía. Se trata de aspectos esenciales para determinar el valor de una empresa u otros activos.

**Microeconomía y Macroeconomía**

La macroeconomía representa todos los factores que afectan a la economía general. Se trata de factores como la inflación, la oferta y la demanda, el desempleo e incluso el crecimiento del PIB. También incluyen el comercio internacional y las políticas monetarias y fiscales vigentes propuestas por las autoridades. Las consideraciones macroeconómicas son útiles cuando se trata de cuestiones de análisis en gran escala de la economía y de la forma en que éstas se relacionan con las actividades comerciales.

Los factores microeconómicos son los que se centran en los elementos más pequeños de la economía. Estos incluyen elementos en ciertos sectores particulares de un mercado. Por ejemplo, cuestiones laborales en un mercado determinado, asuntos como la oferta y la demanda y otros como cuestiones laborales y de consumo relacionadas con dicha industria.

### Análisis de acciones

El análisis de acciones puede definirse como el proceso utilizado por los comerciantes e inversores para adquirir información detallada sobre una acción o empresa. El análisis se hace evaluando y estudiando los datos actuales y pasados sobre las acciones o incluso la empresa. De esta manera, los comerciantes e inversores pueden obtener una ventaja significativa en el mercado, ya que estarán en condiciones de tomar decisiones bien informadas.

### Análisis Técnico vs Análisis Fundamental

Cuando se analiza una acción, los analistas suelen realizar tanto análisis fundamentales como técnicos. El análisis fundamental se basa principalmente en diferentes fuentes de datos, como informes económicos, registros financieros, cuota de mercado y activos de empresas. En el caso de las empresas que cotizan en bolsa, los datos suelen proceder de estados financieros como los estados de flujo de caja, las declaraciones de ingresos, las notas a pie de página y el balance general. Esa información está fácilmente disponible para el público a través de los informes 10-K y 10-Q. Puede acceder a los informes a través del sistema de base de datos EDGAR que es administrado por la SEC o la Comisión de Valores y Bolsa. Los datos también pueden obtenerse de los informes de ganancias de las empresas, que a menudo se publican trimestralmente.

### Análisis fundamental

Algunos de los parámetros que los analistas consideran dentro del estado financiero de una empresa incluyen una medida de solvencia, rentabilidad, liquidez, trayectoria de crecimiento, eficiencia y apalancamiento. Los analistas también utilizan las raciones para calcular la salud financiera de las empresas. Entre los ejemplos de esas relaciones figuran la relación rápida y la relación actual. Estas raciones son útiles para determinar la capacidad de una empresa de reembolsar las obligaciones a corto plazo sobre la base de sus activos corrientes. Para hallar la proporción actual, se dividirá el activo corriente con el pasivo corriente. Estas cifras pueden ser fácilmente accesibles desde el balance de la compañía. Si bien no hay una proporción que se considere ideal, todo lo que esté por debajo de 1 se considera una situación financiera deficiente que es incapaz de satisfacer todas las deudas a corto plazo.

El balance también proporciona a los analistas información adicional, como las cantidades de deuda actuales que debe la empresa. En tal situación, el análisis se centrará en el ratio de deuda. Esto se calcula calculando todos los pasivos y dividiéndolos por el total de los activos. Cuando se calcula el ratio, un ratio superior a 1 punto para una empresa con mucha más deuda en comparación con sus activos. Esto significa que si los tipos de interés suben, la empresa puede incumplir sus deudas.

El análisis de las existencias no sólo incluye los informes financieros actuales, sino que también compara los estados financieros actuales con los de años anteriores. Esto le dará al comerciante o inversor una idea del rendimiento de la empresa y determinará si la empresa está estable, en retroceso o en crecimiento. También es común que un analista compare los estados financieros de una empresa con los de otras empresas del mismo sector. Esto se hace con el fin de comparar la rentabilidad y otros parámetros.

De gran importancia es el beneficio de explotación. Es una medida de los ingresos que le quedan a una empresa después de que se hayan liquidado otros gastos. Básicamente, una empresa con márgenes de operación de 0,27 es vista favorablemente cuando se compara con una cuyo margen es de 0,027, por ejemplo. Esto puede traducirse en que la empresa cuyo margen de operación es de 0,27 gasta 73 centavos por dólar ganado para sufragar sus gastos de operación.

**Estados Financieros**

El análisis fundamental a nivel de la empresa estaría incompleto con el análisis del rendimiento financiero de la empresa. A menudo se dispone de más de un documento financiero. De hecho, la mayoría de las empresas elaboran o generan numerosos estados financieros que resulta difícil comprender todos. La mayoría de las veces presentan a los inversores un gran desafío. Sin embargo, con un poco de información y exposición, se pueden entender estos documentos financieros. Esto es aconsejable porque contienen una gran cantidad de información.

*El balance*

Los estados financieros son en realidad documentos financieros que proporcionan información sobre el desempeño de una empresa. Uno de los principales documentos necesarios para el análisis financiero es el balance. El presente documento financiero se denomina balance general porque todos los activos consignados en él deben cuadrar con todos los pasivos.

Los activos incluyen todos los diferentes recursos, como la propiedad, la maquinaria y el dinero que una empresa posee o controla en un momento dado. Los pasivos son todos los elementos que una empresa debe a otros. Estos incluyen artículos como deudas, préstamos, etc. El pasivo se suele sumar al patrimonio. El capital social se refiere al total del capital reunido por los fundadores de la empresa así como por los accionistas. Una empresa debe ser capaz de liquidar sus pasivos, generar beneficios para los accionistas y seguir siendo rentable y viable a largo plazo.

*La cuenta de resultados*

Otro documento financiero crucial es el estado de resultados de la empresa. Esta es una declaración que pinta un cuadro claro del desempeño de una compañía en un cierto período de tiempo. Por lo general, tenemos declaraciones de ingresos trimestrales y anuales, pero es posible tener una cada mes.

La información contenida en los estados de ingresos ayuda a los analistas y a otras personas a conocer mejor los gastos, ingresos y beneficios generados en el curso de un determinado período comercial.

*Estados de flujo de caja*

También es de gran importancia para los inversores el estado de flujo de efectivo. Básicamente, un estado de flujo de caja nos informa del dinero que una empresa ganó y las cantidades que se gastaron. Las empresas suelen experimentar tanto entradas como salidas de efectivo. Es necesario que haya un saldo tal que el efectivo que entre en las arcas de una empresa sea más que el que se haga como pago a otros.

Los componentes de los estados de flujo de efectivo incluyen las corrientes de efectivo diarias o de explotación, el efectivo de las inversiones y el efectivo de la financiación. Los negocios difícilmente pueden manipular sus situaciones financieras, especialmente cuando se trata de dinero en efectivo. Como tal, esta es una declaración crucial cuando se examina o analiza la posición financiera de una empresa.

Los contadores inteligentes pueden lograr mucho y a veces se vuelven creativos en sus reportajes. Sin embargo, cuando se trata de dinero en efectivo, sobre todo dinero líquido, no pueden aplicar ninguna táctica solapada. No es posible, por ejemplo, falsificar dinero en el banco. Esta es una de las razones por las que la mayoría de los inversores y analistas prefieren mirar los estados de flujo de efectivo más que cualquier otra cosa.

Hemos hablado de tres documentos financieros diferentes. Estos son el balance, el estado de resultados y el estado de flujo de caja. Como comerciante, necesitas saber dónde encontrar esto. Hay varios lugares en los que se pueden encontrar. En los EE.UU., podemos encontrar esto en los archivos 10Q y 10K. A menudo se presentan ante la SEC con una periodicidad trimestral y anual respectivamente.

También puede encontrar estos documentos en los informes anuales publicados por las empresas. La mayoría de la gente se refiere a estos como informes 10-K. Estos documentos contienen toda la información necesaria que a menudo se encuentra en los informes financieros, incluidos los tres documentos mencionados anteriormente.

**Resumen**

Si está pensando en invertir en una empresa o en comerciar con sus acciones, entonces debe asegurarse de que entiende completamente todo lo posible sobre la empresa. Esto significa entender exactamente lo que hace, su desempeño actual, las perspectivas futuras, la política corporativa, la administración y mucho más. Se considera una mala práctica invertir a ciegas en una empresa cuyos fundamentos no conoces.

Hay muchas cosas a las que hay que prestar atención cuando se investiga una empresa. Sin embargo, el documento más crucial es el estado financiero. Es necesario examinar los estados financieros de una empresa para tener una imagen real de su rendimiento y sus perspectivas futuras. Asegúrese de que puede comprender e interpretar la información contenida en estas declaraciones.

La publicación de los estados financieros es un requisito legal para todas las empresas que cotizan en bolsa. Los documentos más comunes se publican trimestralmente y también anualmente. Para obtener una visión de los pensamientos de los altos directivos, incluidos los ejecutivos de la suite C, entonces las sesiones de MD&A o los debates de gestión y los analistas proporcionan una excelente plataforma. Puede escuchar a los ejecutivos discutir los temas pertinentes y proporcionar sus estrategias y planes en relación con las empresas que dirigen.

Es mucho mejor centrarse en los informes auditados que en los no auditados. El primero es mucho más creíble comparado con el segundo. Los balances constituyen un estado financiero que resume el activo, el pasivo y el patrimonio de una empresa. Los estados de ingresos, por otra parte, contienen cifras que indican los ingresos, los gastos, los ingresos y las ganancias por acción. Recuerde leer atentamente las notas contenidas en los informes financieros para comprender mejor las diversas cifras de los informes.

# Capítulo 5: Estrategias de creación de riqueza

*Una introducción a el promedio del costo del dólar*

El término "promediación del costo en dólares" es una estrategia utilizada tanto por los comerciantes como por los inversores para comprar inversiones de cantidades similares en dólares a lo largo de períodos de tiempo específicos. Esta estrategia permite a los comerciantes comprar regularmente inversiones de un costo determinado para aumentar sus inversiones. Bajo esta estrategia, los activos se compran sin importar el precio.

Cuando empiece a invertir, probablemente se encontrará con este plazo. El promedio del dólar es una estrategia que ha existido desde hace tiempo. Existe una aceptación general por parte de los expertos de que los inversores que aplican esta estrategia independientemente de las diferentes condiciones, como los mercados y a intervalos establecidos, tienden a tener un rendimiento mucho mejor que los individuos que invierten basándose en las emociones.

Los inversores emocionales tienden a ser demasiado confiados un minuto y en modo de pánico total al siguiente. Por ello, tienden a exponerse a numerosos riesgos, especialmente cuando no tienen una planta de inversión adecuada, sino que simplemente se guían por sus emociones.

La mejor parte de esta estrategia es que elimina las emociones de la inversión. Eres capaz de invertir sin importar cómo te sientas. Esto es muy aconsejable porque las emociones tienden a estropear la inversión y causan inmensas pérdidas a los inversores.

*Entendiendo el promedio del costo del dólar*

En lugar de que un inversor ponga una suma global de dinero en activos, este enfoque requiere un enfoque diferente. Por lo general, un inversor invertirá cantidades pequeñas pero regulares en una serie de inversiones y luego las aumentará periódicamente.

Esto le permite repartir la base de los costos y le da al inversionista la oportunidad de invertir lentamente sus fondos en cantidades más pequeñas durante un par de meses o años. Esto asegura que la cartera de inversiones esté protegida y aislada de diferentes situaciones, especialmente en un mercado en constante cambio.

Por ejemplo, cuando los precios suben rápidamente en el mercado de valores, el inversor acabará pagando mucho más que en otras ocasiones. Sin embargo, ocurre lo contrario cuando los mercados son lentos. El inversionista podrá aumentar su inversión a precios bajos y por lo tanto aislarse. Este es el beneficio de usar esta estrategia de inversión específica.

**Cómo funciona el promedio del costo del dólar**

El costo del dólar, como se ha definido anteriormente, es una herramienta de inversión utilizada por los administradores de fondos, inversores y otros participantes del mercado de valores para crear riqueza o ahorros durante un período de tiempo prolongado. Esta estrategia proporciona una forma de gestionar y posiblemente neutralizar y la posible volatilidad, al menos a corto plazo, en todos los mercados. La aplicación de esto es clara en las cuentas 401(K).

Los titulares de cuentas 401(K) pueden elegir un monto preacordado de su paga para ser invertido en el índice o los fondos mutuos de su elección. Esta cantidad se deducirá de su sueldo como una cantidad fija pero regular que se remitirá mensualmente a su cuenta 401(K). Es posible aplicar esta estrategia de inversión más allá de las cuentas 401(K) y en otras oportunidades de inversión como un índice o fondos mutuos. Los inversores también pueden utilizar la misma estrategia para invertir en planes de inversión de dividendos mediante contribuciones regulares. Por lo tanto, en lugar de poner grandes sumas de dinero en una inversión, un inversor se abrirá camino de forma lenta pero segura en una inversión a través de contribuciones pequeñas pero regulares repartidas en períodos de tiempo determinados. Hay ciertos beneficios asociados con este enfoque de inversión.

Una de las ventajas más destacadas de la utilización de esta estrategia de inversión es que la base de los costos se reparte a lo largo de varios años y a precios variables. Esto ayuda a asegurar que haya suficiente aislamiento contra cualquier cambio de precio de mercado en el futuro. Además, implica que los inversores experimentarán una base de costos más elevada en los momentos de rápido aumento de los precios de las acciones que durante los movimientos normales de los precios de las acciones.

**Cómo establecer un plan de inversión**

Hay una forma en que un inversor puede planificar su vida para poder invertir en el uso de la estrategia de promediación de costos en dólares. Para lograr esto, el inversor necesitará lograr tres cosas principales. Estos se enumeran a continuación.

1. Determine la cantidad de dinero que desea reservar cada mes o cada período de pago para invertir. Como inversionista, debe asegurarse de que esta es una cantidad que puede reservar cómodamente y sin presionar su estilo de vida. Esta cantidad también debe ser prudente porque si es muy pequeña no será de mucha utilidad.

2. El siguiente paso es establecer una inversión como un 401(K) donde los fondos serán dirigidos. Tenga en cuenta que es muy probable que estos fondos se conserven durante mucho tiempo, por lo que es crucial asegurarse de que el dinero reservado no sea

necesario para cubrir gastos esenciales como el alquiler o el pago de facturas, etc. Los fondos se invierten a menudo durante cinco o diez años. Es aconsejable pensar en este período de tiempo antes de elegir esta estrategia de inversión.

3. Recuerde que los intervalos de pago pueden ser de cualquier longitud pero estándar. Estos intervalos pueden ser mensuales, semanales o trimestrales, dependiendo de varios factores como la frecuencia de los pagos, etc. Este dinero se invierte en un valor o fondo que el cliente quiere. La mayoría de las veces un inversor establecerá un sistema de pago automatizado que deduzca los fondos automáticamente y luego los ponga a disposición del fondo y así sucesivamente. A veces los inversores trabajan con corredores, pero es muy posible invertir sin necesidad de utilizar los servicios de un corredor.

*Ejemplo de cómo configurar una oportunidad de promediar el costo del dólar*

Jayden es empleado de la firma XYZ y ha firmado un plan 401(K). Su empleador le paga un salario neto de 2.000 dólares por quincena. Jayden toma la decisión consciente de reservar el 10% de su pago quincenal para inversiones. Elige comprometer el 50% de este 10% en un plan de jubilación propuesto por el empleador. Luego decide remitir el resto a un Fondo Indexado basado en S&P. En resumen, remitirá 100 dólares para el plan de su empleador y otros 100 dólares para el Fondo del Índice.

*Implicaciones*

La estrategia de promediación de costos en dólares ha sido muy visible y popular en las cuentas 401(K). Las personas y organizaciones que invierten en estas cuentas lo hacen independientemente de las condiciones del mercado. A largo plazo, este enfoque resulta ser beneficioso en muchos sentidos, y menos aún el bajo costo general de la inversión.

Sólo hay un inconveniente importante relacionado con esta estrategia. Si se produce una burbuja en el mercado de valores, o se entra en una posición en el mercado en la que se produce un aumento significativo del valor, entonces los costos relacionados con la inversión serán mucho más altos de lo que hubieran sido.

**Construir una cartera de inversiones**

Como inversor, el mejor enfoque es la diversificación. La diversificación significa invertir sus fondos en diferentes valores. Esto es muy aconsejable debido a los riesgos inherentes y subyacentes que plantean los mercados. Es un hecho que el precio o el valor de las acciones sigue cambiando casi todo el tiempo. Poner todos los huevos en una cesta es un asunto arriesgado por si las cosas salen mal. La diversificación significa que no importa lo que pase, puedes seguir siendo rentable.

Por lo tanto, para invertir sabiamente, tendrá que desarrollar o crear una cartera de inversiones adecuada. Es fácil imaginar que una cartera de inversiones es donde se mantienen todas sus inversiones. Un portafolio es en otros aspectos similar a una caja fuerte que almacena documentos personales o de negocios cruciales. Sin embargo, a diferencia de una caja fuerte, es más un concepto que un producto tangible.

Cuando diversificas tus inversiones en una cartera, significa que serás dueño de una gran cantidad de activos. Estos activos pueden ser fondos negociados en bolsa o ETF, fondos mutuos, bonos, acciones y muchos otros. Sin embargo, lo mejor es abordar la diversificación de una cartera con un plan bien pensado y no al azar.

*Principios para la creación de una cartera*

Podemos definir la gestión de la cartera como un enfoque para equilibrar las recompensas y los riesgos. Para cumplir con sus objetivos de inversión, tendrá que invertir en una amplia variedad de productos, incluyendo SMAs, REITs, fondos cerrados, ETFs y otros. Es una muy buena idea y muy recomendable tener un plan de inversión y determinar cuál es su objetivo final, especialmente cuando hay tantas opciones disponibles.

La gestión de carteras a menudo significa cosas diferentes para los distintos inversores. Piensa en un joven recién salido de la universidad y en su primer trabajo. Esa persona considera que la gestión de la cartera es una forma de aumentar las inversiones y proporcionar una cantidad bastante decente a lo largo del tiempo para su uso futuro. Por otro lado, una persona no tan joven que ha estado trabajando o en el negocio por un tiempo verá las cosas de manera diferente. Esa persona considerará la gestión de la cartera como una excelente oportunidad de conservar su riqueza posiblemente acumulada a lo largo de los años. Hay diferentes formas de organizar y planificar la gestión de la cartera.

Un gestor de cartera debe ser capaz de manejar las diversas necesidades que tienen los diferentes inversores cuando se trata de crear una cartera diversificada. Por eso el enfoque individualizado es una opción muy aconsejable. A continuación se presentan algunos principios básicos para la elaboración de un portafolio.

En primer lugar, es aconsejable observar la disponibilidad de numerosas opciones. Esto significa que hay muchos vehículos de inversión para elegir. Por lo tanto, un cliente o inversor necesita determinar si desea crear riqueza con el tiempo, guardar fondos para su uso futuro, generar un ingreso regular, etc. De esta manera, será posible llegar a un plan de inversión adecuado. Dicho plan debe incorporar el apetito por el riesgo, el período de tiempo y aspectos similares.

*Algunas estrategias básicas*

Uno de los primeros pasos para crear una cartera es presentar una perspectiva informada pero realista sobre el mejor enfoque para invertir los fondos de manera prudente y productiva. La mejor manera es empezar desde el objetivo final y luego formular una estrategia que apoye el logro de este objetivo. Es aconsejable considerar todos los riesgos asociados así como el factor tiempo para que se cumplan los deseos del inversor.

Cuando hablamos del plazo, nos referimos al momento en que se hace una inversión inicial y el tiempo hasta que el inversor necesita acceder a los mismos fondos. Por lo tanto, los pasos iniciales implican la elaboración de un plan preliminar que incluye una selección de diferentes productos y cuentas.

Otro factor importante que hay que tener en cuenta es que los hallazgos deben diversificarse en diversas clases de activos y en diferentes sectores. Una vez que los fondos se distribuyan a los diferentes sectores y clases de activos, debe haber una supervisión regular del rendimiento de cada activo. Si es necesario, entonces se deben hacer ajustes donde sea necesario.

*Logros de los objetivos*

Cuando las inversiones se realizan de manera correcta, debidamente diversificadas en diferentes clases de activos y en distintos sectores, entonces será posible alcanzar todos los objetivos fijados. Los inversores tienen objetivos a corto, medio y largo plazo. Los objetivos a corto plazo pueden incluir el amueblamiento de una casa, el ahorro para unas vacaciones o la compra de un vehículo de motor y así sucesivamente. Los objetivos de inversión a largo plazo podrían ser el ahorro para iniciar un negocio, comprar una casa, e incluso ahorrar para la jubilación. También podría incluir el ahorro para la universidad de los niños. Por estas razones, es aconsejable vigilar periódicamente el rendimiento de la cartera para que se hagan los ajustes que se consideren necesarios. En algunos casos, los objetivos cambian y la supervisión regular de la cartera.

*Servicios de asesoramiento financiero*

Una de las mejores maneras de invertir y aprovechar el poder de las inversiones informadas es trabajar con un gestor de cartera o cualquier otro experto en finanzas. Es cierto que numerosos inversores invierten de forma independiente sin la ayuda de profesionales. Sin embargo, trabajar con un profesional facilita la diversificación de los fondos en diferentes sectores y clases de activos para supervisar el rendimiento de las inversiones a lo largo del tiempo.

Aquellos que invierten por su cuenta carecerán del tipo de exposición, asistencia y sabiduría que tienen los gestores de inversiones y los asesores financieros. Como inversionista, usted necesita tener la información apropiada con respecto a todas las herramientas y sistemas disponibles para usted. También es necesario conocer todas y cada una de las oportunidades emergentes, así como el acceso a todos los recursos disponibles. Esto es aconsejable sólo para aquellos que saben lo que hacen, como expertos en finanzas, contables, banqueros, etc.

Por otra parte, aunque el asesoramiento profesional en materia de inversiones es crucial para los inversores ordinarios, no es gratuito. Hay una cuota que debe ser pagada. Los inversionistas tienen que pagar honorarios como los de consulta para recibir asesoramiento profesional en materia de inversiones. Sin embargo, el beneficio obtenido a través de las consultas profesionales es inestimable. El profesional no sólo tiene conocimientos y experiencia, sino también un conocimiento íntimo de las finanzas y de los diversos sectores. Además, los asesores financieros tienen una responsabilidad legal o un deber fiduciario con los clientes, lo que significa que se supone que trabajan en el mejor interés de sus clientes.

Hay planificadores financieros y luego hay corredores. Los corredores a menudo compran valores en nombre de los clientes. Actúan más bien como intermediarios entre los clientes y las empresas que comercian con los fondos. Por otro lado, tenemos asesores de inversión. Son profesionales que ofrecen consejos y recomendaciones sobre los mejores vehículos de inversión.

**Dividiendo los fondos para la cartera**

Cuando se trata de elegir finalmente los fondos y las cantidades que se asignarán a cada fondo o tipo de activo, hay que tener en cuenta ciertas consideraciones. En primer lugar, tendrá que considerar cualquier objetivo de inversión como objetivos a corto y largo plazo. Otros incluyen la tasa de retorno preferida, el tiempo disponible, etc. Es posible encontrar fondos de inversión diseñados para cada situación. Por lo tanto, los inversionistas deben tomarse el tiempo de examinar los diversos fondos y a veces incluso los diferentes instrumentos en diversos sectores antes de elegir finalmente su preferido.

*Inclusiones en una cartera de inversiones*

Una vez que empiece a invertir, hay ciertos activos en los que tendrá que invertir. De hecho, debido a la necesidad de diversificación, es posible que tenga que abrir y gestionar varias cuentas. Algunas de las cuentas que puede abrir e invertir incluyen una cuenta de jubilación individual, una 401(K) u otro tipo de cuenta patrocinada por el empleador, una cuenta de corretaje, cuentas de préstamos entre pares, etc. Incluso la inversión de dinero en efectivo en certificados de depósito y en los mercados monetarios son formas de diversificación bienvenidas.

Estas cuentas, cualquiera que sea la que se seleccione, deben tener una variedad de activos. Estos incluyen futuros, fondos de jubilación, opciones, fondos mutuos, REITs, y muchos otros. Si bien la diversificación es crucial para el éxito de la inversión, los inversores deben evitar las inversiones costosas y cualquier activo que conlleve incertidumbre. Es mejor elegir opciones de inversión como los fondos de índice de bajo costo. Lo ideal sería que la mayoría de los fondos se invirtieran en ETF y fondos de inversión. La razón de esto es que estos índices reflejan de cerca los principales índices como el Dow Jones Industrial Average y el S&P 500. Se trata de un enfoque de ahorro de costos para diversificar una cartera.

La diversificación también se refiere a la inversión en una variedad de activos que no tienen correlación. Tomemos los bonos y las acciones, por ejemplo. Estos tienen una correlación negativa porque cuando una clase de activos sube, es probable que la otra baje de precio y viceversa.

*Regla general en la asignación de precios*

En lo que respecta a la asignación de precios, la regla general es determinar las cantidades en función de la edad. La recomendación más común es restar la edad del inversor de las cifras 100 o 110. Una persona de 25 años idealmente asignará el 75% - 85% de sus fondos a acciones mientras que sólo el 15% - 25% se asigna a bonos. Para una persona de 60 años, la ecuación se revisa de manera que el 40% - 50% se invierte en bonos mientras que el 50% - 60% se invierte en acciones.

Hay inversores a los que les gusta esta regla y la aplican a sus carteras de inversión. Sin embargo, otros lo encuentran demasiado simplista, ya que no tiene en cuenta la tolerancia al riesgo de un inversor. Por lo tanto, el mejor enfoque sería utilizar una mezcla de acciones y bonos en diversas industrias. La mejor manera de lograrlo es centrarse en los fondos indexados de bajo costo. Muchos inversores prefieren estar seguros antes que correr grandes riesgos. Por eso prefieren invertir su dinero en fondos indexados de bajo costo.

**Factores esenciales para el éxito de la construcción de la cartera**

*1. El retorno de la inversión:* Uno de los aspectos más importantes de su cartera de inversiones es su rentabilidad. Es necesario controlar regularmente las inversiones que se logran mejor con el retorno de la inversión o la rentabilidad de la misma. Es aconsejable calcular lo que ha generado cada dólar invertido. Hay una fórmula para calcular esta cifra.

- **R.O.I = (Beneficios - Costes) / Costes**

Incluso entonces, los inversores deben comprender que el rendimiento de la inversión depende de muchos otros factores, como el tipo de seguridad de inversión que se prefiere, etc. Además, nótese que un alto rendimiento de la inversión implica un mayor riesgo, mientras que una cifra menor significa un riesgo reducido. Por esta razón, es importante que se lleve a cabo una gestión adecuada del riesgo.

*2. Cómo medir el riesgo:* Todas las inversiones conllevan un riesgo inherente. Por eso a los inversores y expertos en finanzas les gusta decir que el riesgo y la recompensa son esencialmente dos caras de una moneda. Los inversores deben medir su nivel de tolerancia al riesgo para saber qué tipo de inversiones o activos elegir. Para aquellos que buscan aumentar sus inversiones posiblemente por dos dígitos, entonces las inversiones riesgosas pueden prometer mayores ganancias. Los inversores que buscan mantener o aumentar moderadamente sus cuentas pueden optar por activos menos arriesgados.

Una de las formas más fiables de mitigar el riesgo es seleccionar los valores con sumo cuidado. Esto se debe a que algunos se consideran seguros mientras que otros se consideran riesgosos. Por ejemplo, las acciones de centavos no necesariamente lo hacen rico, pero son más riesgosas en comparación con otras opciones. Por otra parte, los bonos del Estado no pagan mucho pero son muy fiables y suponen muy poco o ningún riesgo. Los rendimientos están casi garantizados pero las cantidades son bajas.

En general, los riesgos de la inversión provienen principalmente del nivel a la volatilidad. La volatilidad puede hacer que el precio de un activo se dispare o se derrumbe. Por eso es mucho mejor diversificar las inversiones en una cartera. Esto ayuda a minimizar los riesgos y a estabilizar toda la inversión.

Además, recuerde que los metales preciosos como la plata y el oro generalmente se desempeñan bien cuando el mercado está en baja. Lo mismo ocurre con las acciones tecnológicas que tienden a aumentar cuando los mercados tienen una tendencia al alza. Esa información es crucial para los inversores, especialmente para los que no tienen acceso a un asesoramiento profesional.

*3. Diversificación de las carteras*

A veces existe el riesgo de una excesiva diversificación. Esto significa que, aunque la diversificación es un gran enfoque para la inversión, no debe ser exagerada. El principal objetivo de la diversificación es nivelar los valles y picos causados por las fluctuaciones regulares del mercado y también gestionar las tendencias a la baja del mercado a largo plazo. Los inversores deben evitar añadir a sus carteras cualquier cosa que tenga la posibilidad de volverse contraproducente.

*En resumen*

Los inversores deben evitar a toda costa arriesgar sus inversiones. Hay muchas inversiones que son altamente riesgosas. Éstos plantean un enorme riesgo para una cartera y pueden eliminar fácilmente las ganancias obtenidas por otros activos más exitosos. Es mejor dejar en paz las inversiones especulativas.

Por lo tanto, cuando se planifica una cartera, un inversor debe tener en cuenta sus objetivos todo el tiempo. Trate de identificar las clases de activos que ayudarán a alcanzar los objetivos de inversión y no los que son demasiado arriesgados o pasivos.

Además, se debe evaluar la tolerancia al riesgo de un inversor. Los inversores más jóvenes que intentan aumentar sus cuentas y generar riqueza pueden asumir más riesgos. Sin embargo, los inversionistas de mayor edad que buscan administrar su patrimonio deben optar por inversiones más seguras, como los bonos del gobierno, ya que éstos se consideran extremadamente seguros. Los inversores también deberían centrar sus energías en sectores en los que tengan algún tipo de conocimiento básico. Un ingeniero de programas informáticos, por ejemplo, tal vez desee examinar las acciones tecnológicas, mientras que un banquero puede hacer bien en invertir en acciones financieras. De esta forma, tendrá una intuición fiable sobre el rendimiento de las acciones dentro de su sector. La gente pierde dinero cuando invierte en sectores que no conoce o conoce poco.

Por último, es sumamente importante saber cuándo hay que dejar las existencias. Vender las acciones en el momento adecuado significa que los inversores obtienen el mejor precio posible. Con demasiada frecuencia, algunos tienden a aferrarse a sus existencias y no están dispuestos a dejarlas ir. Saber cuándo vender es crucial para el éxito de la inversión.

# Capítulo 6: Instrumentos financieros adicionales

Hay numerosos instrumentos financieros disponibles. Un instrumento financiero significa un tipo de contrato entre dos partes. Puede definirse como un documento que representa un pasivo para una parte y un activo para otra. Todos los instrumentos financieros pueden hacerse cumplir legalmente y tienen un valor monetario. Estos instrumentos financieros pueden ser creados, comercializados e incluso modificados.

Los instrumentos financieros pueden ser documentos o contratos. Los documentos contractuales incluyen acciones, bonos, opciones y futuros. Sin embargo, en términos generales pueden clasificarse como instrumentos derivados o instrumentos de efectivo. Los derivados son instrumentos cuyo valor se deriva de las características y el valor del instrumento subyacente. Los instrumentos de efectivo derivan su valor enteramente de los mercados. Un buen ejemplo de un instrumento de dinero en efectivo es una acción o un título. Estos son muy fáciles de liquidar o transferir.

Hay muchas otras clasificaciones dependiendo del tipo, clase de activos y demás. Por ejemplo, los instrumentos de deuda pueden clasificarse como deudas a largo o a corto plazo. Otros, como los instrumentos basados en el mercado de divisas, son de una clase propia.

**Acciones**

Las acciones son el tipo de seguridad más común con el que te puedes encontrar. Estos se negocian en el mercado de valores, que es un mercado secundario. Los propietarios o poseedores de acciones suelen comerciar con compradores dispuestos a hacerlo de manera regular en la bolsa de valores. En la mayoría de las ocasiones, si no en todas, comprará o negociará acciones con otros participantes interesados pero no con la empresa matriz.

Cada acción viene con una cotización. Esta cita nunca es fija, sino que varía dependiendo de una serie de factores. Los precios no son la única información proporcionada. También disponemos de otra información relativa a las existencias. Por ejemplo, a los comerciantes les interesan los volúmenes negociados, ya que el volumen es un gran indicador de la liquidez.

Los precios de las existencias suelen determinarse mediante un proceso de subasta en la bolsa de valores. Los compradores y vendedores básicamente hacen ofertas y ofertas y cuando coinciden se concluye la venta. Si desea comprar acciones, visitará a su corredor, que hará ofertas en su nombre. Alternativamente, puede abrir una cuenta en línea y hacerlo a través de una plataforma de operaciones. La mayoría de las transacciones se han realizado en línea, lo que hace más fácil y cómodo comerciar con acciones y participaciones.

Hay diferentes tipos de órdenes cuando se trata de la bolsa de valores. Por ejemplo, tenemos órdenes de límite y órdenes de mercado. Una orden de mercado es cuando un cliente utiliza una plataforma en línea o da instrucciones a un corredor para vender o comprar acciones al mejor precio posible. Las órdenes de mercado nunca garantizan el precio que usted quiere, pero es casi seguro que obtendrá el número de acciones deseadas.

**Introducción a las órdenes de limitación**

Una orden de limitación se refiere a un precio fijo que se utilizará para vender o comprar un valor u otro activo financiero. Cuando un inversor utiliza una orden de límite, entonces consigue determinar el precio al que se venden o compran los valores. Esto es completamente diferente de las órdenes de mercado porque en este caso, una orden de venta o compra sólo se ejecutará cuando se alcance la orden límite.

*Ejemplo*

Tomemos el ejemplo de un inversor que quiere comprar acciones de XYZ a 60 dólares. El precio actual de las acciones de XYZ es de 62 dólares, por lo que la orden de límite se establece en el precio de 60 dólares. Las acciones de XYZ se comprarán una vez que se alcance este precio. El precio puede fluctuar de cualquier manera pero no se hace ninguna compra hasta que se alcance el precio de 60 dólares. La orden se ejecuta hasta que se adquiere el número de acciones deseado. Ahora supongamos que el inversor desea vender las mismas acciones de XYZ a 63 dólares. Se establecerá un orden límite de esa cantidad. Una vez que se alcanza este precio, la orden se ejecuta y las acciones se venden. Así de efectivo y poderoso es el orden límite.

Esta orden se ejecuta sólo cuando se alcanza el precio establecido. Es completamente diferente a una orden de mercado. Las órdenes de mercado tienden a ejecutarse en las condiciones de mercado imperantes. Los traders prefieren limitar las órdenes por su precisión. Estas órdenes son especialmente útiles en un mercado volátil. Las órdenes de límite proporcionan un mayor control sobre el proceso de compra y venta de existencias.

*Cómo solicitar las órdenes de limitación*

Las órdenes de limitación se utilizan principalmente cuando prevalecen ciertas condiciones de mercado. Piensa en situaciones en las que una acción en particular se cotiza entre 60 y 70 dólares. Se considera que se trata de una acción extremadamente volátil y el orden límite sería útil en un mercado de este tipo. Cualquiera que utilice la orden de mercado estará en desventaja porque no podrá controlar el precio de compra.

Las órdenes de límite también son útiles en situaciones en las que el trader está preocupado y no puede hacer un seguimiento de los mercados. Las órdenes protegerán sus intereses y asegurarán que siga controlando el precio de compra o venta. También es posible dejar abiertas las órdenes de límite pero con una fecha de caducidad distinta.

Aparte de las órdenes de límite y de mercado, también tenemos órdenes de parada. Hay claras diferencias entre todas estas órdenes diferentes. Todas estas órdenes se emiten al corredor que las ejecutará según las instrucciones. La parte importante a tener en cuenta es que tanto las órdenes de límite como las de parada se oponen a las órdenes de mercado. En lugar de dejar que el mercado determine el precio, es el trader quien determina su precio de venta o compra.

El orden límite simplemente significa un orden de todo o nada. En este caso, cuando haga un pedido, sólo se cumplirá si recibe la totalidad de las acciones que desea. Por ejemplo, si desea comprar 500 acciones de la empresa ABC, entonces este pedido de AON o de todo o nada sólo se cumplirá si las 500 acciones están disponibles. Si el suministro se queda corto, entonces el pedido no se cumplirá.

**Órdenes de Parada**

Una orden de stop puede definirse como una orden que un trader o inversor da a su corredor de bolsa, en la que le indica que venda o compre ciertos valores, como acciones, cuando se supera un determinado precio.

Se prefieren las órdenes de stop cuando es importante entrar o salir de una operación en un punto predeterminado. El objetivo principal de esta orden es asegurar los beneficios o, en otros casos, evitar o limitar las pérdidas. Si el precio cruza cualquier punto de entrada o salida, entonces se convierte en este punto en una orden de mercado.

*Ejemplo*

En este caso, tenemos un trader que posee 300 acciones de ABC. Cada acción cuesta 10 dólares pero el trader cree que el precio de la acción subirá a 13 dólares dentro de un mes. Sin embargo, el trader no desea perder dinero si el precio empieza a caer. Por lo tanto, el corredor recibe instrucciones para colocar una orden de stop a 9 dólares. La orden de stop iniciará entonces una orden de mercado para que se vendan las acciones. Por lo tanto, si el precio sube, el comerciante obtendrá un beneficio, pero si el precio baja, las pérdidas serán limitadas.

*Puntos importantes a tener en cuenta*

En el stop general, las órdenes se activan tan pronto como el precio de una acción se mueve más allá de un cierto punto establecido. En general, hay dos tipos distintos de órdenes de detención.

Una es una orden de detención para vender y la otra es para comprar acciones. Estas órdenes se utilizan idealmente para asegurar los beneficios después de un aumento de precios o para limitar las pérdidas en la tendencia a la baja.

*Diferencias inherentes entre las órdenes de detención y las órdenes de límite*

Por lo general, las órdenes se emiten a los corredores de bolsa después de que se inicia una operación. Guían a un corredor sobre cómo reaccionar ante la actividad en la plataforma de comercio. De esta manera, un trader puede ser más específico sobre cómo quiere que se ejecuten sus operaciones. Tanto las órdenes de stop como las de límite son mensajes claros al corredor de que lo que se necesita es un precio distinto al del mercado. El precio de mercado es básicamente el precio al que una acción se negocia en los mercados.

Un orden límite es generalmente conocido y visible. Puede ser dictado por un trader y ejecutado como se indica. Sin embargo, una orden de stop nunca es visible en los mercados. Sólo se hace visible en cuanto se activa. Las órdenes de detención generalmente evitan que se produzcan riesgos.

*Las órdenes de detención importan*

Las órdenes de stop se consideran en general como estrategias de inversión y de comercio. Constituyen una estrategia esencial que ayuda a los traders a reducir al mínimo las pérdidas y a beneficiarse sin límites de una tendencia al alza. Estas órdenes también ayudan a la automatización. Cuando se instituya, un trader no necesitará supervisar sus operaciones de forma regular y constante. Esto proporciona no sólo alivio sino también tranquilidad para que el trader pueda atender otros asuntos. Las órdenes de paro ayudan a prevenir contra los rellenos parciales así como contra los no rellenos. Los traders pueden esperar que sus órdenes sean cumplidas como se desea. Estas son algunas de las razones por las que las órdenes de paro son extremadamente cruciales.

*Ejemplo*

En este caso, habrá una contingencia colocada en un precio o cantidad preferente. Es posible que desee vender o comprar acciones a un precio determinado. Una vez que se supere este precio, entonces toda compra o venta se detendrá. Por ejemplo, si está comprando acciones, puede que quiera comprarlas a un precio que no exceda los 50 dólares. Mientras el precio de las acciones se mantenga a este precio o por debajo de él, entonces el pedido se cumple. Pero una vez que el precio de las acciones supere los 50 dólares, la orden se detendrá.

*Comercio de margen*

También tenemos una estrategia conocida como comercio de margen. El margen se refiere a un préstamo proporcionado por un corredor con fines comerciales. Cuando se realiza una operación de margen, simplemente significa que se están comprando acciones con fondos prestados. Lo mismo ocurre cuando se trata de acciones o títulos que no le pertenecen. Cuando vendes a corto plazo, significa que estás vendiendo acciones que pertenecen a otra persona.

Tanto el margen como la venta al descubierto son populares entre los comerciantes. El propósito es siempre vender o comprar con el fin de recomprar o vender con el fin de sacar provecho de la empresa. Al mismo tiempo, comerciarás con la esperanza de devolver las acciones prestadas o devolver el préstamo de margen.

## Índices bursátiles

Podemos definir un índice como una medida o indicador de un determinado parámetro. En lo que respecta a la financiación, el índice se refiere a una medida del cambio en un mercado determinado. Tenemos acciones, participaciones y bonos como valores que se negocian en los mercados financieros. Algunos de los índices populares en los EE.UU. incluyen el S&P 500 así como el DJIA o el Dow Jones Industrial Average. También tenemos otros como el Índice de Bonos Agregados de los Estados Unidos. Estos se utilizan a menudo para evaluar el rendimiento de los mercados de bonos y acciones de los EE.UU. y son medidas de la economía de los EE.UU.

*Una mirada más cercana a los índices*

Existen diferentes índices y cada uno de ellos está directamente relacionado con los mercados de bonos o de valores. Además, cada índice tiene una fórmula de cálculo específica. Por lo general, el valor numérico de un índice no es tan importante como el cambio relativo del índice. La parte más crucial para los inversores suele ser la cantidad total que un índice ha bajado o subido en un período de tiempo como, por ejemplo, 24 horas.

Los índices tienen un nivel de base de 1.000. Sin embargo, los inversores y traders suelen estar interesados en la variación del índice a partir de este nivel de base. Por ejemplo, si el FTSE 100 tiene un valor de 7643,50, entonces podemos ver que es casi 8 veces más grande que el nivel base. Como comerciante, debes estar atento a la caída o subida porcentual de un índice.

Existe una cierta relación estrecha entre los fondos cotizados en bolsa, los fondos de inversión y los índices de comercio. Los administradores de fondos suelen tratar de reflejar ciertos índices cuando constituyen fondos cotizados en bolsa y fondos mutuos. Por ejemplo, un administrador de fondos observará y anotará todas las acciones que constituyen un índice popular como el Dow Jones Industrial Average y luego lo reflejará con su fondo. De esta manera, se espera que el fondo funcione en conjunto con el índice. Si el índice se aprecia en valor, entonces el fondo también ganará en valor.

Debido a que los fondos como estos reflejan los principales índices, los inversores pueden invertir en los valores contenidos en un índice. El rendimiento de los ETF - fondos negociados electrónicamente - y de los fondos de inversión se mide a menudo por el rendimiento de los índices. Por lo tanto, actúan como puntos de referencia para los inversores y comerciantes en la mayoría de los casos. Un fondo mutuo o ETF puede comparar sus rendimientos con los del S&P 500. De esta manera, los inversores pueden comparar el rendimiento de su fondo y si están obteniendo beneficios o no en relación con el fondo.

Uno de los índices más populares es el S&P 500 o el Standard & Poor's 500. Este índice es común y popularmente utilizado por traders, administradores de fondos, inversionistas y otros actores del mercado para hacer comparaciones con el mercado de valores. Este índice constituye tres cuartas partes o el 75% de todos los intercambios de acciones y valores en los Estados Unidos. Otro índice muy popular es el DJIA o el Promedio Industrial Dow Jones. Es bien conocido, pero el único problema es que refleja sólo un pequeño porcentaje de las acciones comercializadas en los mercados de valores de los Estados Unidos. El Dow Jones está formado por acciones de no más de 30 empresas que cotizan en las bolsas de valores. Aparte del DJIA y el S&P 500, otros índices notables son el Wilshire 5000, el NASDAQ y el Barclays Capital Aggregate Bond Index.

Los fondos de índices han sido creados para permitirnos invertir indirectamente en los índices. Tenemos fondos índice que siguen el rendimiento de ciertas acciones seleccionadas. Un buen ejemplo de un ETF es el Vanguard S&P 500. Consiste en lotes de valores similares a los que se encuentran en el S&P 500.

También tenemos fondos de índice hipotecario. Los ARM o las hipotecas de tasa ajustable constituyen tasas de interés ajustables que duran toda la vida de la hipoteca. Esta tasa se determina básicamente mediante el uso de un margen que se añade a un índice. Un buen ejemplo de un ARM es el LIBOR o la tasa de oferta interbancaria de Londres. Para determinar el interés de un préstamo, todo lo que necesitas hacer es determinar la tasa LIBOR y el índice de la hipoteca al LIBOR. Si el primero es el 3% y el segundo es el 2%, entonces la tasa de interés de una hipoteca es de 3%-2% = 1%.

# Capítulo 7: Documentos financieros y contables

**Fundamentos de los estados financieros**

El análisis fundamental a nivel de la empresa estaría incompleto con el análisis del rendimiento financiero de la empresa. A menudo se dispone de más de un documento financiero. De hecho, la mayoría de las empresas elaboran o generan numerosos estados financieros que resulta difícil comprender todos. La mayoría de las veces presentan a los inversores un gran desafío. Sin embargo, con un poco de información y exposición, se pueden entender estos documentos financieros. Esto es aconsejable porque contienen una gran cantidad de información.

Estas direcciones son arriba, abajo y no hay ningún movimiento. Dependiendo del tipo de llamada que tengas, puedes aprovechar este movimiento para obtener un beneficio o al menos evitar incurrir en pérdidas.

Muchos traders e inversores primerizos asumen que los precios de los valores subirán o bajarán. Sin embargo, esta es una escuela de pensamiento errónea porque a veces no hay ningún movimiento en absoluto en el precio de las acciones y los valores. Este es un hecho muy importante en el mundo del tradings de opciones.

Hay muchos ejemplos prácticos de la vida real que muestran que una acción o un título en particular no se movió de manera significativa durante un período bastante prolongado. Por ejemplo, la acción de KOL se negoció dentro de un rango de 4 dólares por un total de 23 días. Si hubieras invertido dinero en una opción de compra o una opción de venta a través de estas acciones, habrías perdido dinero.

Según los traders experimentados, las posibilidades de obtener un beneficio con una opción de compra o de venta son casi siempre del 50% pero sólo del 33%. Esto se debe probablemente al hecho de que los movimientos de los precios de las acciones son aleatorios. Eventualmente te darás cuenta de que el 33% de las veces, las acciones suben, el 33% de las veces bajan de precio y otro 33% de las veces se mantienen igual. El tiempo será más a menudo tu peor enemigo si tienes una larga opción de compra o venta.

**Introducción**

*El balance*

Los estados financieros son en realidad documentos financieros que proporcionan información sobre el desempeño de una empresa. Uno de los principales documentos necesarios para el análisis financiero es el balance. El presente documento financiero se denomina balance general porque todos los activos consignados en él deben cuadrar con todos los pasivos.

Los activos incluyen todos los diferentes recursos, como la propiedad, la maquinaria y el dinero que una empresa posee o controla en un momento dado. Los pasivos son todos los elementos que una empresa debe a otros. Estos incluyen artículos como deudas, préstamos, etc. El pasivo se suele sumar al patrimonio. El capital social se refiere al total del capital reunido por los fundadores de la empresa así como por los accionistas. Una empresa debe ser capaz de liquidar sus pasivos, generar beneficios para los accionistas y seguir siendo rentable y viable a largo plazo.

*La declaración de ingresos*

Otro documento financiero crucial es el estado de resultados de la empresa. Esta es una declaración que pinta un cuadro claro del desempeño de una compañía en un cierto período de tiempo. Por lo general, tenemos declaraciones de ingresos trimestrales y anuales, pero es posible tener una cada mes.

La información contenida en los estados de ingresos ayuda a los analistas y a otras personas a conocer mejor los gastos, ingresos y beneficios generados en el curso de un determinado período comercial.

*Estados de flujo de efectivo*

También es de gran importancia para los inversores el estado de flujo de efectivo. Básicamente, un estado de flujo de caja nos informa del dinero que una empresa ganó y las cantidades que se gastaron. Las empresas suelen experimentar tanto entradas como salidas de efectivo. Es necesario que haya un saldo tal que el efectivo que entre en las arcas de una empresa sea más que el que se haga como pago a otros.

Los componentes de los estados de flujo de efectivo incluyen las corrientes de efectivo diarias o de explotación, el efectivo de las inversiones y el efectivo de la financiación. Los negocios difícilmente pueden manipular sus situaciones financieras, especialmente cuando se trata de dinero en efectivo. Como tal, esta es una declaración crucial cuando se examina o analiza la posición financiera de una empresa.

Los contadores inteligentes pueden lograr mucho y a veces se vuelven creativos en sus reportajes. Sin embargo, cuando se trata de dinero en efectivo, sobre todo dinero líquido, no pueden aplicar ninguna táctica solapada. No es posible, por ejemplo, falsificar dinero en el banco. Esta es una de las razones por las que la mayoría de los inversores y analistas prefieren mirar los estados de flujo de efectivo más que cualquier otra cosa.

Hemos hablado de tres documentos financieros diferentes. Estos son el balance, el estado de resultados y el estado de flujo de caja. Como trader, necesitas saber dónde encontrar esto. Hay varios lugares en los que se pueden encontrar. En los EE.UU., podemos encontrar esto en los archivos 10Q y 10K. A menudo se presentan ante la SEC con una periodicidad trimestral y anual respectivamente.

También puede encontrar estos documentos en los informes anuales publicados por las empresas. La mayoría de la gente se refiere a estos como informes 10-K. Estos documentos contienen toda la información necesaria que a menudo se encuentra en los informes financieros, incluidos los tres documentos mencionados anteriormente.

**Una mirada más cercana a los estados financieros**

*1. La declaración de ingresos*

Los resultados financieros de una empresa se comunican generalmente mediante tres documentos o estados financieros cruciales. Estos son el balance, los flujos de caja y la cuenta de resultados.

La cuenta de resultados es un documento financiero que presenta de manera clara y organizada los resultados financieros de una organización durante un período de tiempo determinado. Este documento constituye una parte crucial de los informes de rendimiento que deben presentarse al regulador de los mercados.

Las declaraciones de ingresos informan básicamente de los ingresos que una empresa u organización ha recibido durante un determinado período de tiempo. Este período de tiempo es a menudo el año financiero de la empresa. A veces el informe puede ser de un trimestre o incluso de un semestre en particular.

*Detalles de la declaración de ingresos*

Todas las declaraciones de ingresos presentan cuatro elementos principales. Estas son las ganancias, pérdidas, ingresos y gastos. Sin embargo, hay elementos notables que no están incluidos. En la declaración de ingresos no se indica el dinero que recibe una organización ni los fondos que la empresa paga a otras entidades o empresas.

En la cuenta de resultados se indicarán los gastos realizados, así como los ingresos generados por una empresa en el curso del período de presentación de informes especificado. A menudo se presenta individualmente como un documento financiero en una sola página, pero a veces se presenta con abundante información conexa como parte de un informe completo. La mayoría de lo que contiene incluye las ventas realizadas y las cantidades recibidas de las ventas. Todas estas cifras se suman para determinar los ingresos netos así como el EPS o ganancias por acción. En general, la cuenta de resultados tabula el proceso desde que el dinero llega hasta que se convierte en ganancias netas.

Por lo general, no se requiere un modelo para la declaración de ingresos. Por consiguiente, la presentación dependerá del contador en cuestión o del formato acordado. Incluso entonces se utiliza un enfoque estándar con varios formatos probables disponibles. Estos tienden a seguir un cierto procedimiento y reglas.

Por ejemplo, el informe comienza con una lista de todos los ingresos recibidos por una empresa. La mayoría son de ventas, prestación de servicios, etc. A continuación se indican todos los costos y gastos incurridos. Estas podrían ser compras, sueldos y salarios, gastos generales y otros. También indica los impuestos antes de que se indique el beneficio neto. En ciertos años, las compañías incurren en pérdidas, por lo que éstas se indicarán aquí también. La cifra final que se muestra es generalmente el total de los ingresos globales.

El contador que prepare este estado financiero debe asegurarse de que la información se proporcione de manera pertinente a los lectores. Por ejemplo, los costos deben desglosarse de manera que el lector sepa exactamente lo que se gastó y lo que se compró o pagó. Por lo tanto, la mejor forma de presentación es la que detalla tanto los gastos como los ingresos. Este tipo de formato es el más adecuado para las pequeñas y medianas empresas.

Este enfoque, en el que los costos se detallan y se muestran por su naturaleza, proporciona una de las formas más presentables y preferidas de preparar una declaración de ingresos. De la misma manera, los costos también deben ser detallados para que se muestren con sus funciones. Esto hace que sea más fácil seguir y entender la declaración.

*Resumen*

Una declaración de ingresos generalmente informa sobre la situación financiera de una organización en un período de tiempo determinado. Los ingresos netos que figuran en los estados son iguales al total de todos los ingresos y ganancias menos el total de los costos y las pérdidas incurridas. Esta declaración proporciona a los lectores información útil sobre la posición de una empresa y sus operaciones. También da una idea de los sectores de bajo rendimiento, la eficiencia de la gestión y mucho más.

*2. Balance*

Un balance es una forma de estado financiero que enumera el pasivo y el activo de una organización, así como los propietarios de las acciones. La declaración se refiere a un período de tiempo específico. También proporciona información sobre las deudas o pasivos que tiene una empresa y la cantidad que poseen los accionistas en función de las cantidades invertidas.

El balance presenta una fórmula muy simple. Esta fórmula se enumera a continuación.

- **Activos = Patrimonio + Pasivos**

Básicamente, una empresa tiene que hacer pagos por todos los diferentes activos que posee. Lo hace a través de la financiación de inversores como los accionistas y de préstamos de instituciones financieras como bancos y compañías de crédito.

Como instrumento financiero, el balance proporciona información sobre el patrimonio, el pasivo y el activo de la empresa. El documento es útil para los acreedores, inversores y prestamistas. Lo utilizan para determinar la liquidez de la organización. El balance también resulta ser uno de los documentos más cruciales que una empresa prepara y es uno de los que es necesario presentar ante el regulador del gobierno.

Cuando hablamos de activos, nos referimos a cualquier cosa de valor que una compañía posee o tiene. Estos incluyen automóviles, dinero en efectivo, activos fijos, artículos de inventario, cuentas por cobrar, costos prepagados y valores. Por otro lado, tenemos pasivos e incluyen todos los impuestos debidos, deudas a largo y corto plazo, gastos generales, pagos anticipados de clientes, cuentas por pagar, etc. El capital social se refiere a las acciones de tesorería, cualquier capital pagado, todas las acciones y las ganancias retenidas.

*3. Estado de flujo de caja*

Un estado de flujo de efectivo puede definirse como un estado financiero que enumera información detallada y datos agregados sobre todo el dinero que fluye hacia una organización. El dinero que entra en una empresa suele proceder de inversores externos y de operaciones comerciales en curso. Hay salidas de dinero en efectivo, así como el dinero pagado por inversiones y otras actividades comerciales.

Numerosas empresas prefieren la forma de contabilidad de devengo que implica que la cuenta de resultados es totalmente diferente de la posición financiera real de la empresa. Por ejemplo, una empresa puede vender algunos de los artículos de su itinerario pero lo hace a crédito. Esto se registrará básicamente como un ingreso aunque el dinero aún no se haya recibido del cliente. Numerosas empresas no pueden manejar el flujo de efectivo con precisión, sin embargo, es un aspecto crucial de las operaciones de cualquier empresa. Por eso hay un documento de flujo de caja separado. Sigue siendo una herramienta crucial que vuelve a ser ampliamente utilizada por los inversores, los traders y los consumidores.

## Asesoramiento sobre el comercio en el mercado de valores

Como trader, cuanta más experiencia se adquiere, más variables parecen estar en juego. Algunas de ellas pueden mejorar su rendimiento y otras no. En la mayoría de los casos, éstos sólo añaden capas de complicaciones y son en su mayoría ajustes e indicadores.

Es aconsejable centrarse en los factores que realmente apoyan sus operaciones y que le permiten realizar y aumentar su rentabilidad. Aquí examinaremos un par de consejos que le ayudarán a convertirse en un mejor y más exitoso trader. Estos consejos están dirigidos a los comerciantes intermedios, aunque otros también podrían beneficiarse de ellos.

Como trader intermedio, has aprendido todo sobre la creación de operaciones, aprender a entrar y salir de las operaciones, cómo identificar grandes oportunidades, cómo leer los gráficos y todo eso. A estas alturas, deberías centrarte en los beneficios. Esto se debe a que aprendemos todo este material técnico para eventualmente aprender a ser rentables. Hay diferentes maneras de hacer esto. Generalmente hay dos grandes maneras de hacer esto. Estos están usando promedios móviles y usando la estructura de precios.

También puedes seguir de cerca tu parada usando uno de los promedios móviles. El uso de estos enfoques para obtener beneficios ayudará a eliminar las emociones de sus operaciones y le permitirá comerciar con confianza y, por lo tanto, ser rentable.

Deberías tomarte un tiempo por la mañana para ponerte al día con los últimos acontecimientos y noticias, especialmente las que afectan directamente a las empresas. Una de las mejores fuentes de noticias financieras y de negocios es la CNBC que es un canal de noticias por cable. Otra gran fuente de información sobre el mercado es el sitio web http://www.marketwatch.com/www.marketwatch.com. Este es un sitio web informativo que proporciona las últimas y más fiables noticias del mercado.

Como trader, tienes que estar atento a tres cosas en las noticias. Se trata de sentimientos diferentes en diversos sectores del mercado, informes de noticias actuales como los informes de ganancias y las perspectivas generales del mercado. ¿Hay sectores que están en las noticias? ¿Las noticias se consideran buenas o malas? ¿Qué cosa significativa está sucediendo en otros sectores? Si ocurre algo significativo o preocupante, es probable que lo encuentres en las noticias.

Es importante mantener la vigilancia de sus posiciones actuales. Probablemente tengas otros oficios, así que echa un vistazo a estos y mira si hay algo que necesites de tu parte. Esto es algo en lo que deberías concentrarte temprano antes de que comience el día de operaciones. Debe revisar estas posiciones con el beneficio de la previsión basada en la información obtenida de las fuentes de noticias y los sitios online. Mira si alguna noticia afectará a tu posición actual.

Comprobar esto es bastante fácil y directo. Todo lo que hay que hacer es introducir el símbolo de la acción en sitios web como [http://www.news.google.com/](http://www.news.google.com/)www.news.google.com. Esto revelará un montón de información esencial que se necesita para comerciar con éxito.

A veces los traders, especialmente los inexpertos y los principiantes, dejan que las emociones se lleven la palma de sus oficios. En algunos casos, tienen miedo de perder dinero y por lo tanto salen de los negocios al menor precio tirado. Otros permiten que el precio caiga astronómicamente pensando que recuperarán su dinero más tarde. Terminan perdiendo grandes cantidades de su capital comercial. Este es el enfoque equivocado que debe evitarse a toda costa.

Sus operaciones deben basarse en su análisis y no en las emociones. Necesitas sentarte y tomarte el tiempo para planear y trabajar tus oficios. Utiliza todas las herramientas a tu disposición para trazar tu camino. A lo largo del camino, tendrás que identificar un punto de toma de ganancias así como un punto de parada de pérdidas.

Si haces tu análisis correctamente y aprendes a ejecutar las operaciones de la manera correcta, entonces no necesitarás dejar que las emociones se hagan cargo. En cambio, permitirá que sus operaciones se ejecuten según el plan hasta su conclusión. Es más estable, más rentable y el único enfoque recomendado para el comercio activo. Los comerciantes que siguen los consejos y aplican los conocimientos que adquieren suelen ser personas muy exitosas.

# Conclusión

Gracias por llegar hasta el final de este libro, esperamos que haya sido informativo y capaz de proporcionarle todas las herramientas que necesita para alcanzar sus objetivos, sean cuales sean. El siguiente paso es aplicar estas estrategias y configuraciones intermedias en sus operaciones. Si bien es cierto que usted puede estar contento de ganar dinero en el mercado de valores, estas nuevas estrategias y configuraciones le ayudarán a ser un mejor trader y un inversor inteligente. Comerciar como intermediario significa que ya no eres un trader novato. También significa que no sólo buscas ganar dinero para el alquiler, sino también obtener muchos beneficios y convertirte en un gran jugador.

Sin embargo, hay que tener en cuenta que algunas de estas estrategias conllevan riesgos inherentes. Este libro le enseñará cómo mitigar los riesgos y cómo hacerse cargo para que siempre esté al tanto de sus operaciones y a cargo de los resultados. Si practica estas técnicas, habilidades, estrategias y montajes, entonces en un corto período de tiempo debería ser capaz de avanzar en sus técnicas y habilidades.

Por último, si usted encontró este libro útil de alguna manera, una reseña en Amazon siempre es apreciada!